# 上海更高水平对外开放的战略研究

任再萍 著

中国社会科学出版社

图书在版编目（CIP）数据

上海更高水平对外开放的战略研究/任再萍著. —北京：中国社会科学出版社，2018.6
ISBN 978 - 7 - 5203 - 2609 - 4

Ⅰ.①上… Ⅱ.①任… Ⅲ.①对外开放—开放战略—研究—上海 Ⅳ.①F127.51

中国版本图书馆 CIP 数据核字（2018）第 113489 号

| | |
|---|---|
| 出版人 | 赵剑英 |
| 责任编辑 | 刘晓红 |
| 责任校对 | 孙洪波 |
| 责任印制 | 戴 宽 |
| 出　版 | 中国社会科学出版社 |
| 社　址 | 北京鼓楼西大街甲 158 号 |
| 邮　编 | 100720 |
| 网　址 | http：//www.csspw.cn |
| 发行部 | 010 - 84083685 |
| 门市部 | 010 - 84029450 |
| 经　销 | 新华书店及其他书店 |
| 印　刷 | 北京明恒达印务有限公司 |
| 装　订 | 廊坊市广阳区广增装订厂 |
| 版　次 | 2018 年 6 月第 1 版 |
| 印　次 | 2018 年 6 月第 1 次印刷 |
| 开　本 | 710×1000　1/16 |
| 印　张 | 16.25 |
| 插　页 | 2 |
| 字　数 | 239 千字 |
| 定　价 | 76.00 元 |

凡购买中国社会科学出版社图书，如有质量问题请与本社营销中心联系调换
电话：010 - 84083683
版权所有　侵权必究

# 序

党的十九大再次号令坚持对外开放的基本国策。2018年4月10日，国家主席习近平在博鳌亚洲论坛发表了题为《开放共创繁荣创新引领未来》的重要主旨演讲。习近平主席指出，在服务业特别是金融业方面，确保去年年底宣布的放宽银行、证券、保险行业外资股比限制的重大措施落地，扩大外资金融机构在华业务范围，拓宽中外金融市场合作领域。上海市委书记李强在2018年4月18日调研浦东时强调：深入学习、贯彻习近平主席在博鳌亚洲论坛的主旨演讲，坚定不移推动上海改革开放再出发、把握发展大势、认清历史使命，站在新一轮对外开放最前沿，争当改革开放开拓者、"领头羊"和实干家。上海作为全国最大的经济中心型城市，改革开放一直走在前列，在全球范围内配置要素资源，在服务世界、服务长三角、服务全国、支持"一带一路"中发挥了"领头羊"的作用。近年来，上海市委、市政府在贸易升级与金融业开放方面又做了很多工作，推出了一系列相关战略措施，助力上海在更高水平、更高起点上不断改革开放。

任再萍同志撰写的《上海更高水平对外开放的战略研究》一书，正是基于我国和上海改革开放的成就，对上海进一步扩大开放对接国际标准所进行的有益探索。该书对提升上海对外开放水平具有重要实用价值。总体而言，该书具有以下特点：

第一，研究视角新颖。中国特色社会主义进入新时代，显然上海改革开放也进入新时代。该书高举改革开放的旗帜，坚持对外开放的基本国策，积极促进区域联动和国际合作。已有研究较多从一城一地资源禀赋和既定政策研究对外开放，而从区域联动和国际组织与城市发展关系视角探讨对外开放的研究比较少。在新时代要求更高质量和更高水平对外开放的条件下，从区域经济联动以及国际组织与城市发展相互促进的视角研究提升对外开放具有重要意义。该书以马克思主义区域经济联动理论和经济新常态发展观为指导,借鉴国际成功经验,结合我国上海等自贸区的现实条件,综合运用区域经济、产业经济与系统论、控制论、协同学等相关原理,对自贸试验区的内涵、特征、演化机理、联动协同、系统控制等问题进行论述,提出我国自贸区发展中磁极带动和联动协同发展策略,有利于区域经济理论的丰富和完善。同时,研究上海自贸区建设成果及与其他自贸区联动发展,不仅为我国深化改革开放提供参考,而且为12个自贸区的联动发展提供经验。与在沿海的上海、广东、福建、天津四个自贸区不同,第三批自贸区大多位于内陆省份,2018年4月国家宣布建设海南自由贸易试验区,支持海南探索、推进中国特色自由贸易港建设,分步骤、分阶段建立自由贸易港政策和制度体系。这样从直辖市上海—沿海—内陆—海南,代表了自贸区在我国全面展开向纵深不断发展。显然,研究自贸区之间联动协同发展具有重大的理论意义和实践意义。

第二,研究内容宏大而较翔实。如何提高对外开放水平是该书的主题和研究核心。该书用丰富、翔实的内容论述了对外开放水平提升,从三个视角(分三大篇)概括和阐明了提高对外开放水平的战略与策略。

(1)中国(上海)自由贸易试验区建设的成果及推广。分别研究我国自贸区建设的意义、历程及经验、我国各自贸区的定位、联动发展实证、自由港—自贸区发展的升级版等,因而不仅为我国深化改革开放提供参考,而且为12个自贸区的联动发展提供可资借鉴的经验。

(2)新开发银行落户上海带来的总部效应。国际组织与城市发展之间的关系在国际上早有研究,但在我国随着新开发银行、亚投行的落户上海才逐步受到学界较大关注。该书就新开发银行落户上海的研究意义、新开发银行对上海城市发展的作用、国际总部与城市发展互动经验及运行规则对上海的启示等,分别作了分析研究。

(3)上海国际金融中心建设的新机遇:与自贸区、新开发银行及"一带一路"建设联动发展。该书指明:上海一系列新的政策使上海国际金融中心建设进入了一个新的战略机遇期。该书就国际金融中心建设理论、世界各著名国际金融中心比较、自贸区与上海国际金融中心建设的相互促进效应、新开发银行和自贸区与上海国际金融中心的联动、上海开放服务"一带一路"的政策建议等分别进行了研究论述。

第三，具有比较重要的创新性。从该书三大篇各章节内容的分析研究及相关对策建议可见，该书观点明确，具有比较重要的创新性。例如：①基于上海自贸区建设成果及推广的论述，作者提出和阐明了上海自贸区的先行先试经验，自贸区联动发展策略以及借鉴国际经验建设上海自由港的政策建议。②在指明新开发银行落沪与上海城市发展关系的基础上，阐述了国际组织总部与城市发展互动的国际经验，提出了吸引更多国际组织提升上海城市实力和扩大对外开放的思路与策略。国内外实践充分证明：在城市国际化进程中世界性国际组织起着推波助澜的作用；吸引国际组织入驻我国大城市，不仅能推进我国城市的国际化能级建设，而且能不断扩大我国的国际影响力，加快我国走进世界舞台中央。③指明上海国际金融中心的新机遇及其全方位运作，正是更高水平对外开放的一大战略。不仅指明了上海自贸区金融改革带来国际金融中心建设新机遇，而且在国际金融中心国内外比较与建设经验分析的基础上，提出和阐明了自贸区、新开发银行与上海国际金融中心联动发展的策略措施以及服务"一带一路"建设的政策建议。

由上可见，该书的分析研究，很好地回应了新时代经济社会发展，特别是上海更高水平对外开放的现实要求，从而有着重要现实意义。

诚然，自贸区建设、新开发银行发展、服务"一带一路"倡议及上海国际金融中心建设都是近年来的新事物，对外开放战略研究是一个宏大的课题，绝非一两本论著就能全面系统讲完说清。该书的论述还有稚嫩、不足之处，有的章节架构与论证也有待完善和提炼。但毕竟作者多年密切关注和认真从事相关研究，形成系列成果，该书不失为研究和促进更高水平对外开放的一部佳作。

西安交通大学经济与金融学院教授、博导

文启湘　谨　序

2018年5月31日于西安

# 目　录

绪论 ················································································· 1

## 第一篇　中国（上海）自由贸易试验区建设的成果及推广

### 第一章　研究综述 ································································ 3
第一节　研究意义 ······························································· 3
第二节　国内外研究综述 ······················································ 4

### 第二章　上海自贸区建设的历程及经验 ····································· 8
第一节　我国自贸区发展历程 ················································ 8
第二节　上海自贸区的先行先试经验 ······································ 16

### 第三章　我国各自贸区的定位分析 ·········································· 24
第一节　上海自贸区与其他自贸区发展的定位 ························· 24
第二节　上海自贸区在12个自贸区联动发展中的定位 ··············· 30
第三节　自贸区范围扩展对我国改革开放的作用 ····················· 33

### 第四章　我国自贸区联动发展实证分析 ··································· 38
第一节　自贸区联动发展的理论基础 ······································ 38

第二节　实证模型介绍及构建 …………………………… 42
第三节　实证结果及建议 ………………………………… 49
第四节　自贸区联动协同发展分析及策略 ……………… 64

## 第五章　自由港——自贸区发展的升级版 …………………… 69

第一节　典型国家和地区自贸区发展的阶段及特点 …… 69
第二节　典型国家和地区自由港发展及经验 …………… 77
第三节　借鉴先进经验建设上海自由港的政策建议 …… 86

# 第二篇　新开发银行落户上海带来的总部效应

## 第六章　研究综述 ……………………………………………… 101

第一节　研究意义及目的 ………………………………… 101
第二节　国内外研究现状综述及理论基础 ……………… 103

## 第七章　新开发银行对上海城市发展的作用 ………………… 113

第一节　新开发银行落沪与上海城市发展的关系 ……… 113
第二节　新开发银行落户上海带来的机遇 ……………… 115
第三节　新开发银行落沪给上海发展带来的压力 ……… 121
第四节　上海作为新开发银行总部的优势分析 ………… 125
第五节　上海服务新开发银行提升国际组织总部
　　　　效应的策略分析 ………………………………… 127

## 第八章　国际组织总部与城市发展互动经验对上海的启示 … 132

第一节　国际组织总部所在城市的条件分析 …………… 132
第二节　国际组织总部与所在城市互惠发展的国际经验 … 135
第三节　国际组织总部落户上海的必要性分析 ………… 138
第四节　提升上海城市实力吸引更多
　　　　国际组织总部的策略 …………………………… 145

# 第三篇 上海国际金融中心建设的新机遇：与自贸区、新开发银行及"一带一路"建设联动发展

**第九章 研究综述** ·················· **151**
 第一节 文献综述 ·················· **151**
 第二节 研究的理论基础 ·············· **155**

**第十章 国际金融中心比较分析** ············ **159**
 第一节 国际金融中心产生模式比较 ········· **159**
 第二节 国际金融中心国内外比较分析 ········ **161**
 第三节 市场监管法律制度比较 ············ **171**
 第四节 国际金融中心建设的经验对我国的启示 ··· **174**

**第十一章 自贸区与上海国际金融中心建设的相互促进效应** ··· **177**
 第一节 自贸区促进国际金融中心建设的机制分析 ····· **177**
 第二节 上海国际金融中心对自贸区的支撑作用 ······· **187**
 第三节 利用自贸区建设机遇加快国际金融中心
    建设策略 ······················ **190**

**第十二章 新开发银行、自贸区与上海国际金融中心联动发展** ··· **195**
 第一节 "金砖五国"地位及上海国际金融中心、
    自贸区发展分析 ·················· **195**
 第二节 新开发银行与上海国际金融中心建设、
    自贸区发展的联动 ················· **200**
 第三节 发挥联动作用的策略与措施 ··········· **208**

**第十三章　上海不断开放服务"一带一路"的政策建议** …………… 215

　　第一节　推动上海对外开放的主体思路 …………………… 215

　　第二节　进一步加强贸易金融开放、推动经济

　　　　　　改革的建议 …………………………………………… 217

　　第三节　上海参与"一带一路"建设的突破口和措施 ……… 221

**参考文献** …………………………………………………………… 227

**后记** ………………………………………………………………… 245

# 绪　　论

随着全球经济一体化发展和产业转移新趋势，我国经济深度融入世界经济，经济发展进入新常态，对外开放面临新形势和新任务。国家主席习近平在博鳌亚洲论坛2018年年会发表主旨演讲，彰显了我国新时代深化改革、扩大开放的坚定决心与重大举措，以及与世界同行、共创亚洲和世界美好未来的诚意与大国担当。上海近年来在贸易升级与金融业开放方面做了很多工作。上海市市长应勇指出上海要以自贸区建设为突破口，全面深化改革、扩大开放，服务国家战略。

本书是在近年来一系列相关研究基础上形成的。全书分设三大篇十三章，分别对上海自贸区建设的成果及推广、新开发银行落户上海带来的总部效应、上海国际金融中心建设的新机遇：与自贸区、新开发银行及"一带一路"建设联动发展等方面进行研究，并提出上海更高水平对外开放的战略措施。

第一篇中国（上海）自由贸易试验已建设的成果及推广。包括第一到第五章。第一章中国（上海）自贸区建设的意义、背景及学术价值论述。第二章上海自贸区建设的历程及经验。我国自贸区"1+3+7+1"这种梯度发展的格局已呈现，和前两批分布在沿海地区的四个自贸试验区不同，新设立的7个自贸区覆盖到内陆地区，海南则是全岛建设自贸区，虽然发展层次上有不同程度的差异，但上海先行先试经验都有一定的复制推广价值。第三章我国各自贸区的定位分析，相比于沪津粤闽自贸区，新成立的7大自贸区地理位置集中于中西部地区以及东北地区，形成了一个从沿海到中部再到西部的自贸区新格局，其定位各有特点，与上海自贸区侧重经济中心、金融中心的定位不同，其他十一个自贸区的产业侧重点各不同，面向的市场所在地也有区别。十二个自贸区虽"各司其职",各有不同的定位及市场侧重,但又和谐统一。第四章我国自贸区联动发展实证分析。通过构建GVAR模型验证了上海自贸区发展的先行先试及溢出效应,上海自贸区与其他自贸区之间的区域一体化是以上海自贸区为中心、带动其他自贸区协同发展的,上海自贸区的辐射作用是与它自身的地位、区位优势和积淀相关的。第五章自由港——自贸区发展的升级版。上海自由港是上海自贸区的升华,在开放程度、功能拓展等方面都有着不同的要求;通过分析国际上自贸区到自由港的发展阶段及特点,为上海自由港建设提供经验及可参考模式,并提出相应政策建议。

第二篇新开发银行落户上海带来的总部效应。包括第六章到第八章。第六章新开发银行落沪的意义及研究综述,本书将新开发银行这一世界级机构组织总部落沪与上海进一步对外开放发展联系在一起,研究国际金融机构入驻对所在地城市的影响及促进,对目前关于国际组织与东道国互动发展理论是有益补充和丰富。第七章新开发银行对上海城市发展的作用。新开发银行落户上海对上海进一步扩大对外开放是一个很大的机遇,预示着上海的国际金融中心建设正式与全球接轨,将迈上一个新的台阶;同时,上海进一步的对外开放也将为新开发银行带来更多的有利条件和发展机会。第八章国际组织总部与城市发展互动经验对上海的启示。主要从国际组织总部所在城市的条件、国际组织总部与所在城市互惠发展的国际经验、国际组织总部落户上海的必要性进行分析和阐述,最后提出进一步提升上海城市实力吸引更多国际组织总部的策略。

第三篇上海国际金融中心建设的新机遇:与自贸区、新开发银行及"一带一路"建设联动发展。包括五章,从第九章到第十三章。第九章上海国际金融中心建设的新机遇研究的综述及理论基础。上海一系列新的政策使上海国际金融中心建设进入了一个新的战略机遇期,对其进行研究具有重要现实意义和深远历史意义。第十章国际金融中心比较分析。从国际金融中心产生模式比较、国际金融中心国内外比较、市场监管法律制度比较等方面进行分析,归纳总结出国际金融中心建设的国际经验及其对上海国际金融中心建设的启示。第十一章自贸区与上海国际金融中心建设的相互促进效应。通过分析自贸区促进国际金融中心建设的机制及上海国际金融中心对自贸区的支撑作用，为后续联动发展进行分析做好铺垫。第十二章新开发银行、自贸区与上海国际金融中心联动发展。通过对自贸区建设、新开发银行发展及上海国际金融中心建设三者联动发展机制及效应进行分析，提出发挥新开发银行、自贸区与上海金融中心建设联动效应的策略与措施。第十三章上海不断开放服务"一带一路"的政策建议，主要从推动上海对外开放的主体思路、进一步加强贸易金融开放、推动经济改革及上海服务"一带一路"建设的突破口和措施等提出政策建议。借助新开发银行落沪、自贸区发展和国际金融中心建设契机，推动上海新一轮对外开放服务"一带一路"建设，从而促进上海参与全球治理。

本书具有一定的理论价值。以马克思主义区域经济联动理论、金融发展理论为指导，借鉴国际上自贸区、国际组织总部与国际金融中心建立与运行的成功经验，吸收国内外在金融发展与对外开放过程中合理内核和研究成果，结合我国自贸区的不同背景、地缘优势等现实条件，综合运用区域经济、产业经济与系统论、控制论、协同论等相关学科原理，对上海扩大开放在新形势下的机遇与挑战进行分析，从国际金融中心建设、自贸区发展、新开发银行落沪及"一带一路"倡议联动发展的内涵特征、演化机理、联动协同等问题进行分析论证，为区域经济理论、金融发展理论、自贸区建设等理论的丰富和完善尽绵薄之力。

本书对上海进一步扩大开放、增强经济创新力和竞争力具有一定的实用价值。首先，对加快我国自贸区建设进程中实现以贸易、投资、产业升级等在差异化下的联动发展提供参考，探索了在经济新常态下进一步发挥自贸区作用带动区域经济联动发展的途径和措施。其次，有助于形成上海国际总部落户的氛围。新开发银行是第一个入驻上海的国际组织，也是国际金融合作的创新形式，它的成功运营将增加上海的综合实力，起到引领和示范效应。最后，有助于加快上海国际金融中心建设。自贸区、新开发银行及"一带一路"倡议联动发展将显著提升上海金融中心的国际化水平；同时可以带来更多的国际企业和国际经贸交流,使上海更好地借鉴国际经验,加快上海国际金融中心建设。

本书还存在一些不完善之处。笔者希望本书能够起到抛砖引玉的作用,期待与更多同行进行交流,不断提升研究水平,为我国不断对外开放与发展贡献智慧。

# 第一篇　中国(上海)自由贸易试验区建设的成果及推广

# 第一章 研究综述

中国（上海）自由贸易试验区（以下简称"自贸区"）于 2013 年 9 月 29 日挂牌成立，随着我国第二批自贸区于 2015 年 4 月 21 日在天津、广东和福建正式成立，以及第三批自贸区和海南自贸区政策的出台，加强自贸区之间的协调联动发展成为关注焦点。虽然自贸区定位各不相同，但上海自贸区力在促进上海"四个中心"建设的同时，也承担着为我国全面深化改革和扩大开放探索新途径、积累新经验的重任，其他自贸区各有不同的定位及市场侧重，有自身的产业特色和区位优势，这也为自贸区联动互补提供了基础。

本书认为，上海自贸区与其他自贸区的协同互补发展是一个由目标协调、结构整合、测度评价、系统控制等子系统组成的有序运行的交互系统，是一个由政策制度变迁、资源要素流动、产业结构转换、企业集聚扩张、空间模式演变构成的多维动态的过程，是一种在拓展自身发展空间基础上推动经济高速发展的综合体系。

## 第一节 研究意义

本篇研究的意义及学术价值，主要有以下三个方面：

### 一 现实意义

研究上海自贸区建设成果及与其他自贸区联动发展不仅为我国不断深化改革开放提供参考，也为 12 个自贸区如何联动发展提供经验。与均在沿海的上海、广东、福建、天津自贸区不同，第三批自贸区大多位于内陆省份。2018 年 4 月国家刚刚宣布建设海南自由贸易试验区，支持海南逐步探索、稳步推进中国特色自由贸易港建设，分步骤、分阶段建立自由贸易港政策和制度体系。从直辖市上海—沿海—内陆—海南，代表了自贸区在我国全面展开向纵深化不断发展，研究自贸区之间联动发展具有重大的理论价值和现实推广意义。

### 二 学术价值

以马克思主义区域经济联动理论、经济新常态发展观为指导，积极吸收借鉴国际上成功自贸区建立与运行经验，吸收区域经济发展理论的合理内核和研究成果，结合我国四大自贸试验区的不同背景、地缘优势等现实条件，综合运用区域经济、产业经济与系统论、控制论、协同学等相关学科理论，对自贸试验区的内涵特征、演化机理、联动协同、系统控制等问题进行了阐述论证，提出我国自贸区发展中磁极带动和联动协同发展策略，为区域经济理论的丰富和完善尽绵薄之力。

### 三 社会效益

为经济新常态下区域经济改革开放和联动发展提供实践参考。在津粤闽自贸区成功运行三年以来，试点范围逐步扩大到 12 个地区，通过沪、津、粤、闽四大自贸区联动发展的研究，对于后续如何实现"1＋3＋7＋1＞12"的联动效应和全国改革开放深化效应有先导和开创意义，对加快我国自贸区建设进程中实现贸易、投资、产业升级等在差异化下的联动发展提供参考，探索在经济新常态下进一步发挥自贸区作用带动区域经济联动发展的途径和措施。

## 第二节 国内外研究综述

由于我国自贸区从 2013 年才设立，明显晚于国外，国内外学界对于自贸区的发展研究，主要有以下四种观点：

### 一 互补及空间引力论

Bela Balasa（1973）、Peter Robertson（1989）、Tinbergen（1965）认为区域内的参与成员由于资源禀赋存在着差异，可通过贸易实现资金、技术、劳动力、管理经验等要素的互补，在区域内实现自由化贸易。Mc Mallum（1995）、Helliwell（1996）把引力模型运用到贸易流量分析，认为一体化会削弱边界效应。Siriwardana 和 Yang（2008）利用四种情景假设分析了中国—澳大利亚自贸区的经济效应，认为中澳自贸区将给两国都带来福利增加。我国学者杨云母（2011）认为中日韩自贸区尽管它们涵盖的地理范围不尽相同，合作的方式各异，但同为东北亚区域的局部经济合作，彼此并行不悖，相互补益，可以促进地区整体繁荣。冯宗宪、赵立伟（2013）从经济空间场理论出发，重新定义和分析了中国与东盟成员国之间经济边界效应，并根据实证结论提出一系列政策建议。

### 二　平台经济论

R. H. Coase（1937）认为本着交易费用最小化原则，则区域内形成长期的组织关系，从而来协调组织内的关系。弗里德曼（John Friedman，1986）提出的"世界城市假说"认为，这些城市为经济发展提供平台，起到全球资本空间组织的"基点"以及生产和销售的"节点"这样的作用，是国际资本的主要汇聚地。Inkyo Cheong（2004）认为此自由贸易区域内不存在贸易壁垒和障碍，并且在该区域内实现契约和组织上的一致性，为实现经济的一体化提供了重要平台。Bouet 等（2012）、Fadeyi 等（2014）通过对亚洲、拉丁美洲、南非等相关国家经济一体化分析得出结论认为几乎全部成员从一体化中受益，而且拉美相关国家受益更多，对南非共同体（SACU）成员间农业贸易有促进作用。张幼文（2014）认为中国（上海）自贸区探索试验的核心在于以改革与开放的协同创新构建与经济全球化最新发展趋势相兼容的开放型经济体制。晁钢令、王涛（2013）从"全球城市"和"平台经济"的理论出发，在上海自贸区对上海建设"平台经济"城市的促进作用等方面论述了上海自贸区设立的意义。

### 三　辐射论

大部分国外学者从地缘角度研究提出经济发展的辐射理论，在20世纪中叶法国经济学家佩鲁（Perroux，1955）提出增长极理论，认为中心地区通过创新优势和功能优势把周边地区资源吸附进来，产生极化效应。赫希曼（Hirschman，1958）认为经济发展中心区域发展到一定程度会向周边地区梯度转移，即辐射效应，即"核心—边缘"论，认为贸易自由化对中心地区和周边地区都有"晕轮效应"，形成以点带面的区域优势，即"涓滴效应"。缪尔达尔（Myrdal，1957）、罗默（Romer，1986）和卢卡斯（Lucas，1988）认为把握"扩散效应""溢出效应"与"回流效应"对经济发展具有重要作用。我国学者近年也对此领域加强研究，成思危（2003）从贸易便利、物流布局、先进的管理与技术对腹地经济的发展方面阐述了自贸区对周边的推动作用。陈琪、刘卫（2014）认为上海自贸区的集聚经济对周边地区经济发展和改革具有辐射效应、指引效应和示范效应。王家庭和孙哲（2014）认为上海自贸区以"开放红利"激发"改革红利"必然会带来巨大的辐射效应，对母城的辐射效应体现为促进产业发展、社会资本外溢，而对腹地则提供了示范效应、物流便利条件、信息传递及贸易优良环境。

### 四　区域协同论

针对区域经济协同发展趋势的研究逐渐引起了学术界的多方重视，Haken（1976）最早提出了"协同"一词，他认为系统内部各部分间的协同作用直接决定了系统整体性功能的发挥效果，协同得好就会产生"1＋1＞2"的协同效应。经过国内外学者的多年研究，协同理论现如今被广泛应用于区域经济发展的研究领域。Meijers（2005）从城市网络的视角出发，通过对荷兰境内兰斯塔德地区进行城市间协同方式的分析，发现了协同机制的重点在于合作互补；区域内各地区间产业要素配置的一致性是推动区域经济协同效应发挥其作用的原动力（刘海明等，2010）；同时产业要素各优势的协同集聚也是进一步发挥区域产业经济协同效应的核心（朱斌，2006）；只有充分发挥了各地区自身的区位优势，互补效应才能聚焦于区域经济发展的协同合作（刘英基，2012）；只有区域内部各地区存在着较为显著的区际比较优势，整个区域的经济发展才能产生发挥协同互补效用的内在动力（黎鹏，2005）。

我国区域经济的发展仍然面临着差距较大的客观现实，随着地区区位优势与经济协同互补研究的深入进行，近年来也涌现出一大批有关我国区域经济协同发展的研究成果。冷志明（2005）以我国行政区域的交界带为例，发现了各行政省区内部"地区本位"策略的存在是行政区域交界带经济协同互补发展的最大障碍，并提出了加强行政区域交界带的宏观管理等政策性建议；朱俊成（2011）基于多中心共生的视角，分析了长三角地区16个城市的经济协同关联程度，提出推进"枢纽+网络"模式，为长三角地区经济的协同共生发展提供硬件设施支撑；周肇光（2011）认为区域内各地区间的产业集群机制集中体现了整个区域经济协同互补发展的主要态势，通过对上海—台湾产业集群的比较优势进行分析，得出了基于外资驱动型产业集群模式下（涂文明，2008），上海—台湾区域经济协同发展的路径策略；冯怡康（2016）等从产业、交通及环境资源优化的视角出发，构建了京津冀经济协同发展的理论模型和发展路径，厘清了协同机制下产业等内部诸要素间的相互作用；在京津冀区域经济的发展进程中，津冀港口群作为其协同机制下的一个子系统，其内部诸要素的互补合作将有利于整个京津冀区域港口资源进行跨地区协调配置的实现（魏丽华，2016）。

综上所述，目前有关地区经济协同互补及我国区域经济发展现状等方面的研究已梳理清晰，但现有文献多是针对某一经济区域进行协同模型的构建测算，对于区域间经济的协同互补研究缺乏深度挖掘。对于我国来说，自贸区分别联结了京津冀、长三角以及珠三角经济带及内陆重要地区，体现了"一带一路"倡议的发展要求，而运用GVAR模型对自贸区经济的竞争互补效应进行测度分析更是符合现如今区域经济协同发展的整体研究趋势，具有极为丰富的理论意义及政策导向价值。

# 第二章　上海自贸区建设的历程及经验

## 第一节　我国自贸区发展历程

我国自贸区"1+3+7+1"这种梯度发展的格局已呈现，和前两批分布在沿海地区的四个自贸试验区不同，新设立的7个自贸区覆盖到内陆地区，海南则是全岛建设自贸区，虽然发展层次上有不同程度的差异，但上海先行先试所取得的先行先试经验都有一定的复制推广价值。

**一　我国自贸区发展阶段**

我国自贸区发展经历了从一个到四个再到十一个加海南的过程，即2013年上海自贸区——2015年新增天津、广州、福建自贸区——2017年新增辽宁、浙江、河南、湖北、重庆、四川、陕西七个自贸区——2018年海南自贸区，我国自贸区数量五年间由1个相继扩展到12个。

（一）自贸区发展的第一层级：上海自贸区

2013年8月国务院批准设立的上海自贸区范围仅包括4个海关特殊监管区域：上海市外高桥保税区（核心）、外高桥保税物流园区、洋山保税港区和上海浦东机场综合保税区，试验区总面积达28.78平方千米。但据业内人士普遍认为，上海自贸区经过一段时间发展后，面临着物理空间受限、业务难以进一步拓展等问题，要求扩围的呼声日益高涨。

2015年4月21日津粤闽自贸区成立及上海自贸区扩围，在整体规划上显现出自贸区国家的战略布局，上海、天津为两个直辖市，广东、福建为两个早期的经济特区实验省份,覆盖我国三大经济区域——长江经济带、京津冀经济带及珠三角经济区。陆家嘴的着眼点是在金融领域,它实际上已在扩围之前加入到自贸区金融改革当中,如今陆家嘴即将纳入自贸区的地理范围,使得陆家嘴能够更加名正言顺地参与到改革中来;金桥开发区加入自贸区将为传统制造业的升级和调整提供改革和试点的空间,由此上海自贸区试点的全面性和综合性得以展现;张江高科区的加入则迎合了我国经济升级的迫切需要,新增了高科技和创新产业板块。三大片区各有特色,陆家嘴、张江、金桥三大片区分别拥有金融业、科技创新、先进制造业和服务业等产业的高度集聚[①]。其中,三大片区的发展重点分别为金融、科技创业和研发、出口加工区和高端制造业。

(二) 自贸区发展的第二层级:津粤闽自贸区

津粤闽自贸区方案中绝大部分内容将与上海自贸区一致,其余部分将给予三地展现当地特色的空间,主要是充分发挥经济功能,并不涉及金融改革创新试验,自贸区竞争模式下的新格局即将拉开帷幕。广东和天津两大自贸区将充分利用连接亚太经济圈和海上丝绸之路方面的天然地理优势,朝"一带一路"倡议的重要结合点方向发展。广东自贸区主要针对港澳、东南亚市场,广东自贸区可利用与中国香港、澳门直接对接的优势,促进广东服务业产业结构优化升级,并有望推进大中华区经济一体化进程。此外,广东自贸区的建立有利于在海关通关、土地金融创新、金融改革等方面获得试点经验,便于日后在全国范围内推广。

福建自贸区毗邻台湾市场,拥有独特的地理和战略优势,有利于推动两岸经贸关系的进一步深化。有业内人士指出,福建自贸区的建立有利于推动全国发展大局的形成,推动伟大民族复兴、祖国统一大业的早日完成。

天津自贸区毗邻日韩市场,并且将承接京津冀一体化战略。福建

---

① 康东海:《上海自贸区扩围津闽粤自贸区3月1日挂牌》,《上海证券报》2015年1月19日。

自贸区主要面对台湾市场，天津自贸区的建立将促进京津冀协同发展，同时对三北地区产生辐射带动效应；天津港作为北方第一大港，随着天津自贸区的建立，将带动涉及环渤海地区等众多省份的发展，前景光明；中韩自贸区有望从天津自贸区的建立中获益，实现迅猛发展；有利于天津自贸区建立和发展新型贸易业态和贸易方式，促进新型招商引资方式的形成与发展；天津自贸区将把发展融资租赁业务放在重要位置，对离岸金融、服务贸易等领域进行深入探索。

自贸区试点范围在津粤闽的扩展，将进一步激活三地经济活力，有助于我国在获得试点经验的基础上在全国范围内推行负面清单、权力清单、责任清单三张"清单"，进一步全面深化改革。另外，粤闽津三大自贸区的建立有利于消化基建、钢铁等过剩产能，促进港口、贸易及高端制造业业绩提升，推动产业结构优化升级。从上海自贸区已有的经验来看，自贸区内对金融和服务业开放程度更大，由此会形成吸附效应，从而吸引更多外向型企业来自贸区注册落地，参与到自贸区试点建设中来。同时值得注意的是，四大自贸区主要的竞争领域是在贸易和投资领域的开放上，特别是负面清单管理方面的试点和突破，将促进四大自贸区良性竞争、迸发活力，有望带来改革红利。

（三）自贸区发展的第三层级：沿海到内陆

2016年9月在G20杭州峰会召开前夕，国务院发布在我国辽宁省、浙江省、河南省、湖北省、重庆市、四川省、陕西省新设立7个自贸试验区，第三批自贸区名单的宣布，传递了一个信号：我国从国家层面支持贸易自由化。与均在沿海的上海、广东、福建、天津自贸区不同，第三批自贸区大多位于内陆省份，从直辖市上海—沿海—内陆，代表了自贸区在我国全面展开向纵深化不断发展。虽然辽、浙为沿海城市，但其他5个均为内陆城市，7个新增自贸区定位明确彰显差异化，有明显不同。

新增的7大自贸区，5个内陆城市各有侧重，河南和陕西自贸试验区建设围绕"一带一路"建设现代综合交通枢纽，探索沿海自贸区与内陆省份、中西部与"一带一路"沿线国家不同层面经济合作和人文交流的特色化和差异化模式；重庆和四川是落实中央关于加大西部开放、打造内陆开放型经济新高地的重要途径；湖北则从高科技、新技术着手带动中部科技发展；辽宁和浙江都为沿海省份，但发挥作用的定位是不同的，辽宁以带动东北老工业基地为引擎，而浙江则从大宗商品贸易自由化角度提升全球大宗商品的配置能力。

随着我国贸易与经济的逐步发展，为满足我国整体改革开放和经济发展的需要，承担对外开放的任务，在更多地区建立自贸区的需求不断加大，在此种情况下，如何加强自贸区间的协同作用，也是我国自贸区发展中的一个重要问题。

(四) 自贸区发展的第四层级：海南自贸区

海南的海口地处"海上丝绸之路经济带"的重要一环，在不久的将来建设"海上丝绸之路经济带"过程之中，海南自贸区将凭借"海上丝绸之路经济带"的辐射效应打造出类似中国香港的全球自由港。经济全球化的形势下，所带来的流量将会充分激活海南自贸区的活力，同时，在海南建设自贸区也会进一步聚集周边资源，促进"海上丝绸之路经济带"的构建，这对于建设国家重大战略服务保障区具有重大意义。

## 二 自贸区不断扩展的意义

自贸区的发展重点实质上是中国发展的辐射核心点，中国上海自贸区是华东地区的辐射和带动源头，立足长江经济带，将更多地定位于金融业的发展；天津自贸区则是"京津冀"一体化发展需要，侧重制造业的发展力图辐射整个北方地区；广东自贸区靠近港澳，立足珠三角，以促进服务业的发展和开放；福建和台湾隔海相望，可以发挥对台优势，结合海上"一带一路"，可以带动贸易等层面有所突破。十大自贸区带动的不仅是内陆经济的发展，也是整个大中华圈经济的发展和对接。

(一) 上海自贸区先行先试对上海发展的意义

上海自贸区作为"1+3+7+1"自贸区战略的"领头羊"，其对上海发展的作用是不容小觑的。总结有以下几个方面：

首先，自贸区的先行先试能够激发上海的市场活力，促进经济的增长。上海自贸区的一系列工商、市场的管理模式如负面清单、事中事后监督等，能够大大激发自贸区内企业的动力，从而为上海境内的企业市场活动提供外源动力。并且,对于上海非自贸区域政府部门可以学习借鉴自贸区的管理模式,发挥市场配置资源的优势,增添市场活力。

其次,上海自贸区的金融创新,能够带动上海金融领域发展,促进引进外资的同时促进上海企业走向国际市场。截至2016年年末,上海自贸区内金融机构5466个,同比增长11.2%;其中新兴金融机构4651个,同比增长11.9%。通过图2-1可以看出,上海金融业发展迅速,占全国比重也不断增高,主要是得益于自贸区的金融创新与实践。上海自贸区的金融行业创新和金融监管的完善,将推动上海成为世界金融中心和世界经济中心。

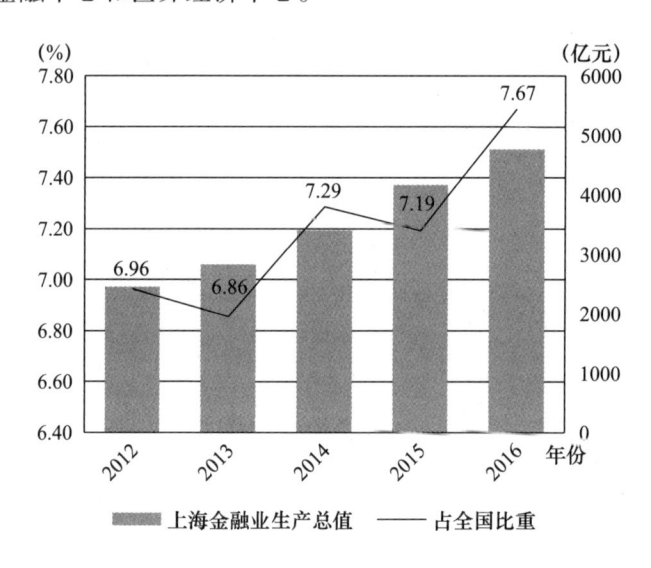

**图2-1 上海市内金融业生产总值情况**

资料来源:《中国统计年鉴》《上海统计年鉴》。

最后,对于上海自贸区服务业、高科技产业的创新发展以及对优秀外资的引入,能够为全上海地区的产业结构优化奠定基础。上海自贸区聚集以金融业发展创新为主要任务的陆家嘴片区,为上海市金融业发展打下基础;以全国领先高科技为优势的张江高科技园区,为上海高科技行业成长奠定基础;以及服务贸易和新兴工业为主的金桥片区,服务上海进出口贸易及工业优化升级。虽然上海作为全国的金融、贸易、经济、航运中心,但是距离成为世界的"四个中心"还有一定的距离，这也需要自贸区的先行先试为上海的产业结构优化进行试验推广，促进上海成为世界的"四个中心"。

（二）上海自贸区对全国自贸区发展的意义

第一，上海自贸区的金融服务、贸易服务具有优势地位，可为吸引国际资本提供便利，从而促进其他自贸区的发展。通过表2-1和表2-2可以看出，上海近五年吸引外资进入在逐年提高，且占全国的比重也在逐年提高。自贸区战略相对成熟，发展迅速，就吸引优秀外资来说，上海自贸区拥有得天独厚的优势。因此，上海自贸区可以作为吸引优秀外资的"领头羊"，以获得更多外资在各自贸区间流动，从而带动各自贸区的发展。"一带一路"倡议、西部大开发战略与不同的自贸区有密切联系，而外国资本的进入，能够切实帮助其他两大战略发展。

表2-1　　　近五年外商投资企业年底注册登记投资总额　　单位：亿美元

| 年份 | 全国 | 上海 | 占比 |
|---|---|---|---|
| 2012 | 32610 | 4138 | 12.69% |
| 2013 | 35176 | 4579 | 13.02% |
| 2014 | 37977 | 5305 | 13.97% |
| 2015 | 45390 | 6613 | 14.57% |
| 2016 | 51240 | 7342 | 14.33% |

资料来源：《中国统计年鉴》。

表2-2　　　近五年外商投资企业年底注册登记企业数　　单位：户

| 年份 | 全国 | 上海 | 占比 |
|---|---|---|---|
| 2012 | 440609 | 61461 | 13.95% |
| 2013 | 445962 | 64412 | 14.44% |
| 2014 | 460699 | 68952 | 14.97% |
| 2015 | 481179 | 74885 | 15.56% |
| 2016 | 505151 | 79410 | 15.72% |

资料来源：《中国统计年鉴》。

第二，对外投资便利的政策与制度经验，有助于其他自贸区结合"一带一路"和西部大开发实现中国企业的"走出去"。伴随着中国的产业结构优化，中国的部分重工业和基础工业产能过剩，其国外市场需要进一步扩大，在供给侧改革的过渡阶段利用海外市场消耗过剩产能。而上海自贸区最早建立起的保税区、物流保税区、金融片区、金桥开发片区等，能够为其他自贸区企业"走出去"提供参考经验。同时上海自贸区发展人民币离岸市场的战略举动，将推动人民币的国际化，从而给其他各自贸区发展提供资金流动便利。

第三，上海自贸区在国际国内产业转移中担任着重要桥梁角色，为全国各地提供国际国内产业转移经验并促进产业结构优化。上海在自贸区的促进下进行产业优化的同时，促进部分高端装备制造业、重工业等向内地转移。同时促进相关的人才向其转移，并输出一定的产业管理、监管等经验。而上海自贸区还将持续发挥先行先试的"领头羊"作用，引进高端人才与产业，以及相关的管理、服务、监管等经验，促进中国整体产业结构的优化。

第四，上海自贸区的先行先试再总结推广，能够提高其他各大自贸区的成功率及其发展的效率。制度的改革和创新，需要政府、资本、市场、地理位置等各方的支持，才能取得较好的试验效果，上海作为中国的四个中心，拥有中国发达的技术、优秀的人才、完善的市场和良好的政策偏向，通过上海自贸区进行先行先试无疑是最合适的。上海自贸区在制度、监管效率和政府职能角色等方面也有着先进的经验。同时上海是中国对外开放的重要门户，集政府、资本、市场和地理优势于一身。上海自贸区先总结经验，再通过其他自贸区推广和发展，可以减少其他自贸区走弯路的可能。

（三）自贸区不断向全国扩大的意义

自贸区不断向全国扩大，能够进一步推动中国在全球自贸区发展进程中获得主动地位。由于WTO"多哈发展议程"谈判发展迟缓，陷入困境，世界各国为其经济、贸易等的发展，都参与到区域多边贸易试验区的建设中。其中，西方发达国家尤为活跃，继北美大陆分别于1989年和1994年组建美加自贸区（CUSFTA）和北美自贸区

（NAFTA），美国又于2013年与欧洲共同组建TTIP，并且推动TTP进行扩容。尽管2017年特朗普政府已经令美国退出TPP，但是其积极与巴林、新加坡、以色列等国进行双边谈判签订双边贸易协定，同时加紧与欧盟关于TTIP的谈判。这些贸易协定的经济体量是惊人的，而中国在此过程中受到诸多限制。上海自贸区的成立，其主要目的即是试行国际贸易现有的规则，适应以美国和西方发达国家为首建立的自由贸易协议，从而获得更多的话语权和主动权，以获得相关便利，加速中国的发展。因此，自贸区向全国推进整体上提高了中国的贸易水平，离国际贸易规则又近了一大步。

自贸区不断向全国扩大能够协调中国各地区优势，避免自贸区出现无力向上攀升的情况。就中国整体而言，暂处于世界经济中的"双低"水平（中低端收入水平、中低端价值链层次），为实现整体水平的增长，我们需要积极通过自贸区与"双高"国家进行合作。而上海仅作为中国对外开放的先行者，并不能全面推动中国与他国的合作，需要更多的自贸区形成战略集团与他国和团体进行合作。对于上海自贸区而言，其优势是金融服务、贸易服务和高科技产业等；但是对于重工业、食品加工、矿产开发、农业等产业，其他自贸区更具优势。若仅就上海自贸区与第二批自贸区对外开放，其与谈判能力、竞争的实力并不乐观，很难获得持续发展。因此，自贸区向全国扩大，协调各自贸区的优势将推动自贸区战略持续发展。

伴随中国市场红利和人口红利的褪去，中国产业结构不协调，部分产能过剩，中国区域经济发展不协调的背景下，自贸区向全国发展将有利于解决这些问题。自贸区向全国推进，有助于该片区省份的发展，其四川和重庆、湖北和河南、陕西、辽宁、浙江分别带动中国西南、中部、西北、东北和东部经济协调发展。伴随着东部沿海地区劳动密集型、重工业等向中西部迁移，能够带动中西部的市场发展以及推进开发中西部劳动资源。同时第三批自贸区的发展，能够推进中国低端产业向东南亚、非洲等转移，引进欧洲的先进产业的同时加强与亚欧内陆国家的合作，从而推进中国产业结构的优化。

自贸区已经成为中国制度创新的"试验区"，自贸区向全国范围扩张能够实现上海自贸区的先进经验的有效利用，实现全国范围内的经贸规则进步。尽管近几年全球范围内的贸易保护主义有所抬头，但是市场全球化、贸易全球化仍然是资源配置、促进国际发展最有效的手段。而中国的自贸区进行大胆创新，先行先试已形成较多可行的经验。在自贸区向全国推进的过程中，逐步发挥国内各地区市场资源配置的效率，提供市场的主动性，提高政府部门的效率，从而为中国主导的21世纪奠定基础。并且自贸区制度创新经验，可运用"一带一路"倡议、西部大开发战略等，实现中国对内、对外制度创新奠定坚实的基础。

总体来说，自贸区向全国扩张不仅有助于与中国的供给侧改革、"一带一路"倡议、西部大开发战略协同发展，同时能够提高自贸区战略的进一步发展，推动中国各区域的协调发展，从而实现中国的经济可持续增长、增加在国际上的话语权、提高中国参与国际事务的能力，因此自贸区向全国范围扩张是必然趋势。

## 第二节　上海自贸区的先行先试经验

上海自贸区运行5年来，在对照国际最高标准、最好水平的自贸区的基础上，不断探索各项改革开放措施，不仅促进了上海的改革开放，也为全国范围的全面深化改革探索可行方案，试验、探索和形成了一批可复制、可推广的创新经验，在投资准入"负面清单"、金融创新、国际贸易"单一窗口"、事中事后监管等方面，成为我国改革开放型经济的"领头羊"，起到了引领示范效应。

### 一　政府管理制度方面的经验

（一）"负面清单"管理模式

自贸区采取对国外投资执行准入前国民待遇以及负面清单管理大大降低了投资者的不可预见的风险，从而推动了国外资本的进入。通过表2-3，我们可以看出上海自贸区的负面清单范围在逐步缩小，在实践中逐步放开激发市场的活力，为"双轨制"模式提供基础前提。

表 2-3　　　　　　　自贸区外商投资准入负面清单　　　　　　单位：条

| 年份 | 特别管理措施条数 | 禁止性措施条数 | 限制性措施条数 |
| --- | --- | --- | --- |
| 2014 | 139 | 29 | 110 |
| 2015 | 122 | 37 | 85 |
| 2017 | 95 | 34 | 61 |

资料来源：中国（上海）自贸区门户网站。

事关我国经济命脉及关键的产业，将其列入负面禁止清单，明确禁止他国进行投资；对于一些非常重要的行业，将其列入负面限制清单，保护与发展本国经济和产业；对于其他一些一般性产业，不将其列入负面清单，外商享有投资前的国民待遇，以通过市场的力量发展相关的产业。逐步完善负面清单，将禁止行业、限制性行业明细、规则等完善，以提高外商投资的透明度。通过官方渠道发布相关限制、禁止投资行业所依据的法律出处，便于外商对该行业进行有规范的投资。

（二）"商事主体登记"管理模式

实行工商注册认缴制，降低企业成立和经营的门槛以带动企业的活力；实行"三证合一""一证一码"，简化企业注册的行政程序，提高企业的活力。先照后证证照分离，取得营业执照之后，可以从事一般的经营管理活动，在获得许可证之后才能获得许可经营项目的经营权。其前提事中事后监管体系的完善，简化了行政许可的程序，同时倒逼政府提高行政许可的可预见性和透明度。

（三）"事中事后"管理模式

浦东新区推动综合监管信息平台建设与公共信息服务平台对接，充分整合各监督机构的职能。建立和完善社会信用体系，评估自贸区内企业、机构和个人等信用等级，保证一处失信处处受限，以达到警示作用，促进自贸区内个人与机构等遵纪守法。积极推进企业年度报告公示政策，建设完善的经营异常公司名录政策，推动安全和反垄断审查，促进信息共享等制度的建立，逐步加强对事中事后监管机制的完善。

推动行业协会的发展,以提高行业自治。政府通过扶持、信息共享等方式推动行业协会的建设,提倡行业协会开展专业的咨询服务、信用评级、法律咨询等,以提升行业整体的专业水平以及信用水平。

鼓励专业的服务机构参与监管。在知识产权等方面鼓励咨询机构和中介机构参与,搭建便于中介机构服务的平台,将一些资质认定、资产评估、产权、版权市场咨询等方面事务,鼓励社会组织和机构参与和完善社会监督制度。

## 二 法律保障体系及制度方面的经验

### (一) 知识产权法律体系

自贸区内逐步建立知识产权局和知识产权法庭,上海自贸区与天津、广东、福建自贸区的知识产权管理形成联动机制,推动上海亚太知识产权中心的建设。知识产权行政体系得到进一步的完善,在与重视知识产权的西方发达国家进行金融贸易合作时,将获得更多主动权。

随着自贸区内人民法院法庭、海事法庭、知识产权法庭的建立和自贸区仲裁院的建立,逐步确立了以法庭为主、仲裁为辅的争议解决机制。且积极引进中国香港、新加坡等仲裁中心在自贸区设立办事处,促进行业协会的成立以逐步完善争议解决体系。

### (二) 立法程序制度创新

创造了法律"因地制宜"的新模式。自贸区创立之初,并无相关的法律依据,但是经人大常委授权,国务院进行临时调整,地方人大立法的形式深化我国立法的因地制宜新模式。因为中国国土面积广阔,采用此种方式进行立法,不仅能够提高法律的当地适用性,同时能够降低立法耗时,提高立法效率以促进中国司法逐步完善。

### (三) 外资准入制度

上海自贸区执行的投资备案管理制度,取消国外投资事前审批,改为事中事后监管,降低外商进入国内的成本和准入门槛,同时提高外商投资监管的效率和灵活性。且对投资备案和企业准入实行单一窗口管理制度,且对外商投资提供服务平台,以提高外商投资的意愿,节省时间和经济成本。

### （四）完善的监管制度

金融监管方面领先全国，成立上海金融综合监管联席会议弥补"一行三会"分业监管造成的监管空白。同时积极发展金融服务平台和相关支持协会，发挥金融机构、高校和相关团体的主动性和智力，努力推进金融创新，降低风险。伴随着混业经营、互联网金融的发展，2017年7月国务院金稳委成立，2018年3月银监会和保监会合并成立银保监会，形成央行审慎监管控制系统风险，银保监会和证监会进行金融业务和金融机构监管的"双峰"监管局面，充分体现了自贸区先行先试的价值所在。

海关监管制度方面。自贸区内部分区域，实行科学的货物状态分类监管，以信息系统监管抽查为主，以海关现场核查为辅。大大降低了工作量，同时将足够的精力放在重点货物上，使得监管更加灵活。

### 三 贸易便利化方面的经验

#### （一）海关方面的经验

上海海关在自贸区内，借鉴世界领先自贸区的实践经验，进行先入关后报关，企业自行运输流转货物、分批入关集中申报等操作，同时实行"境内关外"的监管模式。在很大程度上提高了自贸区的进出口贸易效率，减少相关的费用成本，增添自贸区的经济活力。

实行第三方检测采信，简化海关职能，提高效率。通过专业检测机构备案，定期抽检等方式，授权不同等级的第三方机构进行不同货物的检测。减少海关负担的同时提升货物的通关速度。

对于生物医药过境检验检疫提供特殊便利。采用"正面清单+负面清单"的形式提升可预见性和透明性；采用大量电子检验设备，提高通关效率；对不同的生物医药材料进行分类监管，提高检验的科学性和通关的效率；对于涉及不同检疫部门的生物医药货物，进行联合检验审批，加速通关。

"一区注册，四区经营"的海关制度，指海关注册企业能够在任一海关特殊监管区域内进行注册，在其他的三个海关区域内不需要重复注册即可开展相关的业务。简化行政程序，信息共享，可以向全国11个自贸区内进行推广降低企业的行政审批成本。

## （二）航运方面经验

运用洋山港先天的地理优势，作为国际物流重要集散地；同时发挥其在自贸区的制度优势，逐步建设成全球的商品交易、定价和中转枢纽中心，促进上海自贸区的国际贸易、金融和航运中心的建设。

启运港退税制度，即国际贸易公司在上海自贸实验区以外的其他港口进行出口申请，且物品通过上海自贸实验区出境，离开启运港口之时，可视为出口并办理退税。极大程度上提高了企业的资金周转率，同时提高自贸区港口的货物周转。

降低外商进入中国航运领域并成立公司的外资股比限制，同时许可外商在上海设立独资船舶管理公司。因为大部分的服务业相关企业看重的是商业秘密、知识产权等，所以自贸区将更多锁定在对高管和董事会的限制。此举将提高外商对自贸区航运领域的投资兴趣，提高自贸区航运水平及航运的科学管理水平。

积极推送航运金融业务，提高自贸区航运综合水平。自贸区对于融资租赁公司准入门槛、税收等方面的政策，促进了融资租赁公司的发展，推动航运综合能力的提升。提升银行和其他金融机构的信贷限额，允许融资租赁公司参与相关的商业保理业务等，促进航运金融的发展，提高自贸区航运业的综合能力。

## （三）基础平台建设经验

服务国际贸易的"单一窗口"建设，在整合平台资源、各级部门协作和数据元标准化等方面取得一定的突破。"单一窗口"建设，涉及20多个部门，便利了企业通关，提高口岸智能化的水平，同时能够协调各部门提高行政机关效率。随着上海"单一窗口"建设的逐步完善，在上海质检局的牵头下，推动长江经济带整体检验检疫通关一体化的建设已逐见成效，提高了整个长江经济带的贸易便利化水平。

积极推进航运基础设施和网络信息综合平台建设。完善的航运港口硬件设施，设立旨在管理中资外籍的船舶申请以及注册的机构。与此同时自贸区已建设有上海口岸网、电子支付平台、上海跨国采购平台等互联网信息综合平台，并逐渐建设成一体化平台。

自贸区内建立了大宗商品交易平台、跨境电子商务平台、公共信用信息服务平台、事中事后监测监管信息平台、境外投资服务平台等基础设施平台，保证自贸区内的公共服务环境和商业环境。

**四　金融创新与投资开放制度方面的经验**

（一）"分账核算"管理制度

上海自贸区率先推出分账核算模式进行管理。设立自由贸易账户，直接投资和经常项目下的跨境结算可以通过其进行处理，同时通过分账管理模式，可以防止外国金融风险向国内金融体系蔓延。自由贸易账户和跨境结算是金融领域对外开放的重要指标。截至2016年年底，上海自贸区的自由贸易账户63.4千个，其账户的收支突破57千亿元，人民币的跨境结算总额突破11.5千亿元。通过自由贸易账户，在自贸区实现了人民币资本项目可兑换，保证"一线审慎监管，二线有限开放"。

（二）离岸金融中心建设

在分账核算管理模式的基础上，率先建立离岸金融中心。自贸区制定相应的离岸金融业务准入标准，并且进行高效的事中事后监督。同时要求在遵守中国法律法规的前提下，发展辛迪加贷款以及相应的国际保理业务。在自贸区的推动下，上海离岸金融业务经营逐渐从银行向证券、保险等多个方向发展。

（三）服务金融创新与开放

针对自贸区内的跨境融资，将境外融资的审批制度改成事中事后监管制度，给予经济主体充分的独立性和自主权。结合上海社会信用体系建设、信息共享和服务平台等建设，逐步完善监管体制。积极推动人民币在贸易结算中的使用频率和比重，逐步放开人民币在非重点监管机构和个人经常项目下的跨境结算和直接投资。

在外汇管理方面，自贸区通过对外汇跨境资金池的管理，促进自贸区内跨国企业资金的双向流动。通过外汇管理资金池，企业可以在外汇管理局规定的限额之内，最大限度减少额度的使用。自贸区积极发展总部经济，同时降低相应外汇注册程序的复杂程度。

在推动利率市场化，促进资金配置的效率方面，上海一直走在全国的最前沿。在风险可控的前提下，通过利率市场化，促进了银行业的发展，同时与金融服务创新相呼应，充分发挥市场对资源配置的作用。

金融服务拓展方面，对其执行全面放开政策，允许民营资本和外资进入；在自贸区内设立外资银行和中外合资银行；境外股权投资等都已经落实与创新，增加了自贸区内金融服务业的活力。

### 五　其他方面的经验

（一）国际人才工作体制与流动机制

提高专业服务水平，为在沪的海内外人群创造良好的工作环境。对于高层次人才、行业高级专业人才的永久居住权、人才签证等方面给予便利。对自贸区内非中国国籍的高层人才聘请非中国国籍的家政服务人员签发居留许可，完善江浙沪三地任意一个口岸外国人过境相应的免签政策等。

放宽创业的准入门槛，鼓励国内科创人员走出国门。对于在华留学的外籍学生，可以毕业后直接留沪创业；简化在海外生活的外国人来沪创业的签证程序。同时自贸区与国外高端科研机构紧密联系，聘请海外高端人才在国内交流，鼓励上海高校间与国外高校间的学生交换学习，项目合作等。

促进国内间的人才流动，扩展非沪籍中国居民在沪办理出入境证件的范围，同时拟定港澳居民特定人才以及眷属来上海长期居住的制度。

（二）区域经济带协同合作

上海自贸区作为"领头羊"，不仅利用自身的政策、金融、服务业等方面优势，同时利用江浙在贸易、电商方面的优势，推动建设杭州湾区。如今港粤澳湾区和杭州湾区已经形成中国最重要的两大湾区。

在上海质检局的带头下，推动长江经济带通关一体化的建设已逐见成效，提高了整个长江经济带的贸易便利化水平。截至2014年年底，长江经济带上已经有12个海关参与建设单一通关口岸。出口的物品，在原产地检验检疫合格，就能凭借通关单直接通关，无须二次检验检疫，减少了二次检验检疫带来的额外成本。进口企业也可以自行选择进境口岸,降低自贸区海关的压力,同时提高效率、减少二次运输等成本。长江经济带建设联动的逐渐加强,自贸区的进出口贸易得到进一步改善,促进中国企业的对外投资,提高自贸区对外商的吸引力。

# 第三章 我国各自贸区的定位分析

相比于沪津粤闽自贸区，新成立的 7 大自贸区地理位置主要集中于中西部地区以及东北地区，形成了一个从沿海到中部再到西部的自贸区新格局，再加上 2018 年 4 月刚刚宣布的海南自贸区，与"一带一路"倡议遥相辉映，共同发展形成一种自由贸易空间基础上的经济高速发展综合体系。

## 第一节 上海自贸区与其他自贸区发展的定位

自贸区由一个扩展到四个再到十二个，意味着中国自贸区从上海一枝独秀，到"四朵金花"再走向"十二竞艳"，第三批自贸区的设立，可以说自贸区在中国走向了百花齐放。如何在沪津粤闽自贸区联动基础上，加强其协同互补效应为其他新成立的自贸区积累经验，显得尤为重要。

### 一 上海自贸区的定位

上海自贸区扩围后，在原有的带动新一轮改革开放、打造跨国一体化的企业集团、促进我国国际化进程的功能上进行了转型升级：建设上海国际金融中心重点围绕陆家嘴金融区，因此陆家嘴金融片区与试验金融开放政策紧密相连，将重点放在发展金融业和金融服务，在已有的自由贸易账户、人民币跨境结算等改革的基础上，全面推进利率市场化，先行先试资本项下自由兑换和启动个人境外投资业务，完善并加强金融监管制度；张江高科技区则是上海市以创新型国家战略为指导贯彻落实的核心基地，内有多家高新技术企业聚集，上海自贸区总体创新战略有望在此得到落实与发展,同时高科技企业的投融资战略有望与自贸区关于投资开放相关的政策相接,打破此前自贸区在高新技术方面的"短板",同时将科技创新和金融创新挂钩,争取解决中小型科技企业融资困难的问题;而金桥开发区一直是先进制造业和生产性服务业的核心区域,期望承接高端制造业的改革任务,拓展自贸区在服务贸易和贸易开放方面的功能。

**二 粤津闽三大自贸区的定位**

(1)广东自贸区将与港澳深深度合作,重点发展自由服务贸易,广东自贸区主要包括三个片区:南沙新区、深圳前海蛇口片区和珠海横琴新区。广东自贸区建立后将主要有四大职能点:利用地理位置优势加强与港澳的合作,深化金融、物流、科技与专业服务等方面的经验交流,活跃民营经济;连接中国—东盟自贸区,促进中国与东盟在经济贸易领域的深度合作,强化国际贸易的功能集成,建设国际化、市场化、法制化的商业环境;利用自贸区辐射效应,引导珠三角地区加工贸易快速转型升级,打造泛珠三角地区综合服务区,成为内地企业和个人走出去的通道;利用广州在海上丝绸之路中的地理优势,挖掘广东自贸区潜力,建设成为21世纪海上丝绸之路的重要枢纽和全国新一轮改革开放先行地,发挥更大作用。

(2)福建自贸区将立足两岸,与台湾合作重点开展海峡两岸经贸合作,探索新型合作模式,开放服务贸易、商贸服务、建筑业服务等领域,推进对台投资贸易自由化和航运自由化,借鉴上海自贸区的监管模式进行围网区域监管,配套全区域监管模式。福建自贸区将在厦门市与台中市已有的紧密交流基础上,在经济、文化、教育、城市发展等方面深化交流与合作,发挥对台和侨务方面的独有优势,促进两岸人民交流,承接台湾先进制造业和高新产业转移,拓展自然文化旅游功能,面向世界打造21世纪海上丝绸之路的核心区域,依靠自贸区效应辐射全省、服务全国。

(3)天津自贸区与东北亚合作,重点挂钩京津冀协同发展助推京津冀制造业,天津自贸区主要包括三大区域:天津港片区、天津机场片区、滨海新区中心商务片区。天津自贸区主要依托北京作为政治文化与国际交往中心的优势和科技创新资源优势,发展天津自身的制造业、航运优势加大对外开放力度,加速政府职能转变,开放更广阔的投资领域,减少发展制造业过程中的交易成本和推动中小型企业科技发展,推进贸易转型,深化金融改革和创新,带动京津冀、环渤海经济带以及东北亚地区共同发展。

### 三 新晋七大自贸区定位

国务院2017年3月15日发布了关于印发辽宁、浙江、河南、湖北、重庆、四川、陕西自贸区总体方案的通知,这7个省、直辖市分别举行了挂牌仪式。7大新晋自贸区各具优势,将会发挥出巨大的能量推进改革创新试点。

1. 辽宁省交通运输体系完善,矿产资源丰富,矿产种类繁多

辽宁省已建成较为完善的交通运输体系,港口资源丰富,为全省经济社会的发展奠定良好的基础。陆运方面,辽宁铁路、公路运营里程较长,路网密度全国领先,2016年全省铁路货运及公路货运量约40亿万吨,同比增长1.5%左右;海洋运输方面,辽宁地区海岸线长达2000多公里,沿线分布大连港、营口港等多个综合性港口,2016年辽宁港口的货物吞吐量高达10亿吨以上,其中大连港是我国东北地区最重要且最大的港口,港宽水深,四季通航,2016年货物吞吐量3.5亿吨,有助于全省优势产业的发展及新兴产业的培育。

截至2016年年末,辽宁全省已探明矿产的资源种类达120余种,储量居全国首位。丰富的矿产资源为辽宁支柱产业的形成创造了有利条件,但全省支柱产业对资源的过度依赖也使全省经济增长面临部分资源枯竭、城市产业转型升级的压力。辽宁的工业经济大多依赖当地矿产资源,以资源作为支撑发展第一产业,原材料供应充足,且全省以重工业为主,有产能过剩等行业问题。

2. 浙江省地理位置优越,交通发达,海洋资源丰富

浙江省毗邻我国经济与金融中心上海,位于长江三角洲区域,从古至今都一直作为我国重要的通商口岸。浙江省改革开放以来,充分利用区位优势,重点发展交通基础设施建设,目前已经形成较为完善

的海陆空一体综合交通体系。截至2016年，浙江省公路总里程近20万千米，其中高速公路就有4000多千米，公路路网密度处于全国领先。浙江省土地虽然面积较小，矿产资源贫乏，但靠海，海域面积辽阔，海岛数量全国领先，渔业、生物和油气等海洋资源颇为丰富。

浙江省全省产业结构较为均衡，民营经济活力旺盛，是民营制造业家园，由于民营企业较多，使得浙江省制造业产品本土化程度高，创新能力强。目前浙江省第二产业主要以纺织、服装以及设备制造业为主要产业，行业分散度较高，第三产业以批发零售业为主，民营经济创造的经济总产值占全省生产总值的比重多达60%。

3. 河南省地理位置优越，第二、第三产业发展潜力巨大

河南省地处我国国土腹地，位于沿海开放地区与中西部之间，是我国经济推进发展的中间地带，同时也是"一带一路"陆上经济带西向、南向的重要交汇处。铁路方面，截至2016年年末河南全省铁路里程约5500千米，很多贯穿东西南北的干线如京广、京九、太焦、焦柳、陇海等都路经河南，河南省的郑州市、洛阳市等均为国家铁路交通的重要枢纽。

从经济结构来看，近年来河南省经济结构不断优化，第一产业占比不断下降，第三产业占比逐年上升，2016年第一、第二、第三产业的产业比为10.7∶47.4∶41.9，资本形成总额、最终消费支出和净出口对地区经济增长的贡献率由2011年的43.8%、71.2%和-14.9%调整至2015年的50.6%、76.4%和-27.0%，但与我国经济发达省份或直辖市相比，河南省产业结构仍有较大提升空间。

4. 湖北省科教氛围浓厚，化工业、冶金业发展水平较高

湖北省位于我国中部地区，地理位置优越，是我国重要的交通枢纽。省内航空、铁路、公路运输三位一体。湖北具有优越的地理位置与良好的科教氛围，全省经济持续稳定发展。湖北还是我国重要的工业基地，自新中国成立以来，很多的大型工业项目落户湖北，为湖北省工业发展奠定了坚实基础。截至2016年，湖北省第二产业形成了

汽车、冶金、石化、电力、电子信息等各类支柱产业。并且受武汉通用、雷诺等新产能带动，2016年汽车产量明显提升。

近年来湖北省加快产业转型升级，新能源、光电子等新兴产业得到了长足的发展，能够提升地方经济发展质量，汽车、化工、冶金等制造业领域也已形成较为完善的产业链条。鄂西文化旅游生态圈的发展，有效改善了湖北经济相对集中在武汉经济圈的区域经济结构。

5. 重庆市基础条件优越，汽车、摩托车制造业发达

重庆市基础条件优越，汽车、电子信息、装备制造、化医产品等制造业产业优势明显。从经济结构来看，近年来重庆市经济结构不断优化，第一产业占比不断下降，第三产业占比不断上升，2016年第一、第二、第三产业的产业比为7.4∶44.2∶48.4。2017年上半年三次产业比例为4.2∶45.3∶50.5，第三产业增加值4500多亿元，同比增长10%以上，第三产业持续健康发展，在国民经济中比重不断提高，产业结构调整明显。

重庆市以汽车、电子信息、化医产品、消费品、材料工业等制造业为支柱产业。2016年全年规模以上工业企业中，汽车制造业实现总产值约5400亿元，占全市工业总产值的22%左右；而电子信息制造业2016年总产值约5000亿元，占重庆市工业总产值的20%左右；消费品制造业实现总产值约3700亿元，占全市工业总产值的15%左右。

重庆有着全国领先的汽车以及摩托车生产基地，汽车制造业在全国优势明显，大型汽车品牌如上汽通用、五菱、现代、长安福特等陆续在重庆设立汽车制造生产线；摩托车制造业方面，隆鑫、宗申、力帆这三家已经上市的摩托车制造业企业都位居重庆，随着未来摩托车产业海外市场的不断拓展，未来摩托车产业发展潜力巨大。同时，近年来重庆市信息服务业与金融业发展迅速，重庆市的功能性金融中心逐步确立，重庆金融类机构总数已经超过1500家。

6. 四川省产业基础雄厚，水资源、矿产资源丰富

四川省位于我国西部地区，水资源、生物资源、矿产资源以及旅游资源都非常丰富。四川省全省雨水充足，降水丰沛，2015年全省水资源总量超过2000亿立方米。四川省天然气资源丰富，是全国三大

天然气资源省份之一，2015年四川盆地产量约为260亿立方米，占全国总产量的20%以上。

四川省可以分为成都、川南、攀西、川东北、川西北五大经济区域。2016年四川省产业结构优化效果显著，第一、第二、第三产业比重为12∶42.6∶45.4，经济增长格局已经逐步向制造业与服务业共同拉动增长。但制造业仍是四川省的支柱产业，由于四川自身水资源与地理位置的优越，且拥有西部省份中最好的产业基础，使得四川省在电子信息、天然气、钒钛稀土、白酒等产业的发展在全国处于领先地位。

7. 陕西省资源充足，制造业优势明显

在自然资源禀赋中，陕西省煤炭、石油、天然气资源充足，近几十种矿产保有量都位列全国前十。且陕西省历史悠久，历史资源丰富，文化底蕴深厚，省会城市更是全国六大古都之一。近年来随着国家供给侧改革的逐步深入，陕西省经济结构有所优化，2016年的第一、第二、第三产业比重为8.8∶49∶42.2，可以看出第一、第二产业占比下降明显。重点发展非能源工业与高新技术产业。

陕西省第二产业占全省经济总量的比重较高，主要以能源化工、装备制造、有色金属为优势产业发展。2016年，汽车产量达到40多万辆，并与多家国际汽车企业签署了长远发展项目协议，新增高新技术企业近600家，高新技术产业增长近30%。整体看来，近年陕西省产业结构不断优化升级，第二、第三产业稳定发展，资源性产业竞争力较强。

**四 海南自贸区定位**

海南自贸区的设立有利于全面深化改革开放，构成更高层次的开放型经济体系。海南地理空间较为独特，狭小的土地面积和地理空间造就了广袤的海岸线以及丰饶的海港资源，海南全岛的面积近3.5万平方千米，比其他自贸区面积大得多。因此，中国在海南建设自贸区将区别于国内其他自贸区模式，并在自贸区基础之上升级为自由港，为形成开放层次较高的经济功能区积累经验，这是国内其他自贸区所不具备的。

另外，自改革开放以来，宜人的气候环境与地理条件使得旅游业成为海南的支柱产业，由于旅游业具有极强的综合性、依托性，而在海南建设自贸区，将以旅游为主体，通过人流拉动特色商品流、资金流和信息流，来促进自贸区的发展；海南以服务型经济为主体，其实行的离岛免税购物政策，一方面使海南加速成为"国际旅游消费中心"与国际旅游岛，另一方面"国际旅游消费中心"又会反哺国家生态文明试验区建设，最后推动互联网、医疗健康、金融、会展等其他现代服务业的创新、融合发展。

凭借"海上丝绸之路经济带"的辐射效应，激活海南自贸区的活力，为建设国家重大战略服务保障区提供基础，海南是改革开放的重要窗口、试验平台、开拓者和实干家。

## 第二节　上海自贸区在 12 个自贸区联动发展中的定位

根据 2015 年 4 月 8 日国务院出台的《进一步深化中国（上海）自由贸易试验区改革开放方案》（以下简称《方案》），上海自贸区的发展目标是优化投资管理制度、监管制度、实现资本项目可兑换与金融服务的开放、转换政府职能转变、与国际投资贸易规则相接轨，对中国其他地区自贸区发展起到了先行先试的定位，具体如下：

### 一　支点的定位，带动国家全面深度开放改革

上海自贸区的设立是中国深化改革开放的一个开端，在建设初期习近平总书记就曾表示："上海自由贸易试验区是块大试验田，要播下良种，精心耕作，精心管护，期待有好收成，并且把培育良种的经验推广开来。"[①] 从 2013 年上海自贸区建设至今一年半来，在国家和上海市共同努力、紧密合作之下，上海自贸区内的探索和实践已取得

---

① 施歌：《习近平在上海考察》，新华网，http://news.xinhuanet.com/photo/2014-05/24/c_126543488.htm，2014 年 5 月 24 日。

了许多重大成果,非常适宜移植到粤闽津这三个新的自贸区中去检验。在未来,上海自贸区将作为验证理论和政策试验的领头雁,率先试验、率先改革,与全国各地形成良好的合作,共同形成改革开放的大格局。

### 二 领头雁的定位,加快自由贸易规则深化

自2013年8月设立上海自贸区,多项深化改革开放的政策逐渐出台并落地实施,其发挥的作用和效益日渐明显,上海这块试验田里的种子已开始开花结果。伴随着新的粤闽津自贸区设立和上海自贸区扩围,这些种子正加速在全国范围内推广"移植"。上海自贸区获得的改革成果和成功经验,正在跨出传统围栏走向全国。根据《方案》,重点工作主要放在政府职能转变、投资管理制度创新、贸易监管制定创新三方面。其中,政府职能转变方面包括:完善负面清单管理,实现行政审批向负面清单制度成为主要管理方式的转变,加强社会信用体系建设、加强信息服务平台建设、健全市场监督制度引进第三方机构参与信息审查等。投资管理制度创新主要包括以下几个方面:进一步开放服务业与制造业、逐步减少对外商投资的准入限制、外商投资实施备案制、试验建立境外融资和跨境资金流动的宏观审慎管理政策、深化商事登记制度改革、探索简化企业事务办理程序,逐渐向"单一窗口"转变。贸易制度创新主要包括:实现海关特殊监管区域的整合优化、推动国际贸易"单一窗口"建设、推进示范性电子口岸网络建设、加快船舶登记制度创新、扩大中转集拼业务、深化多港区联动、尝试开展航运运价衍生品交易等。

### 三 金融体制改革的深化与创新的定位

金融行业是现代经济发展的重点和核心,因此深化金融领域创新也是上海自贸区未来发展的关键定位。金融改革不仅在推动人民币国际化、放开境外银行和合资银行管制方面有重大意义,也能为国内的各类金融机构提供优质发展经验,为自贸区内企业提供资金。以深度金融创新促进金融自由化,上海具有非常好的基础:政治方面,上海自贸区是应我国现阶段的经济发展要求成立的,自成立以来的多项政策都给予了上海自贸区非常大的优惠,为上海自贸区大力创新金融,

实现金融自由化提供了必要的保障；经济方面，中国经济增长速度不断提升，国家综合实力明显增强，而上海作为我国的金融中心，产业结构不断优化，对外贸易发展迅速，占有多项优势；法律方面，国家已经通过了试验区内暂停实施外资、中外合资、中外合作企业设立及变更审批等相关法律法规的决定草案，这无疑为上海自贸区推进金融自由化和深化金融改革创造了良好的健全的宏观环境。[①] 以开放促进改革，使投资便利化，金融创新的制度框架已在上海自贸区形成，国家也已出台"一行三会"51条金融创新举措，内容覆盖人民币国际化、利率市场化、人民币跨境交易、外汇管理制度创新四个方面。而现阶段，上海金融办公室也在联合中国人民银行、证监会、银监会、保监会积极制定有关自贸区与上海金融中心联动的新方案，即新"51条"，内容将涵盖"加快人民币资本可兑换先行先试、扩大人民币跨境使用、扩大金融业对内对外开放、建设面向国际的金融市场以及完善金融监管"。另一方面，上海在建设国际金融中心方面与中国香港相比还有很多不足，利用此次机会与广东自贸区加深合作，学习中国香港的优良经验，加强自身探索，将上海作为国际金融中心的职能建设得更好。

### 四 区域经济发展中的带头定位

上海自贸区是一片成功的试验田，它不仅为上海带来了巨大的发展红利，也为周边区域带来了多方面机遇，对全国的发展起到了带头和推动作用。上海自贸区以方便企业走出去和整体经济发展为目标，在贸易、投资、金融等多个方面提供了便利、自由的政策和措施，在产业上起到了辐射作用。而上海自贸区本身的性质使得自贸区内的各种资本和商品要素可以自由流动，要素转移非常方便，利用率保持较高水平，这也为其他地区创造了吸引资本投资、储备人才的条件。上海自贸区扩围之后，其在产业辐射和要素辐射上的溢出效应将更加明显，带动的改革方向也必将更加多元化、全面化。

---

① 宋旭晨：《上海自贸区金融自由化模式研究》，硕士学位论文，大连海事大学，2014年。

## 第三节 自贸区范围扩展对我国改革开放的作用

短短5年时间,自贸区从一到十二,遍布全国各地,2017年10月18日,习近平主席在十九大报告中指出,赋予自贸区更大改革自主权,可以看出,自贸区在我国改革开放中将发挥更大作用,主要如下:

### 一 释放政府改革开放的决心和"风向标"

上海自贸区四年来取得重要进展,对外释放了中国继续扩大开放的明确信号和决心,对内形成全面深化改革的进取氛围,所以此次自贸区扩围不仅仅是面积的扩大或者改革政策的检验与复制,它更多地起到推广践行与创新的改革精神的作用,唯有这种改革精神全方面渗入才使自贸区复制成功经验的目标得以达成。这种改革风气的形成并不容易,是需要强大的内部动力、勇气与决心为后盾和支撑的,这次扩围就很好地诠释了政府改革的决心,印证了政府双向开放的改革魄力。从国内方面,打破垄断进一步开放,让民营企业和国有企业在市场经济下同台竞争,促成改革、开放的积极氛围;对外则通过引进国外的优秀企业发挥"鲇鱼效应"来促进改革开放与国际接轨,展示我国扩大开放的决心,达到国内国外同时开放目的,使得上海自贸区作为改革试验田的职能得以充分发挥。随着全球范围内对自由贸易的重视,中国也紧跟步伐,对自贸区的研究和实践更加深入,自贸区的扩围引领了改革和开放的新风,全国各地纷纷申请设立自贸区,以开放倒逼改革的理念深入人心,政府职能也在不断转变。

### 二 为中国加入新的贸易谈判起到关键性作用

上海自贸区作为中国首个自贸区,为在全国范围内建立自贸区积累了可复制的经验。同时相比较于其他自贸区,上海自贸区兼任着面向全球,实行中国与海外对接的使命,是中国未来经济发展的重要引擎。目前我国总体经济正处于转型趋势。受人力成本以及资源成本上涨等影响，我国最近几年出口疲软，GDP 增速放缓。而从国际环境来看则更不乐观。目前世界贸易组织的谈判陷入僵局，而由美国主导的 TPP（跨太平洋伙伴关系协议）打破了传统的自由贸易协定模式，目前涵盖了 12 个国家，并有不断壮大的趋势。TPP 和 TTIP 的存在对架空世贸组织具有相当的威胁。而通过自贸区的建立，诸多的优惠政策将为中国加入 TPP 谈判起到关键性作用，构建与贸易伙伴之间进一步的互惠互赢。

### 三 为简政放权、机关效能提升等承担压力测试

自贸区具有承担压力测试的职能，即测试在极端的市场情况下这些入驻自贸区的企业的应变情况以及表现状况。自贸区扩围举措一方面呼应了中央政策，是一种顺应政策导向的表现，另一方面也可以通过扩大规模来达到提高压力测试水平的目的。自贸区扩围把压力测试的范围从上海扩大到了全国四个自贸区，同时上海自贸区扩区后，拥有了较原先更为广阔的地理空间，跳出了原先海关特殊监管区的范畴，不仅仅是简单的"贸易区"，而是一个为贸易、为产业提供更优条件的大平台，自贸区从单一的功能定位走向综合性的功能定位，更有利于政府进行彻底的、综合的职能转变，对自贸区创新的检验更加便捷、更有利于推广。

上海自贸区在扩区之前，自贸区基本被覆盖在海关特殊监管区域的范围内，如洋山港保税区、外高桥保税区等区域，不免有自贸区的效用发挥是建立在政府职能之上的嫌疑，而此次扩围使得自贸区的覆盖范围远远地超过了政府机关的监管区域，扩展后的区域包括陆家嘴、金桥等，皆属于非海关特殊监管区域，扩围无疑是一种促进政府职能转变的方式，使得政府不再对企业有强大的控制力，反之通过简政放权的方法将减出来的空间更多地让给市场，给企业更多的创业与发展的空间。政府各部门也会将相关改革举措放在这个扩大的框架下尝试，并倒逼简政放权、机关效能等行政体制改革加快步伐，当然对政府也提出了更高的要求，比如更精细化、更高效的管理等。同时把上海的经验在其他十个自贸区进行试验，为以后更大范围地推广提供经验和差异化参照指标。

**四 提升监管模式,建立大数据监管信息共享平台**

2014年9月上海市政府发布了《中国(上海)自由贸易试验区监管信息共享管理试行办法》,对政府以及组织机构在履行职能时,产生的或者掌握的与自贸区相关的资料以及数据需上传至专为自贸区设计的信息共享平台,并且其他机构组织也可以通过这个信息共享平台来获取信息[①]。这次的自贸区扩围使全国沿海地区更大范围的入驻的企业与机构纳入信息共享平台,使数据得以扩充,使覆盖面、受众面得以拓展,通过应用大数据技术打通了行政机关之间的隔阂,使自贸区的监管可以通过这样一个网络信息共享平台变得更加的高效与透明,使投资与贸易领域更为精细和便捷,为监管带来了便利。负面清单的压缩、贸易的一线放开二线管住、货物的分类等都在信息化的手段下得到了有效管理。有大数据平台的支撑,可以将分布在不同部门的信息共享起来,建立起企业的诚信制度,使得政府部门的监管更加便利和现代化,也能增强企业及机构的自身约束能力和守法意识。

**五 探索对外开放新路径、新模式**

扩围后的十一个自贸区各有侧重,定位各不相同,体现了我国对于自由贸易多元化的探索,在更大空间及区域内检验相关改革开放措施的实施效果以及复制推广的可行性,探索差异化改革路径和政策,在对外开放过程中是必不可少的步伐,广东、福建、天津三大自贸区在充分借鉴上海自贸区成功经验基础上,可以根据本地区及区域特点探索差异化措施,在联动中寻求发展,在差异中彰显特色,四地的自贸区路径探索中,也必将得到新的可复制的经验[②],为我国其他地区进一步改革开放提供可复制的模式和经验。

上海自贸区在扩区之前,已经在金融创新、贸易便利化等方面形成了一批可复制与推广的实验结果,涉及的29项事项已经在全国各

---

① 上海市人民政府办公厅:《中国(上海)自由贸易试验区监管信息共享管理试行办法》,2014年9月17日。

② 王优玲、胡苏、王攀、毛振华、季明、何欣荣:《中国自贸试验区扩围探索对外开放新路径新模式》,新华网,http://finance.sina.com.cn/china/20141228/210221181559.shtml。

地进行了复制推广[①]。此次扩围可以在更大范围内测试服务业开放、外商投资管理等改革开放新措施的效果，对于政府管理职能改革效果也进行了更好的实验，探求更佳模式。

### 六　促进我国参与全球竞争的重要平台

自贸区扩大后，将促使我国企业和机构更广泛、更深入地参与国际市场，进一步促进贸易投资，帮助更多企业"走出去"，在国际经贸规则制定、争取全球经济治理中取得更大的份额，拥有更多的主动权和话语权。自贸区的扩围在更大范围为更多中国企业了解外国市场开辟了一个新的窗口和渠道，同时我国企业还可以通过和入驻自贸区的外国企业更多地接触和交流，学习对方的研发、管理技术、法律和工会组织情况，为企业未来走出国门做好准备。过去中国企业投资海外必须要经过繁杂冗长的审批程序，自贸区的建立有效地缓解这一问题，审批程序的精简压缩使得中国企业"走出去"变得更加便利，使得我国企业在"走出去"之前对国外企业的经营风格、民俗特点有了进一步的了解，为我国企业参与国际市场的竞争提供了很好的条件，使得更多的企业与行业得以参与到与世界对接的进程中去，这也是提高我国国际市场的地位甚至成为未来国际市场主导者的一种有力推进。

自贸区扩围更便捷地促进中国企业打开国际市场，"一带一路"倡议将自贸区与周边地域国家联合起来，共同构建大自由贸易市场，有利于我国加强国际合作，在国际谈判中拥有更重要的位置和更大影响力。

### 七　加速人民币成为国际货币

随着我国自贸区范围的不断扩大与配套措施的完善，上海必将成为人民币一大离岸交易中心。上海自贸区本身就是一个巨大的人民币离岸市场，其金融中心的核心地位也将进一步促进人民币的国际化，提高人民币的国际地位。同时，最近国际金融市场上，欧元汇价十分不稳定，中东局面上，伊朗方面也开始选择与美元决裂，使用人民币等货币进行结算。在这样的局势下，上海人民币离岸交易中心的地位

---

① 张钰芸：《上海自贸区扩区后功能更多元》，《新民晚报》2014年12月29日。

将更有前途。

### 八 提供自贸区与当地政府之间的差异化经验

扩围后我国自贸区不仅包括沿海城市，也包含内陆城市，自贸区分布上跨区域性质非常明显，可能会出现纵向协调与横向差异之间的冲突问题，此次扩围正好是一个协调自贸区与地方政府之间对接政策以及制定新的政策法规的契机，这些都是自贸区扩围中势必遇到的问题。上海自贸区可以借此机会进行管理协调机制以及对接机制的重大调整，为全国范围内其他自贸区未来的扩大树立良好的模范形象，同时提供对接以及管理系统方面的宝贵经验。[①]

---

[①] 尹晨：《扩区之后，上海自贸区的组织协调架构应该如何调整》，澎湃新闻网，2015年1月15日。

# 第四章　我国自贸区联动发展实证分析

党的十八大以来，中央就做出了实施"一带一路"、京津冀协同发展、长江经济带三大战略的决定，目的就是要打造新常态下中国经济参与国际竞争新的增长极。四大自贸区的各核心港口都连接着"海上丝绸之路"，"海上丝绸之路"的战略地位之重不言而喻，不仅占据着我国国内经贸往来的航运要道，而且也是我国参与国际竞争、进行跨国经贸交易的重要关口；各自贸区产业间的协同合作也通过陆路交运渠道促进了我国国内经贸活动的频繁往来，"港口经济圈"的建设、开放与发展以及自贸区之间产业贸易的频繁往来都将对整个中国国内、国际经济贸易活动的发展起到进一步促进的作用。

与上海自贸区侧重经济中心、金融中心的定位不同，其他十一个自贸区的产业侧重点各不同，面向的市场所在地也有很大的区别。十二个自贸区虽"各司其职"，各有不同的定位及市场侧重，但又尤为和谐统一，以第一批成立的上海自贸区为中心，带动津、粤、闽三大自贸区协同互补发展，并为第三批自贸区之间协同发展探索经验。本书在实证方面由于第三批7个自贸区及海南自贸区成立比较晚，所以仅以沪、津、粤、闽四个自贸区为例进行实证分析。

## 第一节　自贸区联动发展的理论基础

本书认为上海自贸区与其他自贸区的联动发展是一个由目标协调、结构整合、测度评价、系统控制等子系统组成的有序运行的交互系统，是一个由政策制度变迁、资源要素流动、产业结构转换、企业集聚扩张、空间模式演变构成的多维动态的过程，是一种在拓展自身发展空间基础上推动经济高速发展的综合体系。

### 一 "港口—产业—城市"联动发展的理论基础

"港口—产业—城市"联动发展是指一定区域内港口群、产业群与城市群之间相互作用、相互影响的一种态势，三大系统互动最终形成港口布局、生产力布局以及城市空间布局一体化的局面。"港口—产业—城市"联动发展也被称为"三群"联动，在区域经济及全球经济一体化的大背景下，"港口—产业—城市"的联动发展符合区域经济极理论和共生理论的经济原理，毗邻的空间优势将进一步推动整个经济腹地服务贸易的发展，而这种联动发展在增强自身区域综合竞争力的基础上也十分有利于国家整体经济的科学可持续发展。

这种理论是在区域经济一体化使得邻近空间变得有利于集中各项经济活动的前提背景下发展而生的，国内外的学者针对该理论也都提出了自身的观点和见解。首先，在国外学者的研究过程中，最主要的就是 Hoyle B. S. 和 Hilling D. 编著的《海港体系与空间变化》（1984）以及 Hoyle B. S. 和 Pinder D. A. 编著的《港口工业化与区域发展》（1981）这两本著作，在这两本著作中，港口、工业、城市、区域的空间相互作用得到了深刻的探讨。其次，国内学者多以一个城市或者一个区域为重点对象进行研究，例如蒋淞卿、王伟和李伟国（2008）以海西经济区为例，探讨了港口群、产业群、城市群对于海西经济区的开放发展各起到了什么作用；傅远佳（2012）则以钦州为研究对象，在极增长理论的指导下深度分析了钦州实现港口群、产业群、城市群"三群联动"的现实基础。

在"三群"联动理论中最为重要的一环就是其共生系统，"三群"联动发展的共生系统是港口、产业、城市进行联动发展并最终实现"3+1>4"的经济社会效用的基本前提，决定了"三群"联动发展进程是否可以顺利进行。在这个共生系统中，最基本的是依托三个共生单元形成的"三群"：$U_1$ 产业群、$U_2$ 港口群、$U_3$ 城市群，而产业群、港口群与城市群三者之间具体的共生关系则需要通过共生模式

M（$M_1$，$M_2$，…，$M_n$）来体现；另外，三大共生单元所处的外部环境 E 就是我们通常说的共生环境，共生环境包括了技术、信息、人才、资金等要素资源，这些资源要素的存在也会对三大共生单元的共生关系产生莫大的影响。综上所述，$M_1$，$M_2$，…，$M_n$ 体现出来的三群之间相互影响促进的共生关系以及 $E_1$，$E_2$，…，$E_n$ 共生环境的外部影响共同构成了一个大的共生系统，也就是港口—产业—城市"三群"联动发展共生系统。

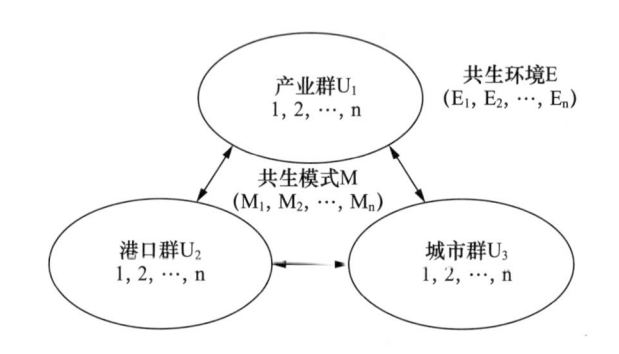

图 4-1　港口—产业—城市"三群"联动发展共生系统

资料来源：根据分析总结绘图而得。

## 二　产业间联动发展的理论基础

产业联动过程中最为重要的一环是在市场主导下，逐步形成的产业间以互利共赢为目的的良性双向互动的发展系统，整个发展系统既包括以产业为载体的各种生产要素的关联，包含区域内部人流、物流、资金流、信息流等资源，而且也包括各种基础设施的互通共享，包含交通运输网络和通信网络等设施资源。

这种理论是在要素禀赋理论、区域合作理论、区域协调理论以及产业集群理论的基础上发展形成的，国内外的学者针对该理论也都提出了自身的观点和见解。首先，在国外学者的研究过程中，最主要的成果就是 Potter（1998）的产业集群理论，Potter 对于产业集群的见解是产业间联动发展的一大主要理论来源，Potter 认为，在某一地理区域内通过集合形式聚集起来的企业以及机构都是具有产业性关联的，但由于技术、信息、资金等产业联系基础不同，产业性关联也是具有多样性的。其次，国内学者多以一个经济区域为重点对象进行研究，例如，董晓菲（2008）以辽宁沿海经济带为例，研究其东北腹地内海陆产业间的联动发展，并利用AHP决策法研究明确了辽宁沿海"五点一线"战略对东北腹地的拉动方向；林兰、叶森、曾刚（2010）则以浦东新区为例，以IC产业为研究对象，分析了长三角内部的产业间联动发展现状，并得出了目前长三角产业联动发展面临的挑战与困境。

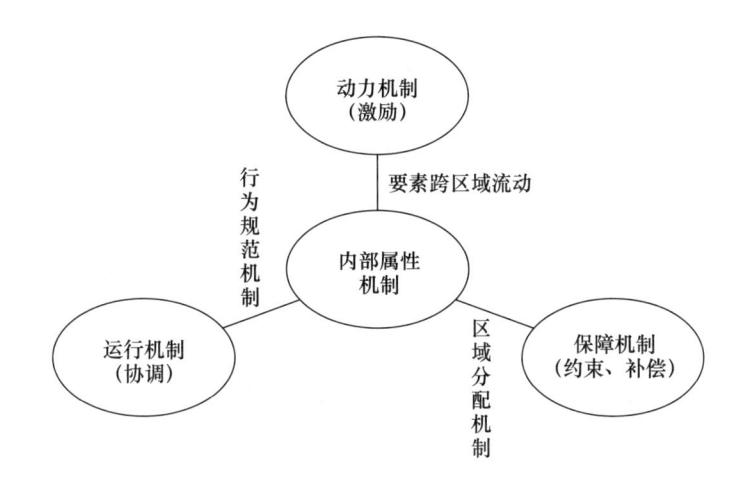

图 4-2 产业联动跨区域协同机制的构成——内部属性机制、外部协调机制

资料来源：根据分析总结绘图而得。

在产业联动发展理论中最为复杂的一环就是产业联动的跨区域协调机制，产业跨区域联动可以提高区域的信息化水平、规范区域的合作秩序、提高区域内资源的使用效率，那么要保证产业跨区域联动的顺利进行其中最关键的就是产业联动跨区域协调机制，即内部属性机制和外部协调机制的形成。内部属性机制起基础性的协调作用，包括供求机制、竞争机制、价格机制、自然法则及社会法则，这些规律法则直接作用于产业跨区域的经济活动；外部协调机

制通过法律层面、社会层面、行政层面作用于产业跨区域的经济活动，对这些经济活动的进行起到了保障、协调及促进其进一步发展的作用。

# 第二节　实证模型介绍及构建

## 一　模型特点

为了在全国范围内更好地实施海洋经济与陆域经济的良性互动，我国其他地区要在借鉴上海自贸区丰富实践经验的基础上，通过资源及信息的互通有无，用基于海洋及陆域要素的产业链来组织几大区域经济的联合协同发展，这样才能更好地拓展我国的产业分工进程、进一步优化我国的产业结构、提高我国经济对外开放的程度和质量，同时开展自贸区海陆产业间的协同发展对于保护我国的海洋生态环境、建设环境友好型的生态国家也大有裨益。

由于第三批成立的七大自贸区和刚刚宣布的海南自贸区时间比较短，所以本书在实证分析中仅用沪、津、粤、闽的数据，建立区域联动模型，评估自贸区的成立对一地经济的影响，以及其对其他地区的溢出效应。从区域经济研究的角度出发，近年来学界纷纷呼吁将已经广泛应用的宏观经济模型，包括动态随机一般均衡模型（DSGE）和向量自回归模型（VAR），应用到区域经济研究（Rickman，2010）。另一方面区域经济模型须包含区域联动的渠道，以便于衡量区域间溢出效应的大小以及区域联动溢出效应背后的机制。综合以上考虑，我们建立了一个全局向量自回归模型（Global Vector Autoregressive，GVAR）。

GVAR 模型较其他实证模型有很多优点，它结合了向量自回归模型（VAR）以及面板回归技术，首先，对模型方程的限制条件较少，较易于进行模型识别。其次，传统的面板分析方法一般不包括非本地变量，GVAR 在加入非本地变量后可以用于分析区域交互影响。最后，GVAR 模型在构建非本地变量时使用其加权平均，显著地减少了变量个数。另外，GVAR将地区模型结合成全局模型，为经济预测和政策分析提供了综合性框架。

GVAR模型已在评估跨国、跨区域或跨产业政策溢出效应上有越来越多的应用。例如陈浪南等（2016）建立了33国GVAR模型，考察国内外财政政策的溢出效应。王美昌和徐康宁（2016）建立了51个国家的GVAR模型，考察中国与其他"一带一路"国家间经济增长及贸易的关联。叶永刚和周子瑜（2015）使用月度工业数据，建立了我国区域GVAR模型，分析货币政策对工业品产出及价格的影响。余华义和黄燕芬（2015）建立了中国35个城市的GVAR模型，考察货币政策对房价及CPI的影响。耿鹏和赵昕东（2009）构建了跨产业GVAR模型，考量了产业间无法观测但又存在的内生性联系。类似地，苏梽芳等（2015）构建了33个工业部门的GVAR模型，评估资源价格冲击对工业品通货膨胀的溢出效应。本书通过构建跨区域的GVAR模型，是对自贸区政策溢出效应评估的首次尝试。

## 二 GVAR模型构建

GVAR模型最早由Pesaran等经济学家提出（Pesaran et al.，2004），后经Dees等（2007）改进，主要应用于衡量国家间经济联系以及分析冲击的传递。建立GVAR模型分两步，第一步视每个地区为一个小的开放经济体，建立并估计每个地区的地区特质VAR模型。每个地区经济体都被假定为一个VARX*（p，q）模型，其中包含本地变量、该地区特质非本地变量以及全局变量：

$$x_{i,t} = a_{i,0} + a_{i,1}t + \sum_{j=1}^{p}\Phi_{i,j}x_{i,t-j} + \sum_{j=0}^{q}\Gamma_{i,j}x^*_{i,t-j} + \sum_{j=0}^{q}\Psi_{i,j}d_{i,t-j} + \epsilon_{i,t}$$

(4-1)

其中，下标$i$和$t$代表区域和时间，$x_{i,t}$为$k_i$个本地变量构成的向量，$x^*_{i,t}$为$k^*_i$个非本地变量构成的向量，$d_{i,t}$为全局变量的向量，$\Phi_{i,j}$、$\Gamma_{i,j}$和$\Psi_{i,j}$分别为变量的系数矩阵，$\epsilon_{i,t}$为$k_i$个序列不相关特质冲击构成的矩阵，p和q分别为本地变量和非本地变量的滞后阶数。

每个地区方程中的特质非本地变量由其他地区的本地变量加权

平均构成。为了降低模型的维度，构建特质非本地变量所用的权重不是通过模型估计所得，而是预先根据地区间联系的强弱假定所得。例如在分析国家间模型时，构建非本地变量所用的权重往往由贸易额（Dees et al., 2007）或区域间地理距离（Vansteenkiste, 2007）决定。

GVAR 的第二步是将地区模型联系建立全局模型。每个地区的 VARX* 模型汇总后又形成全局 GVECM*（Global Vector Error Correction Model）：

$$\Delta x_{i,t} = a_{i,0} + a_{i,1}t + (I_i - \Phi_{i,j}) x_{i,t-j} + (\Gamma_{i,0} + \Gamma_{i,1}) x_{i,t-1}^* + \Gamma_{i,0} \Delta x_{i,t}^* + \epsilon_{i,t} \tag{4-2}$$

式（4-2）为由 VARX*（1, 1）模型转换成的全局 GVECM* 模型。

GVAR 模型包含了三种区域经济体间溢出效应传递的渠道。本地变量是非本地变量及其滞后项的函数，变量也可影响全局变量（如油价、汇率），并且不同的冲击之间也可有相关性。

GVAR 模型运算的变量包含三类：全局变量、本地变量和特质非本地变量。全局变量在本书中是油价和汇率；本地变量是产出、价格、资本、劳动时间、出口和进口；特质非本地变量包括的变量与本地变量相同，只是非本地而已。一个区域对另一个区域的影响，是通过影响该区域的特质非本地变量，进而间接影响该地区的内生变量。

图 4-3 为 GVAR 模型的示意图。模型包含四个地区（由于图片空间有限，很难把四个地区关系同时展现在图中，所以只注明三个地区，另外省略的同理），每个地区特质 VAR 模型均包含本地变量、特质非本地变量和全局变量。黑色实线箭头代表一地区本地变量之间的关系，由于本地变量均为内生变量，因此每个本地变量均与另外五个本地变量双向影响。虚线箭头表明各地区的本地变量通过加权平均构成另一地区的特质非本地变量。白色箭头表明全局变量或特质非本地变量作为外生变量影响一个地区的内生变量（本地变量）。最后将各地区模型合并起来构成一个 GVAR 模型。

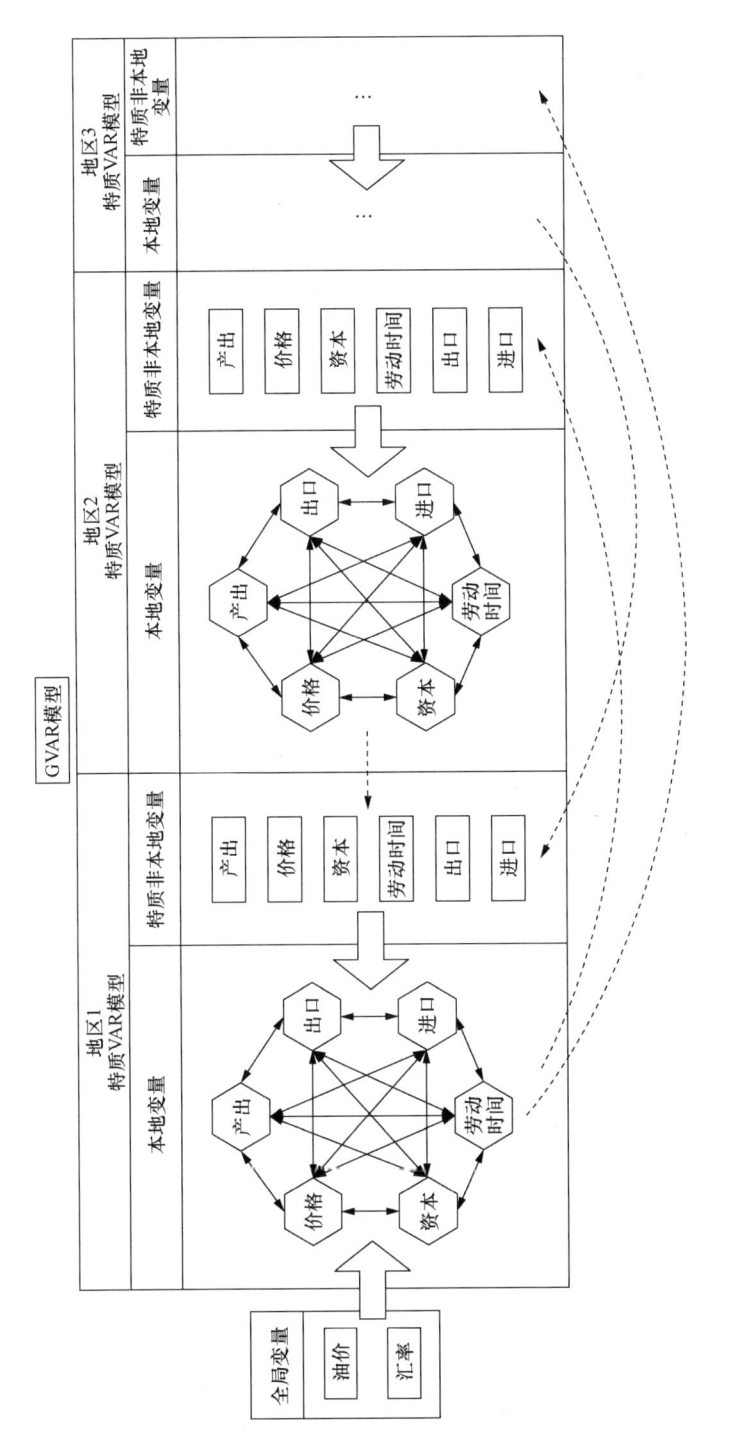

图 4-3 区域联动 GVAR 模型

资料来源：根据分析绘制图而得。

### 三 模型数据来源及描述

我们的 GVAR 模型包括 6 个本地变量，分别为产出、价格、劳动时间、出口、进口和资本，数据来源于国家统计局及该地区统计局。其中产出使用地区工业产值（GIO），价格使用地区消费者价格指数（CPI），劳动时间由于缺乏月度数据，我们使用能够反映开工量的地区用电量（ELEC）代表，资本使用地区贷款总额（LOAN）代表，出口和进口分别使用地区出口总额（EXP）和进口总额（IMP）代表。模型包含 4 个地区：上海、天津、广东和福建，因此每个地区的特质非本地变量由其他三个地区的本地变量加权平均构建，权重为 2013—2015 年这四个地区生产总值相对比例。模型还包括两个全局变量，油价（POIL）及汇率（EXRT），即这两个变量对所有地区都一样。图 4-3 为区域联动 GVAR 模型流程图。模型估计使用 2010 年 2 月至 2016 年 2 月沪、津、粤、闽的月度数据，所有变量均经过 X12 ARIMA 季节性调整，并且取对数。表 4-1 为本地变量的描述性统计，为省略篇幅，我们不在此报告特质非本地变量的描述性统计。由于每个地区的特质非本地变量为其他三地区变量的加权平均，其描述性统计性质与本地变量相似。表 4-1 中，沪、津、粤、闽四地区的地区工业产值（GIO）的对数均值分别为 7.86、7.63、7.65 和 7.74，表明 2010 年 2 月至 2016 年 2 月的月平均工业产值大小。表 4-1 最后两列分别为正态分布检验统计值及 P 值，以 5% 为显著性水平，检验结果表明大部分变量均服从正态分布。其他统计性描述在此不赘述。

表 4-1　　　　　　　　本地变量描述性统计

| | | Mean | Median | Max | Min | Std. dev | Skewness | Kurtosis | Jarque-Bera | Prob |
|---|---|---|---|---|---|---|---|---|---|---|
| GIO | 上海 | 7.86 | 7.86 | 7.99 | 7.72 | 0.04 | -0.83 | 4.89 | 21.14 | 0.00 |
| | 天津 | 7.63 | 7.66 | 8.42 | 7.13 | 0.26 | 0.62 | 4.33 | 11.32 | 0.00 |
| | 广东 | 7.65 | 7.64 | 7.86 | 7.32 | 0.14 | -0.21 | 1.99 | 3.34 | 0.19 |
| | 福建 | 7.74 | 7.75 | 8.43 | 7.16 | 0.19 | 0.69 | 5.98 | 36.14 | 0.00 |

续表

|  |  | Mean | Median | Max | Min | Std. dev | Skewness | Kurtosis | Jarque-Bera | Prob |
|---|---|---|---|---|---|---|---|---|---|---|
| CPI | 上海 | 4.71 | 4.71 | 4.79 | 4.61 | 0.05 | -0.35 | 2.11 | 3.63 | 0.16 |
|  | 天津 | 4.69 | 4.70 | 4.77 | 4.60 | 0.05 | -0.38 | 2.04 | 4.37 | 0.11 |
|  | 广东 | 4.71 | 4.72 | 4.79 | 4.61 | 0.05 | -0.51 | 2.18 | 5.00 | 0.08 |
|  | 福建 | 4.70 | 4.70 | 4.77 | 4.60 | 0.05 | -0.57 | 2.29 | 5.39 | 0.07 |
| ELEC | 上海 | 13.95 | 13.94 | 14.14 | 13.77 | 0.06 | 0.12 | 4.64 | 9.68 | 0.01 |
|  | 天津 | 13.33 | 13.35 | 13.45 | 13.12 | 0.08 | -0.50 | 1.99 | 5.95 | 0.05 |
|  | 广东 | 15.19 | 15.19 | 15.41 | 14.88 | 0.11 | -0.33 | 2.43 | 2.16 | 0.34 |
|  | 福建 | 14.12 | 14.13 | 14.30 | 13.81 | 0.13 | -0.59 | 2.47 | 4.98 | 0.08 |
| EXP | 上海 | 16.17 | 16.19 | 16.31 | 15.98 | 0.07 | -1.20 | 3.74 | 20.43 | 0.00 |
|  | 天津 | 14.72 | 14.77 | 15.02 | 14.35 | 0.15 | -0.70 | 2.88 | 6.19 | 0.05 |
|  | 广东 | 17.19 | 17.22 | 17.42 | 16.76 | 0.16 | -0.95 | 3.27 | 11.78 | 0.00 |
|  | 福建 | 15.43 | 15.51 | 15.69 | 15.04 | 0.18 | -0.72 | 2.23 | 8.14 | 0.02 |
| IMP | 上海 | 16.31 | 16.33 | 16.51 | 15.97 | 0.12 | -1.04 | 3.37 | 14.28 | 0.00 |
|  | 天津 | 15.03 | 15.07 | 15.32 | 14.54 | 0.22 | -0.57 | 2.38 | 5.03 | 0.08 |
|  | 广东 | 16.83 | 16.83 | 17.17 | 16.49 | 0.15 | 0.06 | 2.88 | 0.05 | 0.98 |
|  | 福建 | 14.85 | 14.93 | 15.12 | 14.32 | 0.21 | -1.00 | 2.85 | 12.77 | 0.00 |
| LOAN | 上海 | 11.10 | 11.07 | 11.56 | 10.73 | 0.24 | 0.61 | 2.41 | 5.52 | 0.00 |
|  | 天津 | 9.82 | 9.84 | 10.23 | 9.37 | 0.24 | -0.18 | 1.85 | 4.06 | 0.13 |
|  | 广东 | 11.13 | 11.14 | 11.51 | 10.76 | 0.22 | -0.05 | 1.73 | 4.54 | 0.10 |
|  | 福建 | 10.03 | 10.05 | 10.45 | 9.52 | 0.27 | -0.18 | 1.79 | 4.53 | 0.10 |

资料来源：原始数据国家统计局及该地区统计局，经软件处理而得。

表4-2为模型变量的单位根检验。建立GVAR模型如同VAR模型，应使用含一个单位根的变量，即I(1)(Johansen, 1992)。经检验，除CPI外大部分变量的ADF统计值均大于5%显著水平临界值-2.89，而大部分变量的一阶差分ADF统计值均小于临界值，因此单位根检验支持大部分变量有一个单位根。而对CPI等变量去差分可能造成过度差分，因此我们在GVAR中就使用未差分的变量。

表4-2 ADF单位根检验

| 本地变量 | 上海 | 天津 | 广东 | 福建 |
|---|---|---|---|---|
| GIO | -3.38 | -0.95 | -2.11 | -2.16 |
| dGIO | -6.23 | -5.97 | -5.42 | -6.94 |
| CPI | -1.22 | -1.03 | -2.10 | -0.60 |
| dCPI | -1.78 | -3.44 | -6.57 | -2.27 |
| ELEC | -4.63 | -2.07 | -1.56 | -2.60 |
| dELEC | -5.29 | -9.00 | -9.08 | -7.90 |
| EXP | -2.79 | -2.82 | -3.05 | -2.42 |
| dEXP | -6.90 | -7.33 | -5.47 | -7.45 |
| IMP | -2.84 | -0.81 | -2.05 | -3.02 |
| dIMP | -7.39 | -1.59 | -2.35 | -0.44 |
| LOAN | -0.42 | -3.28 | -1.26 | -2.08 |
| dLOAN | -4.04 | -10.03 | -5.66 | -1.94 |
| 非本地变量 | 上海 | 天津 | 广东 | 福建 |
| GIO | -1.56 | -2.72 | -2.07 | -2.28 |
| dGIO | -6.27 | -8.02 | -6.80 | -6.52 |
| CPI | -2.10 | -2.25 | -1.88 | -2.11 |
| dCPI | -1.60 | -2.63 | -2.85 | -5.85 |
| ELEC | -1.83 | -1.86 | -2.21 | -1.62 |
| dELEC | -8.95 | -6.68 | -7.46 | -6.90 |
| EXP | -3.02 | -3.11 | -3.19 | -3.22 |
| dEXP | -5.89 | -5.86 | -7.22 | -5.85 |
| IMP | -2.30 | -2.50 | -2.86 | -2.38 |
| dIMP | -1.71 | -1.78 | -1.14 | -1.94 |
| LOAN | -2.75 | -0.25 | 0.05 | 0.68 |
| dLOAN | -7.52 | -4.42 | -3.73 | -3.82 |
| 全局变量 | | | | |
| EXRT | -2.27 | | | |
| dEXRT | -0.78 | | | |
| POIL | 1.33 | | | |
| dPOIL | -4.18 | | | |

注：5%显著性水平临界值为-2.89。变量前的"d"表示变量的一阶差分。

资料来源：原始数据国家统计局及该地区统计局，经软件处理而得。

在构建GVAR模型时，我们允许本地变量最多有二阶滞后，非本地变量一阶滞后。在选择模型变量最优滞后数时，我们使用 AIC 指标较大的模型。经 AIC 指标选择最优模型后，上海、天津和福建的区域特质模型中本地变量包含二阶滞后，而广东区域特质模型本地变量包含一阶滞后。所有模型的非本地变量与全局变量均包含一阶滞后。经 Johansen 方法检测各区域模型协整个数，上海的 VARX* 模型有 2 个协整，广东的区域模型有 3 个协整，而天津和福建的区域模型均有 4 个协整。四个区域模型的协整个数均少于内生变量个数（6 个），因而四地区的模型估计均能够发现内生变量之间的长期关系。

## 第三节 实证结果及建议

### 一 模型回归

表 4-3 报告了四个地区特质模型回归结果。每个地区均根据式（4-2）构建一个 VECM 模型并进行回归。每个地区的特质模型包括 6 个方程，每个方程对应表 4-3 中一列，因变量分别为工业产值（GIO）、消费者物价指数（CPI）、用电量（ELEC）、出口（EXP）、进口（IMP）和贷款总额（LOAN）的一阶差分。自变量包括常数项、时间趋势项、6 个内生变量（GIO、CPI、ELEC、EXP、IMP 和 LOAN）的一阶滞后及其差分的一阶滞后、6 个非本地变量的一阶滞后及差分，以及两个全局变量汇率（EXRT）、油价（POIL）的一阶差分。其中广东的地区特质模型本地变量的最优滞后项数为 1，因此本地变量的差分的一阶滞后未包含在回归内。

从模型回归的结果中并不能直接观察到区域间的联动或溢出效应。GVAR 模型中，一个区域对另一个区域的影响，是通过影响该区域的特质非本地变量，进而间接影响该地区的内生变量。但这一间接影响，可由内生变量对特质非本地变量的弹性反映。由于因变量、自变量均为对数值，模型回归所得系数即为弹性。例如，上海工业产值的变化（dGIO）对其他三地工业产值的变化的加权平均（dGIO*）的弹性系数为 -0.07，表示其他三地的工业产值的加权平均增加 1%，上海工业产值相应减少 0.07%。

表 4-3　VECMX* 区域模型回归

| | 上海 | | | | | | | 天津 | | | | |
|---|---|---|---|---|---|---|---|---|---|---|---|---|
| | dGIO | dCPI | dELEC | dEXP | dIMP | dLOAN | dGIO | dCPI | dELEC | dEXP | dIMP | dLOAN |
| Intercept | 3.86 | 1.27 | -15.85 | -0.63 | -3.80 | -7.29 | -131.11 | 1.18 | 10.77 | -17.58 | 17.57 | 2.90 |
| Trend | 0.00 | 0.00 | -0.01 | -0.01 | -0.01 | -0.02 | -0.08 | 0.00 | 0.00 | -0.02 | 0.02 | 0.00 |
| GIO_1 | -0.04 | -0.03 | 0.20 | 0.07 | 0.16 | 0.28 | -1.00 | 0.02 | 0.04 | -0.12 | -0.04 | 0.01 |
| CPI_1 | -1.38 | -0.70 | 6.38 | 1.37 | 3.57 | 6.25 | 10.90 | -0.48 | 0.27 | 0.12 | 3.42 | -1.12 |
| ELEC_1 | 0.08 | 0.02 | -0.29 | 0.03 | 0.00 | -0.02 | 2.43 | 0.00 | -0.97 | -0.02 | -0.32 | 0.01 |
| EXP_1 | -0.02 | 0.07 | -0.11 | -0.34 | -0.64 | -1.04 | -0.56 | -0.02 | -0.16 | -0.35 | 0.28 | -0.11 |
| IMP_1 | 0.05 | -0.01 | -0.10 | 0.13 | 0.23 | 0.36 | 2.97 | -0.02 | -0.02 | 0.62 | -0.47 | 0.03 |
| LOAN_1 | -0.04 | 0.01 | 0.10 | -0.12 | -0.19 | -0.31 | -0.73 | -0.07 | 0.14 | -0.79 | -0.55 | -0.96 |
| GIO*_1 | 0.00 | 0.00 | -0.01 | -0.02 | -0.04 | -0.06 | 1.34 | -0.02 | -0.04 | 0.21 | 0.13 | 0.04 |
| CPI*_1 | 0.96 | 0.43 | -4.29 | -0.70 | -2.00 | -3.55 | -14.90 | 0.44 | 0.27 | -0.76 | -1.25 | 1.40 |
| ELEC*_1 | -0.18 | 0.00 | 0.60 | -0.24 | -0.33 | -0.49 | 0.69 | 0.00 | 0.14 | 0.20 | -0.32 | -0.07 |
| EXP*_1 | 0.19 | 0.02 | -0.65 | 0.17 | 0.20 | 0.28 | 5.23 | -0.03 | -0.08 | 1.01 | -1.12 | -0.09 |
| IMP*_1 | -0.18 | -0.02 | 0.64 | -0.14 | -0.15 | -0.20 | -5.16 | 0.03 | 0.13 | -0.90 | 1.14 | 0.17 |
| LOAN*_1 | 0.02 | -0.10 | 0.23 | 0.50 | 0.95 | 1.56 | 6.20 | 0.04 | -0.11 | 1.79 | -1.12 | 0.60 |
| EXRT_1 | -0.14 | 0.05 | 0.32 | -0.43 | -0.72 | -1.16 | 5.09 | -0.14 | -0.50 | 0.07 | 0.11 | -0.54 |

续表

| | 上海 | | | | | | 天津 | | | | | |
|---|---|---|---|---|---|---|---|---|---|---|---|---|
| | dGIO | dCPI | dELEC | dEXP | dIMP | dLOAN | dGIO | dCPI | dELEC | dEXP | dIMP | dLOAN |
| POIL_1 | 0.02 | 0.01 | -0.09 | -0.01 | -0.03 | -0.06 | -0.23 | 0.00 | 0.00 | -0.07 | 0.07 | -0.02 |
| dGIO* | -0.07 | 0.00 | -0.12 | -0.04 | -0.09 | -0.01 | 1.53 | 0.00 | -0.02 | -0.04 | 0.06 | 0.03 |
| dCPI* | -1.12 | 0.45 | -2.41 | -0.54 | 0.88 | -1.24 | 0.14 | 0.67 | 1.33 | -2.17 | -0.04 | 1.87 |
| dELEC* | 0.28 | 0.00 | 0.74 | -0.13 | 0.10 | 0.04 | 0.66 | 0.01 | 0.47 | 0.05 | -0.25 | -0.01 |
| dEXP* | 0.59 | 0.06 | -0.96 | 0.98 | 0.61 | 0.76 | 2.72 | 0.02 | 0.18 | 0.80 | -0.64 | -0.17 |
| dIMP* | -0.33 | -0.04 | 0.65 | -0.33 | 0.29 | -0.65 | -1.80 | -0.03 | 0.01 | -0.26 | 1.17 | 0.18 |
| dLOAN* | -0.65 | -0.02 | 0.44 | 0.76 | 0.70 | 1.30 | 1.87 | -0.16 | -0.36 | 2.97 | -2.09 | 0.49 |
| dEXRT | -0.36 | 0.02 | 1.82 | -0.37 | -1.54 | -2.10 | 0.71 | 0.10 | -0.40 | -1.84 | -0.95 | 1.88 |
| dPOIL | 0.11 | 0.00 | 0.15 | 0.08 | -0.06 | -0.12 | 0.16 | 0.00 | -0.03 | -0.05 | -0.06 | -0.02 |
| dGIO_1 | -0.07 | 0.00 | -0.39 | -0.02 | -0.04 | 0.26 | -0.11 | -0.01 | -0.03 | 0.04 | 0.01 | -0.01 |
| dCPI_1 | 0.28 | -0.03 | -0.66 | 1.63 | 0.82 | 0.17 | 0.88 | 0.11 | 1.06 | -0.51 | -2.28 | 0.28 |
| dELEC_1 | 0.07 | 0.00 | 0.00 | 0.05 | 0.04 | 0.03 | -0.05 | 0.01 | 0.25 | 0.01 | 0.08 | 0.03 |
| dEXP_1 | 0.02 | -0.03 | 0.48 | -0.02 | -0.03 | 0.24 | 0.57 | 0.00 | 0.22 | -0.28 | -0.05 | 0.06 |
| dIMP_1 | -0.10 | 0.02 | -0.22 | -0.16 | 0.02 | -0.13 | -1.41 | 0.00 | -0.07 | -0.08 | -0.16 | -0.09 |
| dLOAN_1 | -0.06 | 0.00 | 0.50 | -0.17 | -0.15 | -0.25 | -0.38 | 0.00 | -0.12 | 0.60 | 0.21 | -0.14 |

续表

<table>
<tr><th></th><th colspan="7">广东</th><th colspan="7">福建</th></tr>
<tr><td></td><td>dGIO</td><td>dCPI</td><td>dELEC</td><td>dEXP</td><td>dIMP</td><td>dLOAN</td><td>dGIO</td><td>dCPI</td><td>dELEC</td><td>dEXP</td><td>dIMP</td><td>dLOAN</td></tr>
<tr><td>Intercept</td><td>26.30</td><td>-2.25</td><td>-1.57</td><td>8.49</td><td>-18.93</td><td>2.00</td><td>20.42</td><td>-1.14</td><td>-2.39</td><td>4.36</td><td>18.63</td><td>1.54</td></tr>
<tr><td>Trend</td><td>0.02</td><td>0.00</td><td>-0.01</td><td>0.01</td><td>-0.01</td><td>0.00</td><td>0.01</td><td>0.00</td><td>0.00</td><td>0.01</td><td>0.02</td><td>0.00</td></tr>
<tr><td>GIO_1</td><td>0.02</td><td>0.00</td><td>0.25</td><td>-0.11</td><td>-0.05</td><td>-0.01</td><td>-0.40</td><td>0.00</td><td>0.02</td><td>0.00</td><td>-0.02</td><td>-0.01</td></tr>
<tr><td>CPI_1</td><td>-1.94</td><td>-0.71</td><td>1.43</td><td>-2.56</td><td>-3.33</td><td>-0.09</td><td>2.35</td><td>-0.67</td><td>3.43</td><td>-2.09</td><td>1.44</td><td>-0.09</td></tr>
<tr><td>ELEC_1</td><td>-0.45</td><td>0.00</td><td>-0.92</td><td>0.23</td><td>0.24</td><td>0.02</td><td>-0.30</td><td>0.02</td><td>-0.87</td><td>-0.38</td><td>0.17</td><td>0.00</td></tr>
<tr><td>EXP_1</td><td>-0.71</td><td>0.02</td><td>0.20</td><td>-0.36</td><td>0.29</td><td>-0.06</td><td>-0.76</td><td>-0.02</td><td>-0.24</td><td>-0.39</td><td>0.07</td><td>-0.03</td></tr>
<tr><td>IMP_1</td><td>0.53</td><td>-0.03</td><td>-0.21</td><td>0.28</td><td>-0.26</td><td>0.05</td><td>1.97</td><td>-0.02</td><td>-0.17</td><td>-0.63</td><td>-0.49</td><td>-0.01</td></tr>
<tr><td>LOAN_1</td><td>-2.19</td><td>0.17</td><td>1.36</td><td>-1.30</td><td>1.34</td><td>-0.22</td><td>-0.11</td><td>0.10</td><td>0.56</td><td>0.33</td><td>-1.28</td><td>-0.05</td></tr>
<tr><td>GIO*_1</td><td>-0.02</td><td>0.00</td><td>0.01</td><td>0.00</td><td>0.03</td><td>0.00</td><td>1.16</td><td>-0.01</td><td>0.15</td><td>-0.19</td><td>-0.36</td><td>-0.01</td></tr>
<tr><td>CPI*_1</td><td>1.40</td><td>0.63</td><td>-3.20</td><td>3.01</td><td>3.29</td><td>0.16</td><td>-11.48</td><td>0.69</td><td>-3.93</td><td>2.84</td><td>0.22</td><td>0.04</td></tr>
<tr><td>ELEC*_1</td><td>-0.18</td><td>0.02</td><td>0.54</td><td>-0.29</td><td>0.11</td><td>-0.04</td><td>-0.11</td><td>0.02</td><td>0.81</td><td>0.55</td><td>-0.36</td><td>-0.01</td></tr>
<tr><td>EXP*_1</td><td>0.05</td><td>-0.01</td><td>-0.34</td><td>0.17</td><td>0.00</td><td>0.02</td><td>0.61</td><td>0.00</td><td>0.30</td><td>0.50</td><td>0.31</td><td>0.05</td></tr>
<tr><td>IMP*_1</td><td>0.11</td><td>0.01</td><td>0.24</td><td>-0.04</td><td>-0.01</td><td>-0.01</td><td>-1.00</td><td>0.03</td><td>-0.03</td><td>0.17</td><td>0.01</td><td>-0.01</td></tr>
<tr><td>LOAN*_1</td><td>0.81</td><td>0.02</td><td>0.21</td><td>0.28</td><td>-0.15</td><td>0.04</td><td>0.46</td><td>-0.02</td><td>-0.05</td><td>-0.63</td><td>-0.56</td><td>-0.05</td></tr>
<tr><td>EXRT_1</td><td>0.64</td><td>0.10</td><td>-0.30</td><td>0.56</td><td>0.36</td><td>0.04</td><td>3.91</td><td>-0.05</td><td>0.06</td><td>-1.12</td><td>-1.12</td><td>-0.04</td></tr>
</table>

续表

|  | 广东 |  |  |  |  | 福建 |  |  |  |  |
|---|---|---|---|---|---|---|---|---|---|---|
|  | dGIO | dCPI | dELEC | dEXP | dIMP | dLOAN | dGIO | dCPI | dELEC | dEXP | dIMP | dLOAN |
| POIL_1 | 0.08 | 0.01 | 0.01 | 0.05 | 0.04 | 0.00 | 0.01 | -0.01 | 0.09 | 0.09 | 0.11 | 0.01 |
| dGIO* | -0.06 | 0.00 | 0.01 | 0.01 | 0.01 | 0.01 | 2.64 | 0.02 | 0.23 | -0.17 | -0.21 | -0.03 |
| dCPI* | -1.41 | 0.75 | -3.88 | 1.42 | 0.20 | 0.56 | 1.34 | 0.99 | -1.39 | 0.65 | 0.27 | -0.07 |
| dELEC* | -0.11 | -0.02 | 1.05 | 0.11 | 0.54 | 0.03 | -0.69 | 0.00 | 0.64 | 0.35 | -0.05 | 0.00 |
| dEXP* | -0.02 | -0.02 | 0.13 | 0.43 | 0.12 | 0.00 | -2.89 | -0.05 | -0.03 | 1.37 | 0.23 | 0.04 |
| dIMP* | -0.02 | 0.02 | -0.20 | 0.46 | 0.86 | 0.02 | 1.25 | 0.04 | 0.12 | -0.42 | 0.36 | 0.01 |
| dLOAN* | -0.26 | 0.03 | 0.44 | 0.48 | 0.69 | 0.08 | 2.94 | 0.01 | 0.13 | -1.23 | -1.74 | -0.03 |
| dEXRT | -0.63 | 0.01 | -0.60 | 0.41 | 0.41 | 0.08 | 1.26 | -0.06 | -1.03 | 0.67 | -0.20 | 0.01 |
| dPOIL | -0.02 | 0.01 | -0.02 | 0.01 | 0.06 | -0.01 | -0.45 | 0.00 | 0.02 | 0.08 | 0.09 | 0.01 |
| dGIO_1 |  |  |  |  |  |  | -0.24 | 0.00 | 0.00 | 0.02 | 0.00 | 0.00 |
| dCPI_1 |  |  |  |  |  |  | -3.96 | 0.26 | -2.55 | -0.90 | -2.38 | -0.21 |
| dELEC_1 |  |  |  |  |  |  | 0.59 | -0.02 | -0.18 | 0.23 | 0.04 | 0.00 |
| dEXP_1 |  |  |  |  |  |  | 1.40 | -0.02 | -0.14 | 0.19 | -0.13 | -0.01 |
| dIMP_1 |  |  |  |  |  |  | -2.38 | 0.02 | 0.19 | -0.19 | -0.14 | 0.01 |
| dLOAN_1 |  |  |  |  |  |  | -10.41 | 0.03 | 1.93 | -1.15 | 1.48 | -0.05 |

注：变量前的"d"表示变量的一阶差分。
资料来源：原始数据据国家统计局及该地区统计局，经软件处理而得。

GVAR 模型中各地区的 VARX* 模型中均不包含以特质非本地变量为因变量的方程，并假设一个地区的特质非本地变量为外生变量。因此构建模型时需要检验特质非本地变量的外生性。表 4-4 为 4 个地区模型中非本地变量的外生性 F 检验结果，每一行对应一个地区的特质模型，每行均包括 6 个特质非本地变量及 2 个全局变量。根据表 4-4 中的结果，所有变量的检测值均小于 F 检验临界值，因此不拒绝这些非本地变量为外生的零假设，满足 GVAR 模型的假设。

表 4-4　　　　　　　　非本地变量外生性 F 检验

| | F 临界值 | GIO* | CPI* | ELEC* | EXP* | IMP* | LOAN* | EXRT | POIL |
|---|---|---|---|---|---|---|---|---|---|
| 上海 | 3.17 | 0.99 | 0.60 | 2.53 | 2.01 | 0.13 | 0.66 | 1.44 | 0.54 |
| 天津 | 2.55 | 1.93 | 0.63 | 2.54 | 1.57 | 1.55 | 0.95 | 1.26 | 0.46 |
| 广东 | 2.78 | 0.89 | 1.51 | 1.77 | 0.39 | 0.55 | 0.54 | 0.21 | 0.23 |
| 福建 | 2.55 | 2.42 | 0.55 | 0.48 | 2.02 | 1.46 | 0.20 | 0.56 | 0.56 |

资料来源：原始数据国家统计局及该地区统计局，经软件处理而得。

## 二　冲击分析

GVAR 模型的一项应用是对冲击或政策变化的脉冲响应分析，在本书中，我们通过建立四地区 GVAR 模型考量上海成立自贸区的影响。考虑到自贸区对上海的影响主要应当反映为对生产效率的提升及贸易壁垒的削弱（曾凡，2015；程宇和陈晓芳，2015），对应模型中，自贸区的成立应体现为生产与出口的冲击，即对模型中工业生产（GIO）和出口（EXP）两个方程的冲击。我们考察这两项冲击的脉冲响应，分析的期间为 36 个月，覆盖短期到长期（3 年）。

图 4-4 报告了上海工业产值增加一个标准差的脉冲响应分析。短期里，上海工业产值的一个标准差的冲击，因为滞后效应，在 2 个月后可能带来高达 1.9% 的工业产值增加。长期而言，工业产值的增加也能维持在较高水平，36 个月后的增加在 1.7% 左右。生产效率增长将少量降低上海物价水平，短期物价水平下降在 0.02% 左右，长期可能达到 0.06%。进出口在短期增长之后，长期均呈现少量下降，其中进口在冲击后 1 个月内增加约 0.2%，长期水平会下降 0.6%。生产效率的增长对进口带来的影响类比出口。相应地，用电量的增长随着产出的增长而提升，长期涨幅约达到 1.5%，与产出增长匹配。而

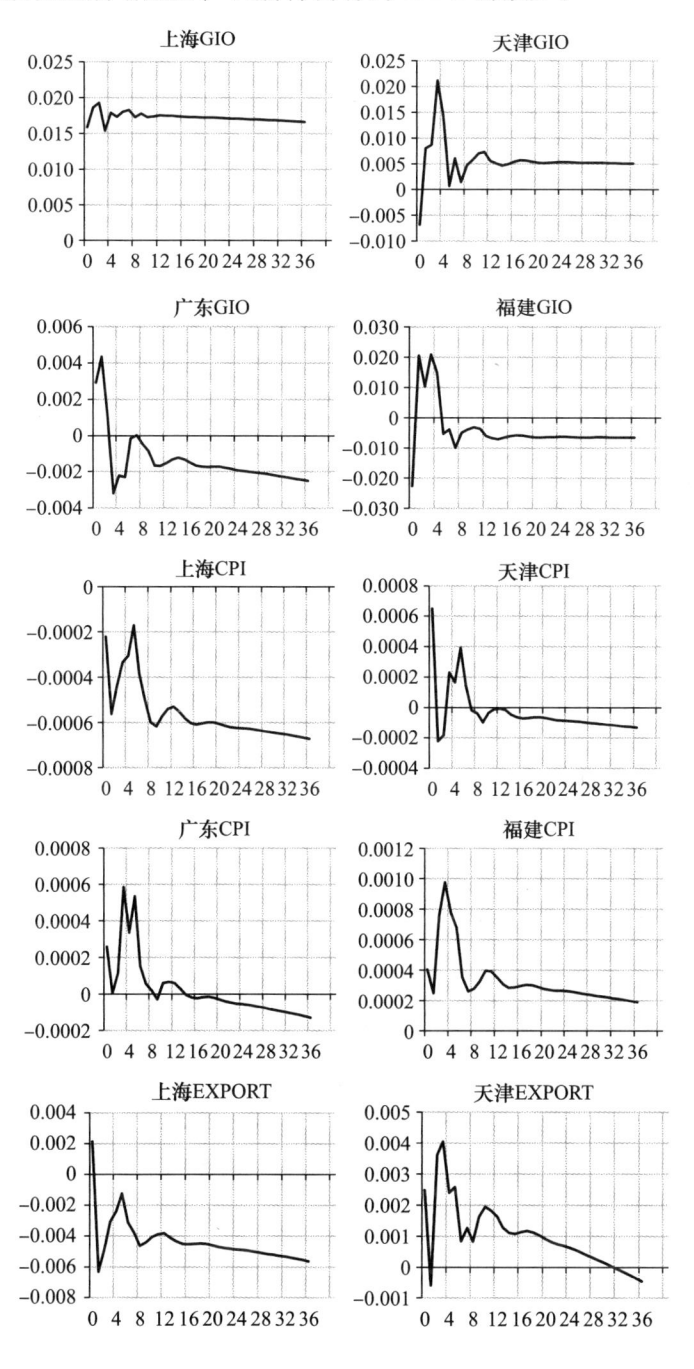

贷款总额在短期增加后，长期将会有约 0.2% 的减少。

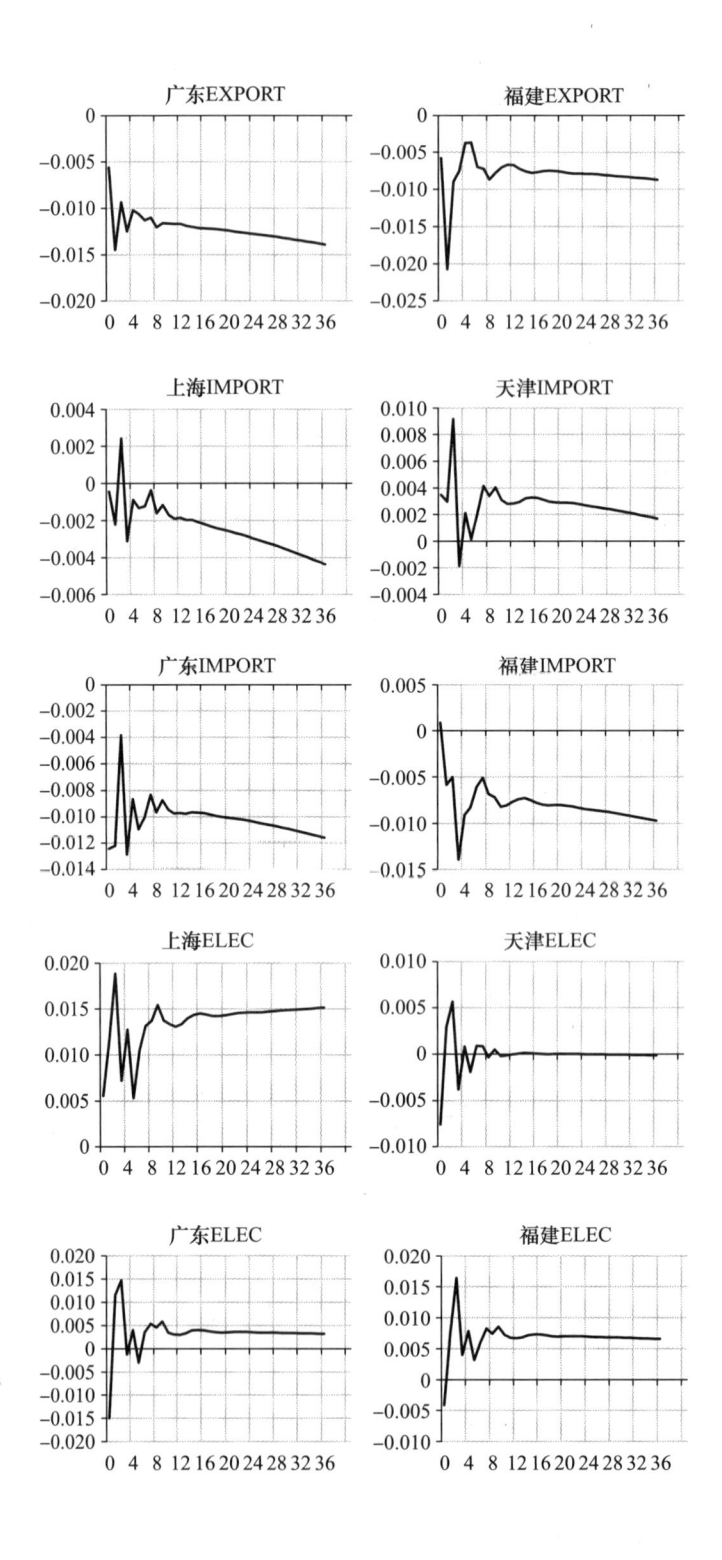

56 / 第一篇　上海自贸区建设的成果及推广

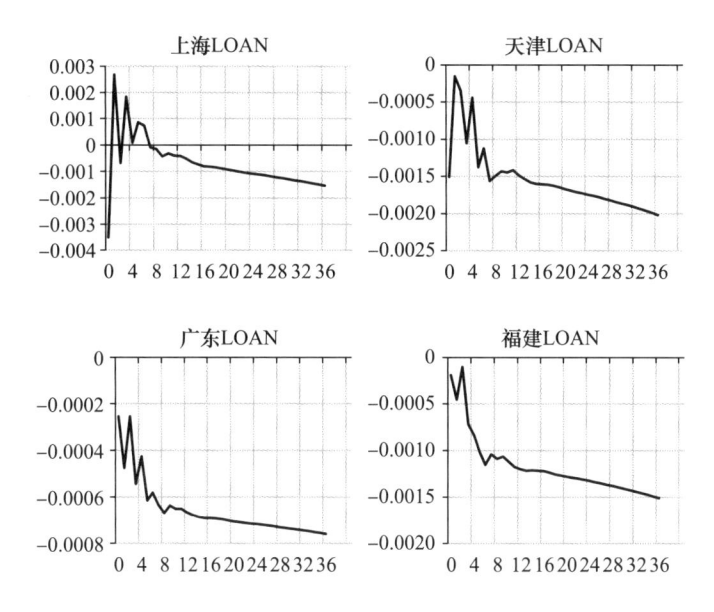

**图 4-4　上海工业产值增长一个标准差的脉冲响应分析**

资料来源：原始数据国家统计局及该地区统计局，经软件处理而得。

上海对其他地区的影响可以通过其他地区的脉冲响应来反映。上海生产效率的增长在短期内（1个季度内）对天津、广东和福建的工业生产分别有2%、0.4%和2%左右的增加，短期正溢出效应明显。而以上三地长期反应则迥异，天津在3年后工业产值增长达0.5%，而广东和福建将在长期受到负影响。上海自贸区的溢出效应在三地的进出口反应上将得到印证，天津进出口在短、长期均呈现扩张，而广东和福建将呈现收缩，该效应类比三地工业产值。其中，天津的出口在一个季度内增长达0.4%，进口将超过0.8%，而广东和福建的进出口均要收缩1%左右。三地的用电量受到影响较小。金融市场则呈现一致性，三地贷款总额将会类似上海，在短、长期都少量减少。

上海自贸区对区域经济影响的另一个途径基于贸易壁垒的削弱，将对上海的贸易经济带来正面影响，因此我们模拟上海地区出口受到一个标准差的正冲击，并分析四地脉冲响应。冲击短期对上海出口的影响达到1.4%，对上海出口的长期水平将带来超过0.5%的增长。相应地，上海的工业产值呈现扩张，短、长期增长超过0.3%。在长期扩张中，上海进口呈现更大的增长，稳定在1%左右。物价及用电量变化不大。另外，融资呈现收缩，短期贷款总额减少达0.8%，长期稳定在0.4%左右。

上海出口冲击对其他三地的溢出效应基本为扩张作用。三地工业产值长期均呈现不同程度增长，其中福建长期增幅接近1%，天津为0.5%。三地贸易部门却呈现不同反应，天津进、出口均有一定增长，长期增幅在0.4%左右。广东和福建贸易有小幅收缩，广东进、出口在长期收缩2%左右，福建收缩1%左右。三地区的物价指数和用电量变动不大。类似于上海生产效率冲击，在受到出口正向冲击时，其他三地区的融资也会收缩，四地金融市场再次呈现一致性。

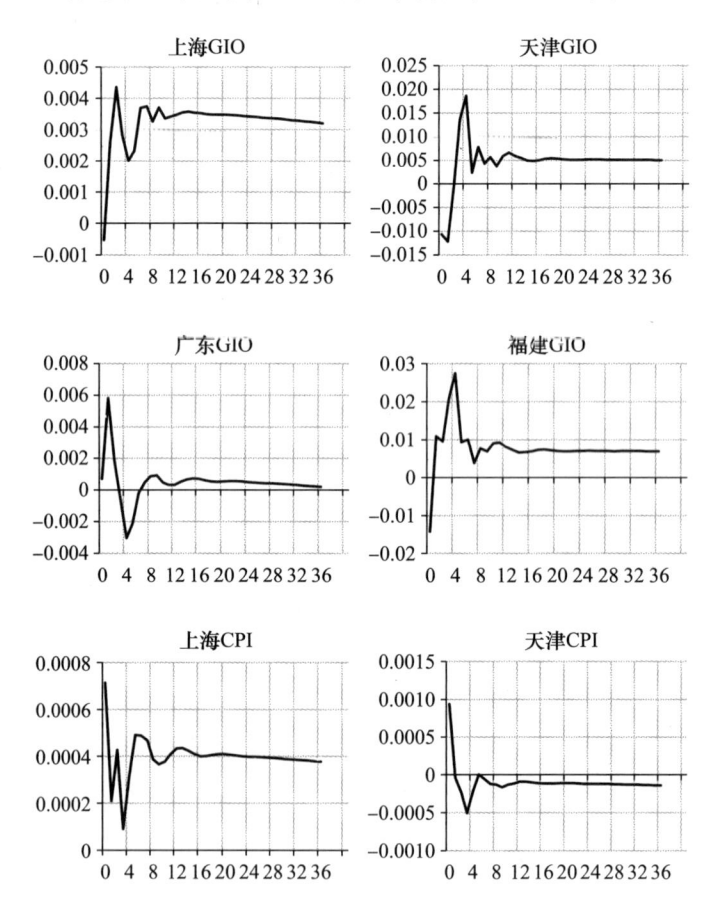

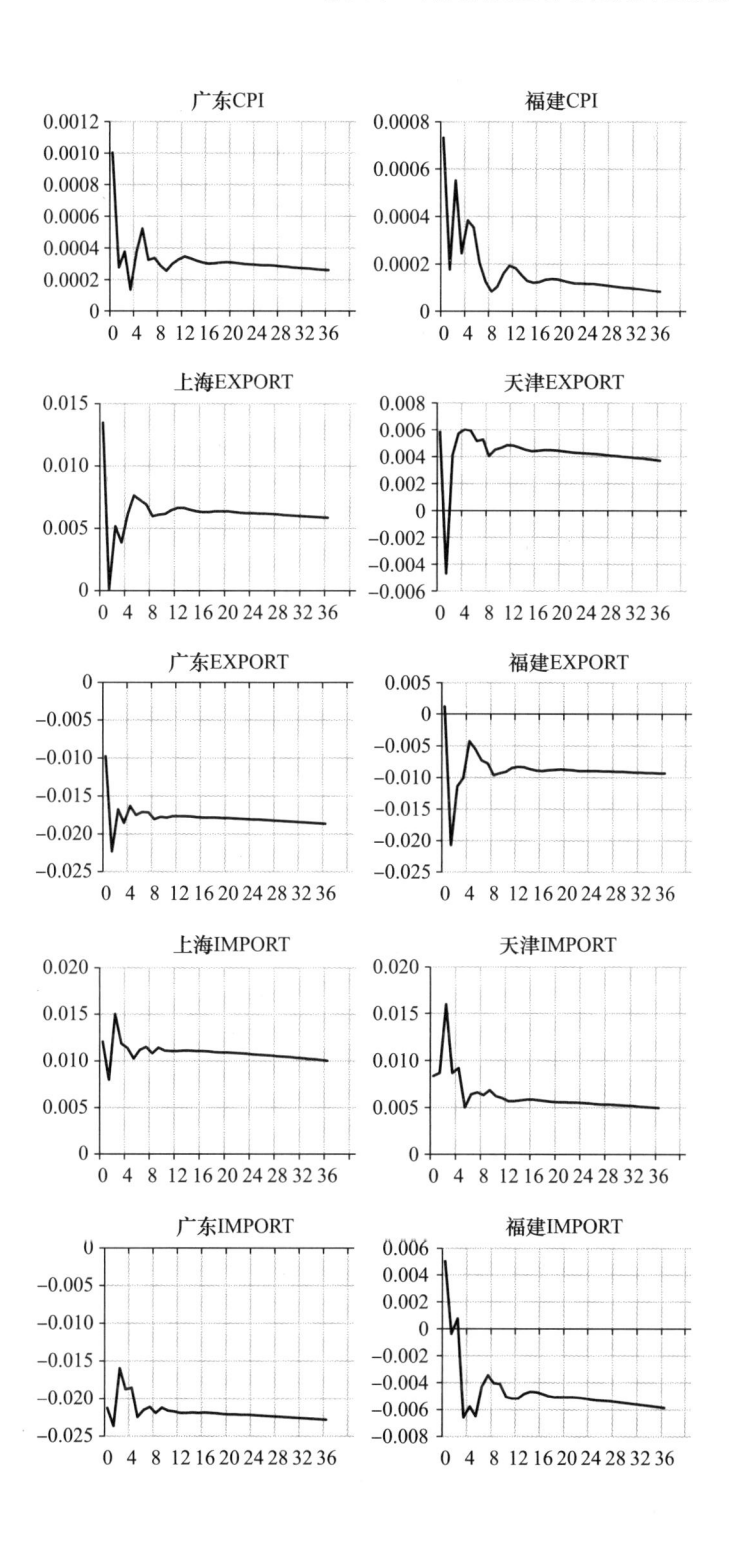

第四章 我国自贸区联动发展实证分析 / 59

60 / 第一篇　上海自贸区建设的成果及推广

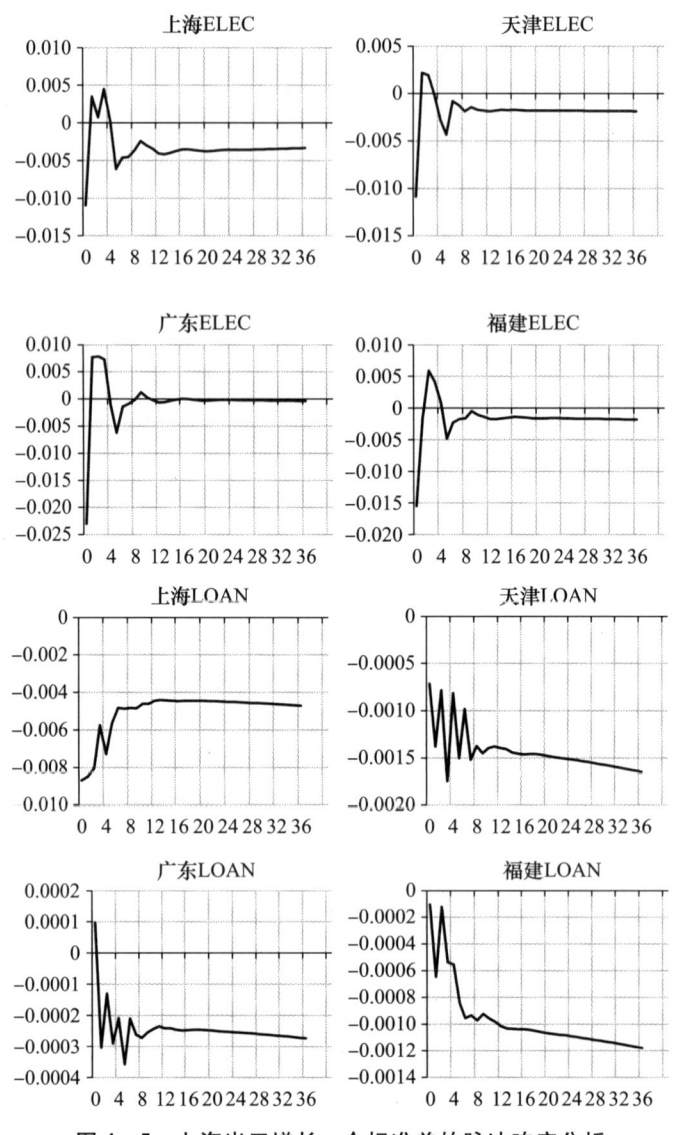

图 4-5　上海出口增长一个标准差的脉冲响应分析

汇总工业产出与出口冲击，上海自贸区成立给上海、天津带来扩张性发展机遇，两地工业产值、进、出口均有一定幅度增长。而对广东和福建影响则不一，尤其是对广东和福建贸易部门影响较大。综合两种冲击，对于金融部门则一致地减少了融资规模，四地短期、长期贷款余额均相应减小。

### 三 实证结果分析

以上实证分析验证了上海在自贸区发展中的先行先试及溢出效应,上海自贸区与其他自贸区之间的区域一体化协同发展是以上海自贸区为中心,带动其他自贸区协同发展的,上海自贸区的辐射作用是与它自身的地位、区位优势和积淀相关的。

#### (一) 各自贸区的区位优势

在自贸区发展初期,自贸区所在地区的自然禀赋对自贸区发展有一定影响,这里对 12 个自贸区的优势及劣势一一进行对比,具体如表 4-5 所示:

表 4-5　　　　全国 12 个自贸区协同发展优势、劣势一览

|  | 所在地区优势 | 所在地区劣势 |
| --- | --- | --- |
| 上海自贸区 | 金融市场发达;政府对自贸区意义及未来发展方向有清晰的认识;市场经济活跃 | 商务成本高,土地资源较为紧张 |
| 天津自贸区 | 人力及煤电资源丰富,各类成本较低;位于京津冀经济区内,能有效吸引北京的产业外溢,并协同其共同发展 | 水资源不足,环境承载力有限;工业经济转型升级较为困难;市场机制、市场动力相对不足;缺少产业平台、产业群体 |
| 福建自贸区 | 与台湾隔海相望,可承接台湾制造业、高新产业的外溢、转移;地理位置优越,拥有多处海港 | 人力资源有限;水电资源短缺;环境承载力弱 |
| 广东自贸区 | 交通便利;人力资源丰富;创新创业氛围浓厚;民营经济活跃;可与前海、横琴特区进行优势互补,协同发展 | 急需对深圳前海、珠海、横琴等开放区域在功能方面进行整合;商务成本较高 |
| 辽宁自贸区 | 地理位置优越,靠近日本和韩国,同时也处于东北亚经济区的中心位置;拥有大连港和营口港两大港口,是中国东北地区主要的交通枢纽;在装备制造业方面优势明显 | 辽宁经济陷入发展困境,是全国唯一 GDP 负增长的省市,资源配置失衡,人才流失严重 |

续表

| | 所在地区优势 | 所在地区劣势 |
|---|---|---|
| 浙江自贸区 | 拥有丰富的海岸线资源，可专注于海洋经济发展，宁波舟山港货物吞吐量常年保持世界第一；以民营经济为代表的市场主体活跃；拥有类型齐全的海关特殊监管区域 | 舟山自贸区分散于多个面积较为狭小的海岛，土地资源有限，这对重型产业的发展极为不利，这将限制舟山自贸区只能偏向于商品贸易方向发展 |
| 河南自贸区 | 交通区位优势明显，是全国公路、铁路和航空交通枢纽，也是欧亚大陆"一带一路"的节点城市；航空港区、综合保税区等各类园区比较齐全 | 身处内陆地区，对外开放程度较差，缺少具有一定规模和知名度的大型企业；政府对自贸区的认识不够，人才外溢现象严重 |
| 湖北自贸区 | 是科教大省，人才丰富，大学生落户新政能够有效解决人才流失问题；拥有长江黄金水道，具有一定货运优势；对接中部崛起的战略机遇，省级单位出台了很多政策为自贸区提供了极大的便利性 | 市场环境有待改善，对外开放程度不高；产业结构不合理，以第一、第二产业为主，传统行业的国企数量众多，战略性新兴产业不足 |
| 重庆自贸区 | 内陆城市中经济体量第一，市场经济活跃；各类保税园区齐全；土地资源广阔，人力资源丰富；在基础制造业方面具有一定优势 | 重庆自贸区处于盆地错综复杂地理位置，从交通方面来说比平原地区稍显落后，而且长江水运船载能力有限，对于重庆发挥战略联结点的作用有些不利 |
| 四川自贸区 | 经济总量多年位居西部第一，经济发展韧性足；基础互通设施完善；教育资源与人才储备丰富，创新力强；在新兴产业方面具备一定优势；水力资源丰富 | 身处内陆，经济外向型不高；物流成本高，形式单一 |
| 陕西自贸区 | 地处我国内陆的中心，承东启西、连接南北，是古代丝绸之路的起点；各类园区齐全，具备设立自贸区的硬性条件；现代产业体系完善，尤其在高新技术产业、先进制造业和现代服务业方面有突出优势 | 与其他内陆省份的省会城市和城市群相比，西安和关中城市群较小，对外资的吸引力不强；市场机制、市场动力相对不足，营商环境较弱；缺少水运港口，而铁路货运与其他城市的路线重合度高 |

续表

| | 所在地区优势 | 所在地区劣势 |
|---|---|---|
| 海南自贸区 | 四面环海，有优良的海港，是中国穿过印度洋和太平洋的必经之地，区位优势明显，适合发展国际贸易；生态环境保存良好，旅游资源发达，可与其他自贸区进行错位竞争，走绿色发展之路 | 工业经济较弱；土地资源有限，且价格虚高；人才储备不足。海南自贸区的发展需要大量人才，但海南财政实力将会制约其在人才引进方面的优惠程度 |

资料来源：根据各地区政府网站资料整理而得。

(二) 区位优势对自贸区的影响分析

首先，上海自贸区是我国最先成立的第一个自贸区，在上海自贸试验区成功运作了一年之后，国家才又提出要再设第二批——广东、天津、福建三个自贸试验区，第三批在辽宁省、浙江省、河南省、湖北省、重庆市、四川省、陕西省新设立7个自贸试验区及第四批海南自贸区。就目前来看，自贸区的区域协同发展以上海自贸区为中心，很大一部分原因是由于上海自贸区自成立起一直都占据着十分重要的战略地位，是推进、深化我国改革进程以及进一步提高我国经济开放水平的"试验田"；而且上海作为国际化的大都市，致力于建设成为国际金融中心、国际经济中心、国际航运中心、国际贸易中心"四大中心"的目标也为上海自贸区提供了更为广阔的国际市场和发展机会。与此同时，第二批、第三批及最近获批的海南自贸区也各自有着明确的战略方向和发展目标，它们的经济腹地在国家层面也有着不同的战略地位，这种发展程度及发展层次上的差异性也正好为自贸区进行区域间的协同发展创造了条件。

其次，我国各区域在自然资源禀赋、劳动力资源数量质量、资本流动数量以及科学技术扩散程度上的不均衡性也对自贸区进行区域一体化的协同发展提出了需求。和其他自贸区相比，天津自贸区及它的经济腹地京津冀地区的矿产资源和耕地资源都较为丰富，所以京津冀地区的资源加工型产业发展较好，而其他三大地区的非资源型产业也得到了重点突出，这种区域经济差异的存在也就形成了几大区域经济协同的需求。在劳动力资源、资本流动及科技扩散程度方面，上海由于其发展较早以及国家政策的大力支持，大批高素质人才尤其是金融领域的人才不断涌入，资本也在经济飞速发展的过程中得到了充裕的积累，同时在我国国内科技竞争力排名上，上海也一直处于前列，这种区域间的比较优势也有利于上海在自贸区区域一体化协同发展的过程中发挥其辐射作用。

在自贸区区域经济协同的过程中，首先可以通过人才交流机制，定期在几大区域之间进行专业技术人才互通有无的交流互动，这种交流方式也有利于信息、技术等资源在各区域间进行广泛的传播与共享；其次也可以通过资源共享机制，以实现劳动力资源及资本要素在区域间进行自由流动，在降低要素流动成本的前提下，进一步发挥其对区域间经济协同发展的促进作用；最后还可以通过科技创新机制，促进四大自贸区各区域内高科技人才等创新主体进行互动沟通，这样不仅有利于区域内部自身创新网络的构建，同时也有利于新知识、新技术在各大区域间进行扩散和增值，从而促进我国科技创新方面的进一步发展。

## 第四节 自贸区联动协同发展分析及策略

从实证分析结果可以看出，自贸区成立对本地经济是有极大的促进作用的，而且我国自贸区的协同效应是大于竞争效应的，那么通过对自贸区成立后我国 12 个自贸区的协同发展进行 SWOT 分析，能够得出对上述实证结果适宜采用的更有针对性的措施，从而发挥自贸区的协同互补效应并更好地利用其竞争效应，使我国自贸区在协同竞争效应下进一步快速良性地发展。

### 一 自贸区联动发展的 SWOT 分析

通过上述理论及实证分析，自贸区在进行协同互补发展的进程中也是面临着较大的压力与挑战的，所以探索、研究自贸区协同发展的最优策略途径就显得尤为重要。

## 二 发挥自贸区协同联动作用的策略

我国自贸区"1+3+7+1"这种梯度发展的格局已呈现，和前两批分布在沿海地区的四个自贸试验区不同，新设立的7个自贸区覆盖到内陆地区，而且发展层次上有不同程度的差异，在发挥第一、第二批自贸区先行先试经验的基础上，探索内陆开放新途径也将成为第三批自贸区的特色。如何发挥"1+3+7+1>12"的效应，提出如下建议：

表4-6　　　　　　　　我国自贸区协同发展SWOT分析

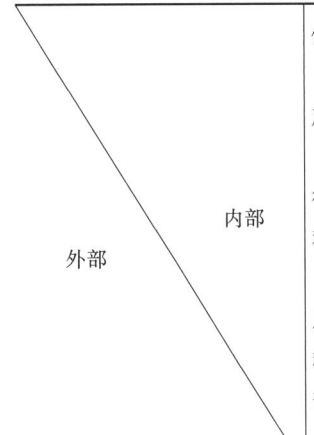

| 外部 ＼ 内部 | 优势（S）<br>*各自贸区内产业侧重点不同，产业间协同发展潜力巨大<br>*各自贸区面向的市场所在地有很大的区别，协同效应的发挥有利于进一步拓展国内市场<br>*各自贸区物质及人力资源的异质性较强，有利于在协同互补过程中互通有无，促进各自贸区内部进一步发展 | 劣势（W）<br>*各自贸区发展阶段不同，政府支持力度也不同<br>*各自贸区内均面临产业结构失衡、产业人才结构失衡的问题<br>*各自贸区在发展自身经济的同时可能注重打造其独占优势，这会使其在协同互补发展过程中对于信息、资源都有所保留 |
|---|---|---|
| 机会（O）<br>*世界各国自贸区的蓬勃发展给我国自贸区的建设提供了借鉴学习的机会<br>*区域经济一体化及经济全球化的深入发展，拓宽了我国的国际市场<br>*相对稳定的周边环境有利于我国进行自贸区的协同发展<br>*对接日韩东北亚区域、中国—东盟自贸为我国自贸区协同发展提供更多外部资源 | SO<br>*借鉴世界各国自贸区发展经验，促我国自贸区建设更加成熟<br>*国际市场的开拓给我国四大自贸区域一体化协同发展创造机会，促进资源配置重组形成协同效应最佳组合<br>*加强与周边国家经济合作，共享来自日韩、东盟等地的外部资源<br>*不断开放资本账户，推动我国自贸区扩围，促进人民币国际化 | WO<br>*进一步完善我国金融管理制度以吸引境外长期投资<br>*持续推进"一带一路"倡议，促进我国自贸区跨区域产业间协同合作<br>*借鉴多方面经验，政府应鼓励四大自贸区之间建立联席会议制度，以解决资源共享不充分的问题 |

续表

| 威胁（T） | ST | WT |
|---|---|---|
| *美国主导的 TPP、TTIP、TISA 新规则，把我国排除在外，建立起的市场壁垒阻碍我国经济发展<br>*世界经济复苏缓慢，外需依然疲软<br>*不少制造业外企迁到东南亚等地，自贸区内部发展面临资金、人才等资源流失的现状<br>*欧洲央行推出量化宽松政策，不利于人民币汇率稳定 | *加强与新兴国家合作，打破美欧等发达国家的经济枷锁<br>*争取加入到 TPP、TTIP、TISA 的谈判过程中，促进推出有利于我国自贸区发展的新贸易与投资规则<br>*加快削减负面清单管理范围进程，放松对外企管制，在自贸区协同发展及扩围过程中更好地解决资源流失问题 | *政府应尝试建立"自贸区协调小组"，加紧建设有中国特色的自贸区协同发展模式<br>*政府应制定多项优惠政策以吸引外来高素质人才，因人才制宜，解决产业人才结构失衡问题<br>*加快我国自贸区内的利率与汇率市场化进程 |

第一，从制度和政策方面联动的同时彰显特色。了解区域禀赋差异，为联动发展创造寻求突破，每个自贸区在深入调研、反复论证的基础上，把其他地方的成功经验和自身所在区域特点相结合，扬长避短，在联动发展中创建本区域特色。然后，整合自贸区政策，形成基本制度的系统集成。上海发展研究中心主任肖林指出，如何将分散的创新举措串联起来，形成基本制度体系，避免碎片化。在制度创新方面，既要突出特色，也要有所侧重，实现互联互通和统筹管理，比如在某个自贸区内注册登记后，在其他 11 个自贸区不用重复注册登记就可以享受同等待遇，节约资源、提升效率，从制度层面设计这种市场和管理体系，以便全国 12 个自贸试验区的合作、交流、互学、互帮及联动，形成全国统一的制度框架、市场制度和管理制度。

第二，建立相应部门，推进联动和共享平台。①建立自贸区机构协作部，协作部门可以增强政策叠加效应，统筹错位发展，优势互补，避免盲目套用，在承认差异化前提下，实现资源利用最优化和整体功能最大化，从而推动自贸区联动协同发展。②推动资本联动增效。鼓励不同自贸区内的金融机构可以为其他自贸区的企业和人才提供创业扶持、贷款贴息、融资担保等金融创新服务，打通区域和国门界限，推动金融创新更好地服务于科技创新和绿色项目，拓宽融资渠道，降低资金成本，为中小企业和新创企业融资提供便利，放大金融的杠杆效应，从而带动自贸区内外联动发展。③利用自身区域优势，发挥区域溢出效应。每个自贸区都有自己独特的区位优势，可以把自贸区和当地的辐射区域相衔接，放大自贸区的效应，从而形成城市创新布局，把单纯从自贸区联动变成自贸区所在地域与其他自贸区所在地域的联动，最后全面带动全国形成争创新、勇创新、能创新的良好创新环境和氛围。④实现研发共享。实现自贸区所在区域内高校、科研院所和企业的国家重点实验室等平台的共享和联动，既节约成本，也实现优势互补，避免经费浪费和重复建设。

第三，推动人才联动创新。人才是创新的第一资源，把四大自贸区及新晋 7 大自贸区在人才流动方面给予联合优惠政策，在人才引进、培养、使用、流动、评价、激励等方面实行互通互认，同时在户口、住房、子女上学等方面提供便利。自贸区内对人才实行绿灯，以更加开放、更加有效的政策吸引高层次人才到自贸区就业、创业并建立 11 个自贸区的自由流动机制。在人才培养和开发上，可以实行共同开发、共同享用、共同扶持政策，实施人才不受人事关系、户籍、地域、身份等制约的自由流动机制。并且有人才海外直通车，充分利用国际、国内"两个市场、两种资源"，把资本链、产业链、人才链连接起来最终形成创新链，实现改革和创新深度融合，形成"1 + 3 + 7 + 1 > 12"的放大效应。

第四，建立自贸区的港澳台绿色通道，形成自贸区的大中华金融圈和商业圈。沪港通及深港通，把上海、深圳及中国香港金融市场联结成一体，借助港股国际化的经验，对大陆金融市场进一步开放并简化投资，不断扩大大陆资本市场融入和接纳国际资金、承受风险的能力。不但可以健全金融市场，加速自贸区建设，也是我国向金融自由化及国际化迈进的重要步骤，整合与国际接轨的中国香港股市，促使大陆股市自由化及国际化。

　　结合自贸区建设，后续还可以成立沪台通、深台通等，把上海自贸区、广东自贸区和福建自贸区连接起来，倘若能把台湾加入大中华金融圈，不仅有经济意义更有政治价值，台湾和大陆的公司将进一步吸引对方的投资，不仅活跃金融市场，也能对经济发展的其他方面带来溢出效应，使得金融和经济在内陆和港台澳合作上借助自贸区发展更上一层楼。

　　总之，对于自贸区范围的不断扩展，我们以锐意进取的姿态迎接机遇和挑战，才能在自贸试验区扩展后发挥沪—津粤闽—七大自贸区的联动作用，在全国自贸区协同联动发展中把上海自贸区建成开放度最高的自贸区，以起到引领和示范的积极作用。

# 第五章　自由港——自贸区发展的升级版

党的十九大报告提出，推动形成全面开放新格局。在众多对外开放举措中，要赋予自贸区更大改革自主权，探索建设自由贸易港（下文简称"自由港"）是国家对上海自贸区建设的新思路。2017年3月，国务院发布了《全面深化中国（上海）自由贸易试验区改革开放计划》，并提出自由港区应该在上海海关特殊监管区域设置，如洋山保税港区和上海浦东机场综合保税区。

上海自由港是上海自贸区的升华，在开放程度、功能拓展等方面都有着不同的要求；是国家经济制度创新，肩负驱动中国经济升级的职能，是国家战略；同时上海筹划自由港是在自贸试验区建设基础上的创新与突破，是上海深化改革开放，从全球视角优化资源配置和整合的重大探索。

## 第一节　典型国家和地区自贸区发展的阶段及特点

纵观国际上不同自贸区发展的历史，可以说自由港是自贸区发展的升华版。总结国际上自贸区的共性和基本特征，对于我国自贸区在实践上进一步准确的功能定位具有重大的现实意义。我们可以根据这些基本特征再结合本土化的特点，去探索创新适合的管理模式，从而使我国自贸区在发挥功能定位上既具有本土特色，又能够接轨于国际上各大成熟规范的自贸区。

## 一 典型国家和地区自贸区发展的阶段特点

从发达国家和发展中国家角度出发，分别选取了美国、欧盟、日本、东盟作为分析对象，借鉴其自贸区发展的经验，旨在为中国自贸区发展提供借鉴和参考。

虽然不同的国家在发展自贸区的过程中各有不同特点，但纵观国际上自贸区的发展历程，大致经历了三个阶段。起步阶段：古典、传统的自贸区为主阶段，主要在第二次世界大战以前。1547年意大利在热那亚修建了世界上第一个正式命名的经济自由区——雷格亨自由港。此外，在17—19世纪大约200年的时间里，欧洲的一些贸易大国先后在一些主要港口或附近地区创办了自由港或自贸区，如意大利的那不勒斯（Naples）自由区、威尼斯（Venice）自由区；德国汉堡（Hamburg）自由港、不来梅（Bremen）自由区；法国的敦刻尔克自由区；丹麦的哥本哈根（Copenhagen）自由港等。19世纪以后，自贸区逐步从地中海沿岸，经波斯湾、印度洋扩张到东南亚地区，这一时期出现了吉布提、新加坡、槟城、中国香港等代表性自由港。美洲大陆出现自贸区则是在20世纪20年代以后，如1923年创办的乌拉圭科洛尼亚（Colonia）自由区和墨西哥的蒂华纳（Tijuana）自由区及墨西卡利（Mexicali）自由区，到1936年美国才出现了第一个对外贸易区——纽约1号。这一阶段大约经历了400年的时间，在这一时期，自贸区发展缓慢、数量少、分布地域狭窄，而且经济活动单一，主要从事对外贸易和转口贸易[①]。

扩张阶段：第二次世界大战以后到20世纪六七十年代，这一阶段自贸区的数量扩展速度比较缓慢，发展主要侧重于扩大自贸区的功能。1958年在爱尔兰设立的香农出口自由区，一般认为是世界上最早以出口加工活动为主的经济自由区，随后在波多黎各和印度也相继出现。1966年在台湾省创建的高雄出口加工区，则是另一种自由贸易区的发展形态，它使自由贸易区从单一的对外贸易或转口贸易扩大到加

---

① 夏善晨：《中国（上海）自由贸易区：理念和功能定位》，《研究与探讨》2013年第7期。

工、制造活动领域①。

成熟阶段：20 世纪六七十年代至今 50 多年间，自贸区进入快速发展阶段，遍及几十个国家和地区，已有上千个自贸区，2/3 分布在经济发达国家。在其他发展中国家和新兴国家、地区，创建自贸区已经成为发展国际贸易、转口贸易、引进外资、扩大就业、实施新经济政策、促进区域经济发展以及振兴本国经济的实验基地和示范区。特别值得注意的是，作为奉行自由贸易政策的美国，虽已具有发达的市场经济机制，但仍然重视自贸区的建设，它所创办的各大贸易区（Foreign Trade Zone）从 80 年代开始迅速扩大，到 90 年代总数多达 484 个，不仅如此，美国对外贸易区的规模也在不断扩大。这一阶段的自贸区日益向与口岸相关的产业发展，形成综合性多功能中心，刺激腹地经济向外向型经济发展。在贸易的基础上，积极发展加工制造业，在工贸结合的同时，积极发展信息业、运输业、金融业、房地产业以及旅游服务业等产业。自进入 21 世纪以来，随着高附加值制造业的发展，新建立的自贸区已有从传统的依托海港逐渐向依托空港演变的趋势②。

自贸区在全球不同时期和不同地区各具特色，在规模、体制、功能、定位、管理、产业类型和经济联系等方面各不相同，在早期阶段，地域范围小、数量少、贸易比较单一，主要集中在欧美、美国和欧盟，但随着发展，数量和地域范围日益扩大，业务也更全面，包括进出口贸易、金融、仓储、加工和转口贸易、会展等多种业务交错、齐头并进发展，更规范、现代，由单一产业向多元化方向发展，自由贸易区逐步成为一个国家实施经济政策和国际合作开发的重要工具。

**二　自贸区发展的区域特点**

（一）亚洲著名自贸区分析

1. 中国香港自由港

从 19 世纪开始，以在港华人、华裔为主的国际经济力量为代表，

---

① 夏善晨：《中国（上海）自由贸易区：理念和功能定位》，《研究与探讨》2013 年第 7 期。

② 《国外自由贸易区与中国海关特殊监管区域比较研究》，新浪博客。

以及中国香港本身百年来的基础建设，资本主义市场经济体系已逐渐形成并完善。1997年中国香港回归，《内地与中国香港关于建立更紧密经贸关系安排》等协议的签订，同时由于受到"一国两制"的影响，市场经济框架下的中国香港与内陆就经济与金融方面的交流愈加紧密，合作也趋于增加，两地因经济体制不同而存在的隔阂也基本消除。

中国香港自由港的形成依托中国香港本身这个开放的市场体系，根源于百余年的自由市场经济体制的建设，体现出自由港城市商业发达、低税制度和高度自由的特征。中国香港在政策上有明显的优势与自由，具体来说，中国香港自由港受到6个"自由"的影响，即：贸易开展、汇率兑换、信息流通、人员进出、企业经营以及国际航运均自由化，同时实行低税制。

中国香港的物流发展基本遵循如下模式：物流行业联系紧密，自动化水平高，提供"一条龙"服务以及附带相关的增值服务，弹性处理各类作业和客户的一些特殊需求；运用先进技术对中国香港国际集装箱堆场的管理进行计划、协调和监督，缩短船只停泊的时间，加快货物在码头的运输；运用现代网络技术实行数据电子信息管理，将之与现代物流技术相结合，给产品创造时间及空间价值，降低配送成本，减少仓库堆积；将电子商贸、供应管理链、JIT（适时生产）和零库存等知识紧密联系，使物流更有效率。

中国香港自由港的发展值得借鉴的经验有：①《航空货物运转条例》中规定的放开使货物在选择使用航空运输时更加流畅地运转；②鼓励公平竞争，由私人提供港口设施以及负责运作；③中国香港海关运用风险管理方式来检验货物是否能够通关，大大减少了查验货物的时间成本，加快货物运输效率，因此是许多国际发货货主的首选之地；④除有要求在进口通关时必须征收消费税的四种货物外，其他无须征税，对进出口商以及消费者都是有利的；⑤由民营公司管理的中国香港机场货运站与码头是各家公司管理规划的成果，也是研究系统可持续运作的试验田；⑥中国香港政府授权经营者高度自主管理的空间，大大提升了人力资源管理的便利以及货物运输的效率。除此以外，中国香港的定位是以快速为目标的转口贸易港，从而实现自由贸易；航空货运站的工作人员随时待命在需要时进行通过清关作业，因为无时间上的限制也有利于货主自行调配工作时间。

2. 新加坡

2003年3月，由政府投资并根据自由港政策管理的新加坡机场自贸区（ALPS）开启大门。ALPS的特色是办理海关手续的简化，这一手段有效减少了处理运输及文件的时间与劳动成本。同时，港口采用多种优惠手段，来吸引各类航运公司。举例来说，免除中转货物的储藏、装卸以及管理费用等，这些措施都有利于其国际航运中心地位的确立。新加坡港物流分工明确，集约化经营，三大配送中心分别提供装箱、散货、汽车转运服务，主要第三方物流公司能以更高的效率面向整个地区进行快速及增值的货物补充与货运履约活动。

3. 日本冲绳自贸区

日本自贸区发展是为了防止国内经济下滑，所以日本在合作伙伴选择上，优先考虑与本国经济联系比较密切、具有积极合作效应的国家展开业务，然后在经济和政治形势发展基础上逐步扩大合作地区，扩展合作地域和产品种类。日本冲绳自贸区以东亚地区为突破口，通过与亚洲国家建立自贸区来削减关税促进海外投资和贸易增长，在日本对外贸易量中以东亚国家所占比重较大，而且涵盖贸易投资、能源消费、政府采购、环境评估、知识产权和电子商务等领域，在多领域、多元化发展中寻求机遇。然而冲绳的自贸区政策在工业上对自贸区成员国自由开放，但在农业上采取保守措施以保护传统农业。尽管如此，工业上的开放吸引了不少的国家和日本建立自贸区，增加日本国际贸易和国际投资，促进日本经济的繁荣和发展。

4. 仁川机场自贸区

2006年，首期仁川机场自贸区的99万平方米开始运营。其特点表现为对于税收的各种优惠待遇。例如：除关税外，货物进驻区内后即可在交通税、教育税等以及附加价值税零税率方面获得优惠；也可以在基础建设方面获得最长50年的物流、制造设施运营权限；根据行业和规模分类后的入驻企业，在五至七年内，获得国际税、地方税、土地使用等费用减免。仁川大桥工程于2009年完成后，仁川港的海陆空交通运输显得更加便捷,因为它的存在,仁川集装箱港区、仁川国际机场和内陆交通干线网络的链接显得十分便捷。①

（二）其他国家及地区自贸区特点分析

1. 美国的综合型自贸区

美国的自贸区众多,大多是在美国经济地位下降、布雷顿森林体系解体、美元贬值、失业上升、经济低迷的20世纪70年代开始的。美国的自贸区有综合型和单一型两种。综合型自贸区兼备贸易和出口加工业,同时允许和鼓励其他行业诸如金融业、旅游业、交通电讯业和科教卫生事业获得发展,这种多样化、灵活性的方式容易适应经济调整和变幻莫测的国际形势,使得企业在激烈竞争和变幻莫测的世界市场上,不断创新和发展壮大,同时向周边辐射到毗邻地区,从而对全国的经济发展起到支撑和刺激作用。单一自贸区主要免除外国货物进出口手续,以保税为主,长时间处于保税状态。进入保税仓库区的货物在数量、种类及配额方面不受限制也不征关税,没有报关手续,以便外国厂商或贸易商以最小的成本和最佳时机销售商品,以获得最佳利润。

2. 迪拜工贸结合型自贸区

迪拜自贸区具有综合性特点,除了金融、贸易、航空等以外,还包括工业与物流、传媒、信息技术、教育和科技等,是工贸结合自贸区的典型代表。迪拜把贸易、物流与自贸区结合,利用世界最大的人工港——杰贝拉里港与国内最大的迪拜国际机场的优势,形成以自贸区领衔结合空港、海港优势的物流运作模式,特别在法律与政策框架上得以突破阻碍,区内实行外资可100%独资,给予外国公司65年免缴所得税的政策优惠,而且经营期内资本和利润可自由汇出,无个人所得税,进口完全免税。经过近三十年的发展,迪拜不仅成为波斯湾地区的第一大港,在世界港口航运和贸易中也占有非常重要的地位。

3. 智利ZOFRI（伊基克保税区）自贸区

智利伊基克市的ZOFRI自贸区（1975年）接壤巴西、阿根廷、

---

① 《国外自由贸易区与中国海关特殊监管区域比较研究》,新浪博客。

秘鲁等多个中美国家，独特的地理条件使之拥有四通八达的陆路交通，因此，ZOFRI自贸区逐渐发展成为这些国家的沟通市场。如此重要的地位无愧于它南美最大的自贸区，同时也是太平洋沿岸的主要贸易集散地的称号。ZOFRI自贸区是出口加工型的代表，表现为以进出口贸易为主，制造加工、装配仓储等功能为辅。除了商业区拥有巨型零售商场和占地200余公顷的服务区外，它还拥有多功能仓储区，实现了从展示到批发的多项功能。可以说这样的零售商业活动是ZOFRI自贸区所特有的独创点，自贸区内拥有完善的基础设施，包括各大银行分行、国家旅游服务中心、信息中心、自主咨询服务机等。同时，智利政府为ZOFRI自贸区制订了专门的免税政策，具体来说即商品停留在多功能仓储区时，拥有无限期的进口关税和附加值的免除优待；而商品作为智利或世界其他国家的交易品被运输、仓储时，仅需最终加值税的支付。在自贸区建立及发展的30余年中，它的不断发展使自身成为南美洲货物的主要集散中心，成为智利北部唯一的免税购物中心，不仅促进了自贸区自身的快速发展，而且推动了当地旅游业的发展，繁荣了地区经济，在南美洲乃至全世界都声誉在外。

国际上自贸区、自由港的发展各具特色，但归纳起来也有一些共性可以给我们自贸区、自由港的发展提供一些借鉴，具体如下：

### 三　自贸区发展的国际经验及启示

世界上自贸区的发展虽然各具特色，但也有一些共性特点可以为上海及其他自贸区发展提供一些借鉴：

（1）提供贸易与投资便利。贸易的转型升级是自贸区的主体，而投融资、金融等服务便利性也要为此发挥配套支撑作用。例如对于国际贸易结算中心的试点行动，包括在相关国际贸易离岸投融资业务的内容做出创新；探求新方向，使得诸如工业原料、农产品等大宗商品的资源有效利用，而交易与配置的平台建设就显得尤为重要。

（2）逐步完善与渐进。纵观国内外金融改革历史都是一个渐进的过程，上海自贸区挂牌至今，金融改革也可以分为三个次序性阶段，渐进式分步骤的金融开放有助于平稳上海自贸区的开放效果和风险防控，这是因为溢出效应、乘数效应的作用加之金融开放的巨大影响力会对开放的最终效果造成不可逆的国内、国际影响①。

（3）区域内外相互联动。自贸区的政策要向区外延伸，也就是说在自贸区内注册的企业可以在区外开展业务。上海自贸区和津、粤、闽自贸区在联动和差异发展中已经形成了一些可复制、可推广的经验，以投资、服务、贸易为主的改革举措不仅可以向新晋的7个自贸区推广，部分也可以尽快向全国延伸。自贸区试验成果应当尽快辐射和延伸，比如在大虹桥、大上海、大华东、大西北、大中华区的建设中，如何将自贸区经验加以分类、推广重点，不仅对上海发展和津粤闽具有重大意义，对整个中国、大中华商业区的发展更有深远的意义。

（4）立法与放权。国际上为了使得自贸区有规范性、有规范性地运行，通过出台明确法律，界定政府权力与执法依据，用法律的形式而非政策的形式将自贸区经济运行的管理固定下来。而我国目前的自贸区在立法方面存在一定的空白，既没有统一的政策，也缺乏统一的法律规范，导致各个部门之间在处理争议过程中产生诸多问题及不协调，甚至发生政策与法律之间"冲撞"、导致相互矛盾的结论②，使很多问题难以有效解决。因此，上海自贸区在这方面应率先试验，尽快出台一套成熟的、可以推广到其他自贸区减权清单和立法经验。

（5）开放与自由氛围。自贸区要不断适应国际发展趋势，改革现行的外资管理和税收体制。在保证资本流动和有效监管的前提下，在政策和体制上进行改革，切实提高管理效率及投资便利化，为境外投资者带来巨大的开放红利。除此之外，应配合税制改革，出台符合自贸区发展的税收政策，探索与国际规范相符的产权登记制度，并在商标注册、医疗、社会化服务、教育等方面，探索建立一个符合国际惯例、内外平等、高效便捷、要素集聚、自由便利、法制健全、规范有序且具有国际竞争力的开放环境。

---

① 杨磊、杨清元：《上海自贸区与其全球化定位》，《中国商贸》2014年第9期。
② 李琳：《自由贸易区的功能定位及区位分析——兼及国外自由贸易区与我国保税区之比较分析》，《新疆社科论坛》2004年第3期。

(6)试验与示范并举。上海自贸区作为新一轮改革的排头兵和试验田,其主要功能是为其他自贸区及推广积累经验和起到示范引导作用。作为在金融管理模式创新、政府职能转变、科创中心、减权清单等方面的基础性探索,上海自贸区应在接轨国际规则的环境和理念下建设开放度最高的自贸区,并形成可复制、可推广的阶段性制度创新成果,进而服务于全国。

## 第二节 典型国家和地区自由港发展及经验

### 一 典型国家和地区自由港发展的国际比较

(一)典型国家和地区著名自由港的发展历程

1. 新加坡自由港的发展历程

新加坡的本国领土大约有714.3平方千米,而且其国家常住人口仅有518万,新加坡作为一个非常小的国家,它的国土面积很小,狭长分布,没有内陆腹地。自然资源极其匮乏。令人难以置信的是,新加坡本国的饮用水、需要填海造陆的泥沙都必须通过进口国外的资源来维持,这在当时被各业界学者认为是不具备任何条件建国的国家。可就是这样一个不起眼,各类条件均处于劣势的国家最后成为世界上最不容小觑的一股强大的势力。

通过商品和货物的贸易,再加上制造业的迅猛发展,新加坡的金融业、服务业和交通运输业的发展也被带动了起来。从20世纪60年代下半期起,随着制造业的快速发展以及对外贸易的加速发展,世界上各个国家对海上运输的需求增加了许多。60年代初期,新加坡自由港是世界的第五大港,到了80年代初期,它直接跃居到了世界第二大港,并且一直到现在,新加坡港口已经做到了处于世界领先地位。在1986年,世界第一大港是鹿特丹港,但是不久之后,就被新加坡所超越,替代它成为世界第一大自由港。随着港口的不断扩大和贸易量的不断增加,以及20世纪70年代空中航运业的迅猛发展,交通运输业在新加坡国内生产总值的比重从1971年的11.5%上升到了1982

年的19.5%,这使它也成为新加坡经济体系中的一个非常重要的部门。新加坡的三个主要的历史阶段和在各自阶段中取得的成就与优势如表5-1所示。

表5-1　　　　　　　　新加坡的重要历史阶段和主要成就

| 时间 | 20世纪六七十年代 | 20世纪80年代初 | 21世纪以来 |
| --- | --- | --- | --- |
| 发展历程 | 1. 1965年,新加坡对外宣布独立<br>2. 1970年,新加坡成立了MAS | 在此阶段,形成了四大产业共存的经济模式,分别是制造业、金融业、运输业和对外贸易。成功脱离了单一转口贸易经济 | 初步建设科技、信息中心,并以非常快的速度发展完善 |
| 发展趋势 | 1. 此阶段的海事工业得到快速发展。(得益于海上给养基地、船只维修中心)<br>2. 1971—1982年,交通运输业得到快速发展 | 1. 新加坡在此阶段形成了"三大中心",分别是全球贸易中心、全球金融中心、全球研发中心<br>2. 近几年得到一系列世界之最称号。例如:最具竞争力、贸易最便利的、全球化程度世界最高等 | 1. 在世界上各个领域均占据了非常重要的位置<br>2. 已经在世界上发展成为核心力量之一 |

资料来源:根据文件资料分析归纳而作。

2. 中国香港自由港的发展历程

中国香港自由港发展历程的主要阶段、划分阶段的原因,以及各个阶段主要的内容具体如表5-2所示。

在20世纪中期,中国香港由于本地市场的承载能力有限,地域狭小,也没有丰富的自然资源、重工业基础来发展独立的工业体系。中国香港另辟蹊径,凭借自己"以廉价的劳动力成本和廉价的土地租金为生产方式"的有利条件,利用上海、江苏、浙江等相对发达的内地城市的资金和大陆的廉价劳动力,进一步积极地打开欧洲、美国的市场,刚开始利用制造业进入工厂大厦,采用了娱乐、影视、教育、物流等各类服务业相结合的产业模式,以纺织业、成衣业为支柱的劳动密集型产业得以形成。形成了包括许多如今在国际上著名的重点工业区，发展至今各工业区已经各自具有其发展的特色。到了20世纪90年代，经济全球化的发展，跨边境经济合作区和跨边境增长三角都在促进信息、技术的切磋和交流，知识产权的转让，科技发展，投资技能和行为的进步，基础设施的改善和建设等方面呈现出了巨大的发展潜力，中国香港和内地开始在珠三角地区进行分工明确的深入合作和发展。21世纪以来，中国香港成为内地重要的转口港、最重要的离岸集资中心，双方作为彼此最大的外商投资来源地。中国香港近几十年的飞速发展，全世界人民也都看到了其显著的变化。

表 5-2　　　　　　　　中国香港的发展阶段概述

| 发展阶段 | 1841—1950年 | 1950—1970年 | 20世纪70年代末 | 20世纪90年代 |
|---|---|---|---|---|
| 发展原因 | 1. 中国香港的自然条件<br>2. 经济政治基础<br>3. 中国香港曾是殖民地的历史 | 在此阶段，国际上对华禁止运输，迫使中国香港的经济体系也发生了一些转变 | 1. 中国大陆的改革开放政策的实施<br>2. 亚太区域经济一体化的雏形与发展 | 1. 在这个阶段，全球化飞速发展和进步<br>2. 信息化的全面发展 |
| 主要内容 | 1. 受到战争的影响，经济受挫，其恢复经济主要靠内地的转口贸易<br>2. 由于中国香港实行的"积极不干预政策"被认为是全世界最自由的经济体 | 1. 采取出口导向型的策略<br>2. 在此阶段其经济结构转变为以轻工业为主。从根本上改变了以转口贸易为主的经济贸易形式 | 1. 将劳动密集型的行业转移到珠三角地区<br>2. 利用资金、管理能力、技术、经营手段的优势，促进产品的优化升级 | 1. 在珠三角区域，中国香港和大陆分工明确，进一步深入合作<br>2. 目前，中国香港是大陆地区运转货物的重要转口中心，发挥了纽带的作用 |

资料来源：根据文件资料分析归纳整理而得。

3. 迪拜自由港的发展历程

迪拜的地理区位是在海湾的中间部分，是重要的交通枢纽站。但是，人们一定想不到，在半个世纪前，迪拜是一个位于海沟边的小镇，非常贫穷，各种物资也极其匮乏。到了1969年，迪拜政府决定在其海沟附近建设港口,这个港口将会拥有4个泊位,政府将它命名为拉希德港。自此之后,迪拜的地理位置优势开始崭露头角,并且金融业慢慢有了起色。70年代后期,这个港口的泊位数逐渐增加了31个,达到了可以停放集装箱规模的轮船。在1979年,在迪拜修建了新的人工港口,它距离市中心35千米。经历扩张和改建,发展成为了中东第一大港,这就是赫赫有名的杰贝阿里港。它是最大的人工港,由于这个港口周围有着大量的沙漠,所以对港口的发展有着很大的限制。迪拜政府通过严谨的思考,最终决定在港口周围的沙漠中划分出一个区域,这个区域就是杰贝阿里自由区。发展扩张期间,刚开始从只有不到二十家企业,经过不断发展已经拥有企业达到了六七千家,形成了拥有就业岗位多达13亿之多的劳动密集型港口,拥有巨大的出口额高达两百多亿美元,成为名副其实的大港口。通过几十年港口经济的不断繁荣发展,迪拜经济实力大大加强,整个中东地区依赖其港口贸易,有"贸易集散中心"之称。北非、中东、南欧和南亚、西亚等国家和地区以迪拜作为连接纽带,发展贸易,超过20亿人口地区享受到贸易带来的繁荣,迪拜最近几年港口发展迅猛,在世界范围内拥有很多港口以及码头的经营权利,比如英国伦敦的盖特威码头、巴西桑托斯的Embraport港等。目前,迪拜自由港的发展几乎涉及了世界上各个角落,大概涵盖了世界上的65个港口。

(二)自由港的类型及比较

自由港的类型大体可以划分为三类,具体内容如表5-3所示。

表5-3  自由港的类型及比较

| 类型 | 转口集散型 | 出口加工型 | 储存、营运、销售的一体化 |
|---|---|---|---|
| 划分依据 | 按照自由港的主要功能划分 |||
| 主要功能 | 货物的中转和加工 | 通过对入港货物进行加工,之后再出口,增加了产品的附加值 | 具备了很大弹性的保税存储和运输的保税网络形式 |

续表

| 类型 | 转口集散型 | 出口加工型 | 储存、营运、销售的一体化 |
|---|---|---|---|
| 基本内容 | 政府充分发挥了其地理环境优势，再加上发达的交通网络，从事商品转口、存储和加工等行业 | 出口加工型主要先进行商品的加工，之后中转或重新再出口到其他国家和地区 | 将保税仓储和输送系统合并为统一的保税网络，增加各地运输企业的经营机会，提升国家总体发展 |
| 典型案例 | 1. 科隆港有大量厂家和供应商，来自欧美地区，以欧美地区为中心，辐射到整个中美、南美地区 2. 鹿特丹港充分发挥了其关税的优惠政策，地理位置，每年商品中转的数量占据了本港吞吐数量的60% | 德国：自然资源严重贫乏，为了发展本国经济，德国允许汉堡港口的原材料等未加工产品在港内进行加工，之后再出口到其他国家和地区 | 荷兰：鹿特丹港是世界上最重要的货物中转地和集散地，世界各国（尤其是欧盟）每年会有一多半的内地商品通过荷兰输送到其他地区 |

资料来源：根据文件资料分析归纳而作。

（三）上海与其他典型自由港的比较

十九次全国人民代表大会指出，要向国际上先进港口学习，改进本国港口不足，给予自贸区更大的自主权，实现一定程度上的开放和自由，不断探索自由港的建设。在2017年10月26日，国家商务部门和上海政府对上海自贸区进行商议研究。希望研究出一个合理的、可行的、真正能促进自由港发展的建设方案。这不仅仅体现在上海地区，全国的其他城市也纷纷效仿，例如，浙江、广东等自贸区。他们也在积极地研究建设自由港的初步方案，一次大规模的自由港的改革正在进行着。试点自由港，很明显需要地方城市更加主动积极地提建议，并勇于大胆创新，改革创新。因此我们对比上海和国际上著名贸易自由港的特点具有重要的影响和意义，具体对比如表5-4所示。

表 5-4　　　　　上海、中国香港、新加坡自由港比较

| | 上海 | 中国香港 | 新加坡 | 科隆港 |
|---|---|---|---|---|
| 地理位置 | 位于长三角的入水口处，东临太平洋 | 位于珠江口，面向中国海。位于中国香港岛、九龙半岛之间 | 位于马六甲海峡的东南侧，南临新加坡海峡，是亚太地区最大的转口港 | 北部依托巴拿马运河 |
| 经济区域 | 背靠长三角发达城市群，GDP 排在全国前五名 | 背靠珠三角经济发达城市群，是国际化都市 | 临近马来西亚，输出商品的关键区域。第四大国际金融中心 | 科隆第三大自由贸易城市，科隆是巴拿马最大的城市 |
| 交通状况 | 亚太地区的主要枢纽港之一，地处轨迹主航道以西 | 位于世界亚太主航道关键点，是国际航线枢纽 | 处于欧洲、亚洲和大洋洲的航运中心，两大洋之间的航运关键地区 | 科隆港处于巴拿马运河的大西洋出口，是航线要道 |
| 市场区位 | 1. 是我国主要集装箱港口之一<br>2. 上海是我国经济中心和最大的交易中心 | 1. 国际金融贸易港之一<br>2. 中国香港是全球最大的集装箱港口 | 1. 该港口是全球最大的中转港口中心之一<br>2. 全球化程度世界最高 | 1. 拉斯米纳斯是国内较大的炼油厂<br>2. 金融、贸易中心 |

资料来源：根据文件资料分析归纳而作。

上海自由港相对于中国香港、新加坡自由港来说，有如下三个优点：第一，上海的 GDP 总量和增长速度更加迅速，国家政策对上海有扶持。第二，上海的第二产业和服务业的发展比较协调，而中国香港和新加坡产业的发展多以服务业、旅游业的第三产业为主。第三，上海的金融经济基础比其他城市要成熟很多，并且它是中国最大的经济、金融中心。当然，上海自由港也有一些不足之处：其一，上海自由港无法做到真正的自由开放的贸易，这涉及纷繁复杂的政治、经济等因素，因此政府对上海自由港的实施无法真正做到自由。其二，上海自由港的关税制度仍然需要进一步地改进和完善。其三，中国政府对于上海自由港的政策还不够清晰和完备。

## 二 自由港发展的经验借鉴

(一) 中国香港自由港对上海自由港的经验借鉴

借鉴中国香港自由港的发展经验对上海自由港的发展有很好的推动作用。中国香港自由港的主要优势已经在表 5-5 中呈现，在此不过多论述。根据中国香港自由港的优势，我们可以得出以下结论。首先，对于自由港上海很大程度上应该借鉴中国香港的发展历程并且得出其规律，依据中国发展的政策要求来选择贸易模式。其次，中国香港回归后，有相对独立的立法权和行政管理权。形成了长期稳定的局势，是后来发展的先决条件。中国政府适当对上海进行政策扶持，有助于更好地发展自由港。其次，中国香港地理位置的特殊性，地理条件完全符合港口发展的条件，这一点上海应该借鉴，选择好的地理位置来建立自由港。综上所述，如果没有好的政策支持，自贸区和一般意义上的保税区和经济技术开发区就没有差别。最后值得注意的是，上海建立自由港应该确定一个目标和方向，就是努力建设成为世界各个地区市场的枢纽站，成为信息交流的平台，建设完备的物流网，展现出作为自贸港应具有的功能。

表 5-5　　　　　　　　　中国香港自由港的优势

| | |
| --- | --- |
| 发展模式的选择 | 此港口在其不同的发展阶段，在不同的内外因素影响下，形成了不同的发展模式 |
| 地理位置 | 1. 中国香港位于亚洲、非洲、欧洲和大洋洲主航道的节点上<br>2. 珠三角地区是中国金融、交通、贸易最发达的区域之一，为自由港提供了广阔的大陆市场和充足且廉价的劳动力<br>3. 中国香港还处于纽约和伦敦之间，在全球 24 小时金融服务体系中占据必不可少的一席 |
| 政治方面 | 1. 充分自由的自由经济制度<br>2. 相对独立的行政制度 |
| 经济方面 | 1. 中国香港是大陆和国际市场之间的重要媒介，其中包括了经济、科技、管理经验、市场信息等<br>2. 提供了仿真的全球经济环境 |

资料来源：根据文件资料分析归纳而作。

(二) 新加坡港的转型发展对上海自由港的经验借鉴

新加坡港的转型发展的经验对上海自由港的发展有着重要的意义，这就要求我们首先知道新加坡港的优势是什么，从而才能在借鉴新加坡港的基础上发挥上海港的独特优势。新加坡港的具体优势如表5-6所示。

表 5-6　　　　　　　　　　　新加坡港的优势

| 优越的区位条件和税收的优惠政策 | 1. 新加坡处于亚太地区重要的航海运输中心区域<br>2. 目前有8个自贸区，主要进行货物的进出口、包装以及转运<br>3. 樟宜机场是全球唯一可以实现空运货物的贸易区<br>4. 大部分进入新加坡的商品可享受税收的优惠政策（烟酒类、石油和车辆除外） |
| --- | --- |
| 明确的功能定位 | 1. 新加坡虽是一个岛国，自然资源匮乏，国内市场狭小，成功的原因主要是政府正确的决策<br>2. 政府充分利用了地理优势，通过只对少数商品征税，来吸引国外资本和技术，发展更为先进的制造业 |

资料来源：根据文件资料分析归纳而作。

根据表5-6中的内容，我们可以得出以下结论。虽然上海自由港同样也有着优越的地理区位和强大的政策支持，上海自由港最重要的一点是应该学习新加坡港的免税政策。新加坡港的成功离不开免税政策的实施，对于发展上海自由港来说政府也应采取借鉴，制定相关制度来促进港口发展。

(三) 迪拜港对上海自由港的经验借鉴

（1）基础设施能力提升仍是关键。港口企业在实施国际化战略中，通过能力提升是港口发展的关键因素。迪拜环球港务集团多年来一直都比较重视码头基础设施能力的提升，明确到2020年能力将达到1亿TEU，以此来适应持续增长的运输需求。以此可以预计，在"十三五"期间仍将是迪拜环球港务集团能力快速提升的关键期。对上海自由港来说，未来国际化的关键仍然应该是对港口码头基础设施的投资运营管理等。

（2）以本地货物服务作为主要的目标。港口公司的核心业务是集装箱业务，主要服务货物是本地货，即从本地出口或进口的货物。这样的货物与中转货物不同，这是其他港口难以争夺的市场。因此，为这样的货物服务具有价格上的相对垄断性。例如，迪拜环球港务集团70%的服务对象均是此类的货物。

（3）把发展中国家或新兴经济体当作主要投资对象。例如，迪拜环球港务集团75%的投资重点对象是在新兴经济体和发展中国家。这类国家和地区的港口或码头运输需求具有长期持续增长的潜力，从财务性考虑相对更具有长期可持续性。

（4）充分利用国家战略及国家政策，有利于发展各产业，无论是迪拜环球港务集团还是新加坡国际港务集团，都是其各自国家倾尽全力重点打造的大型跨国港口集团，这具有一定的国家意志和国家战略的性质。相对我国来说，不可能集中优势资源全力打造一个港口集团。当前，我国已经形成了招商港口、中远海运港口等国际化的码头运营商。在此背景下，上海自由港应该遵循国家政策目标，充分寻求国家、政府、上海市等各个层面的支持，为上海自由港发展国际化战略营造良好的外部环境。

（四）科隆港对上海自由港的经验借鉴

（1）"一带一路"倡议下贸易畅通的重要节点。"一带一路"倡议主要面向世界上两大洲（亚欧大陆和非洲），次要涵盖其他大洲的一些主要地区。这个倡议的主要目标是想要通过和各个国家的政治层面的沟通、贸易上的交流，保证贸易无阻，各类设施相互关联以及其他各种因素的联系，努力做到其沿线的各个国家的发展都上升一个台阶，做到共同进步。推动世界性经济的进步，"一带一路"连接美洲和世界其他大洲的主要方式就以贸易畅通的形式展现出来。

科隆自由港之所以在"一带一路"倡议下发挥了中国在美洲贸易的连接作用，这是科隆港重要的地理区位导致的结果。中美洲刚好位于太平洋西侧的美洲大陆的中心，而巴拿马运河就是连接其西侧的太平洋和东侧的大西洋的主要通道，这个运河在大西洋的国际贸易航线上处于重要的位置，因此科隆港在这个节点上发挥了很大的作用。

（2）自由港在很大程度上依赖于合理的选址。科隆港具有非常优越的选址条件。这体现在巴拿马运河上，随着港口的不断发展，它已经成为著名的发货中心。对于上海来说，它同样具有优越的选址条件，靠近中国长三角地区，经济繁荣。处于主要的太平洋航道之上，并且水路四通八达，接通众多小的河流港口。

（3）实施简化的税收体系。优惠的税收政策是国际上著名港口都要实行的政策，例如，科隆自由港的政府采取了简化的税收政策，首先是为了扩大本国港口的各类贸易的规模，同时也是为了吸引大量的外资进入本国，以微小的税收上的损失获得更大的贸易的成交额，这是非常值得的。而上海自由港对税收等政策没有特别的优惠。因此，未来中国上海自由港想要进行转型和发展有必要借鉴科隆港简化的税收体系。

## 第三节　借鉴先进经验建设上海自由港的政策建议

上海自贸区涵盖了上海自由港，在金融贸易发展程度、经济的开放水平、政策制度的改革创新等方面掀开了新的篇章；它不仅促进了上海不断对外开放，同时也承担了推动我国经济全面改革升级积累经验的重要任务，具有重大现实和深远意义。

**一　发挥上海自由港与国际金融中心建设联动发展**

"一带一路"在本质上是开放自由、包容并蓄的一个平台，是需要各个部门联合在一起共商、共建、共享的全球化的产品。由我国提出的"一带一路"，是积极寻求与世界沟通，加强交流与合作的新思路，是与世界需求相契合、实现一起进步发展的合作的新平台，给我国的现代化建设和改革开放带来了新的机遇。在积极推进"一带一路"的前提下，上海应该在推动全国性的改革开放进程中，起到模范带头作用，以创新促改革，为其他地区提供改革的经验。而上海自由港可以成为"一带一路"的投资和融资的中心。"一带一路"的实施必须增加资金的投入与金融方面的支持,而自由港的建设能有效地吸引沿线国家和地区与上海进行金融方面的合作,从而实现互联互通。而上海建设国际金融中心的目标,应该与积极推动自贸区与自由港发展的目标紧密结合,相互促进,从而释放改革的福利,推动"一带一路"的建设。

(一)上海自由港与国际金融中心的关系

自由港从一般意义上讲,比自贸区的开放程度更高,并且在自由港内境外的商品能够以更加高效便捷的方式流通,资金的进出也更加自由。像这样的自由发达的贸易中心往往能在国家甚至全球占据重要的地位。自贸区、国际金融中心建设与自由港一脉相承、相互提升,给"一带一路"倡议的发展带来了便利。

上海自由港因其高度开放的本质,有很多方面的功能和上海国际金融中心的作用类似,都会在很大程度上促进人民币国际化的进程。自由港普遍被看作实施金融创新的"国家实验室",以创新促改革。而陆家嘴金融贸易区作为上海国际金融中心的核心功能区更是体现了自由港金融改革的需求,也承载了很多金融改革的成果。

陆家嘴作为金融贸易区拥有足够多元的样本,这些样本可以帮助我们发现改革的需求;而自由港由于其开放性和创新性,被当作改革发展的实验室,使得更多的改革突破可以在这里实现;另外,上海作为综合性的城市具有完备的金融基础设施,以及高度聚集的金融资源,使得自由港的金融改革能顺利进行。这些方面相辅相成,共同推进改革的进程。

自由港"一线放开"的举措的确有利于发展离岸业务,但此举措的目的应该是在新的全球贸易投资规则下,在更大的开放中,进一步扩大上海作为"四个中心"的国际影响力。不断提高自身的创新力、辐射力、资源配置力和影响力。也就是说,自由港的建设主要是为了做强人民币在境内的中心地位,而不是对已经存在的某些离岸的中心城市功能(包括人民币定位、创新、交易和清算)进行替换。由此可以看出,自由港的建设与上海打造国际金融中心的目标虽然在功能上类似，但侧重点却有很大的差异。

（二）上海自由港与"一带一路"关系

第一，自由港位于长江经济带与"海上丝绸之路"的交汇点上，随着一些改革措施（如贸易便利化）的进一步落实，上海自由港将在沿江、沿海运输，国际中转航运，以及口岸贸易通关等方面发挥更大的作用。

第二，自由港位于对内深化改革与对外扩大开放的交汇点上，对内方面，自由港面向全国，尤其是长江经济带，不断积累可复制的改革经验，并且推广；承担着以开放促进改革的发展，以政府职能的转变促进营商环境优化的重要使命。对外是面向全球特别是"一带一路"沿线的国家和地区进一步的扩大与开放。

第三，自由港位于吸纳国际要素与输出中国要素的交汇点，一方面，中国通过自由港的开放可以更加方便地吸收"一带一路"周边国家和地区的资本、技术和人才等要素，释放中国崛起的红利；另一方面，中国的要素可以通过自由港这个开放的平台走向国际，进而辐射全球。自由港还可以为"一带一路"建设提供金融的资本、人才和技术，以及高端装备。

第四，上海自由港还位于引领全球的规则体系与对接国际营商环境的交汇点，一方面要在"一带一路"建设过程中，更加注重在国际规则制定中注入中国元素，发出中国声音，讲好中国故事；另一方面要更加积极适应后WTO时代的国际贸易投资规则新提出的要求和变化，进一步优化营商的环境，增强客户的体验度。

（三）上海自由港与上海国际金融中心建设、"一带一路"协同关系

上海自由港的建设要以金融服务的建设为重点，利用把上海打造成国际金融中心过程中进行的金融方面改革的优势，为自由港的建设提供更多金融方面的支持。

1. 建设自由港与金融开放

与其他一般的贸易港不同的是，上海建立的自由港将会在金融行业、服务行业等方面实施新一轮的更高层次、更高水平的对外开放，

从而促进资源在更高程度上的优化配置。

从建设上海自由港的现有的讨论来看，上海自由港将会从迪拜、新加坡等国家建设自由港的案例中"取其精华、去其糟粕"，努力建成有别于其他国家的具有中国特色的自由港，这与以往的自贸区、保税区以及进出口加工区等有很大的不同。本次建设上海自由港的重大突破在于实行"一线放开、二线管住、区内自由"的优惠举措，目的是提升国内商品出口竞争力、促进国内消费水平的升级。

上海自由港的建设应注更加关注投资、贸易等方面的便利化程度，同时针对现有的外汇管理体制、税收管理体制、自贸区账户制度等方面进行创造性的转换，此外还应对亚太运营商计划进行升级。

2. 建设自由港与推进人民币国际化

按照十九大精神，金融将在上海自由港建设中发挥不可或缺的作用。自由港的建设将会推动自由贸易结算的便利化、促进资金的流动性。相信随着自由港的发展，相应的账户功能体系也会随之建立起来，这样有利于实现人民币与外币一体化的跨境贸易服务。然而在提升上海自由港转口转卖业务与金融服务的便利性和自由度时，应该更加注意风险的可控性。

在"一带一路"大的背景下，为了使得人民币更加国际化，我们应该通过金融机构的创新，提供更加多样的境外的融资方式，拓展港区内的跨境业务，同时对自由港租赁业、外汇政策措施等方面进行进一步的完善，以及对涉外保险业务进行进一步拓展。

人民币国际化的试验田——上海自贸区，自2013年成立至今，虽然在金融业对外开放、人民币离岸业务、汇率自由兑换、利率市场化以及产品创新等方面已经取得一些成绩，但在自贸区内人民币无法自由兑换的问题仍然存在。而这关系着人民币资本项目放开、实现人民币国际化的命运。而自由港的建设将会进一步扩大人民币的使用范围，试点的内容主要包括：汇率自由兑换、产品创新、人民币离岸业务、利率市场化，以及金融业的开放等方面。在金融、货币等方面的改革，正是中国未来走向全球的重要举措。

3. 建设自由港与金融衍生品

上海自由港应重视在股权交易的高端制造业和高科技产品领域以及国际贸易这些方面的开放，而对金融衍生品领域不必过分放开。简言之，在扩大金融开放的过程中，应该更多地关注实体经济的发展，而不是为了创新而创新。

上海自由港应不断发展金融市场双向开放，充分利用已有的外贸、能源、期货、金融资产、黄金等贸易付清算体系的建设，加强各要素市场之间的关联，不断改进和发展人民币产品和工具。向国际标准看齐，努力与期货市场联动，大力发展大宗商品市场，鼓励金融机构（例如商业银行）为衍生品和大宗商品交易提供更好更多的服务。提高市场配置资源的能力，提升上海在金融市场的定价权和影响力。

4. 建设自由港与产业基金

建设上海自由港，会将大量的产业基金引进港区。应充分利用境内市场与境外市场，将此类产业基金用于促进服务业的发展和金融的创新，以及对功能性项目的拓展，将市场空间打造成合作共享、互利共赢的模式。

自由港的建设，将会使得上海地区的价值被重新评估，使得临港区域聚集更多的优质产业。不仅已有产业将会获得更多收益，上海还将成为全世界的商品贸易往来的中心，这对上海交通运输和物流产业也同样会带来更多的利益。

加快对国资企业和国有企业的改革，发展跨境投融资，就要将产业基金投资于信息科技、物流、互联网金融、跨境电商、文化科技、智能制造、生物医药等重要产业的投资项目。

自由港的建设不仅会为上海乃至中国带来发展的福利，更重要的意义是成为中国积极主动对外开放的"试验田"。因此，我们有理由相信，上海自由港的建设将给我们带来更多发展的机会和挑战。使得上海自由港建设改革的经验可以在更多的地区进行推广。

## 二 发挥上海自由港先行先试作用的政策建议

(一) 发挥上海自由港的"领头羊"作用

1. 明确上海自由港的战略定位

上海自由港的战略定位应是综合型自由港。上海有着巨大的产业转移的空间,未来有望从东部地区向西部地区扩展,并与长江流域、长三角区域甚至全国建立多层次的分工与合作的关系。同时为达到建设综合型自由港的要求,应积极与"四个中心"的战略地位相契合,与国际航运中心的战略地位匹配。上海自由港建设的目的是国际化的、综合性的港口。

2. 进一步明确洋山港、外高桥保税区、北外滩的分工

上海国际航运中心的三大组成部分分别是外高桥港区、北外滩和洋山深水港区。其中,侧重集装箱吞吐能力和保税港区的服务功能的是洋山深水港和外高桥港区;重视航运服务业,打造国际航运中心软环境建设,实现错位发展的是北外滩港区。它们在角色定位、功能定位上要具有互不冲突、互不可替代的互补性特点,形成三位一体联动发展的态势。

3. 推动自由港相关法律法规的出台

要研究自由港现有的法规法律和体系,从而了解上海自由港的性质、地位、功能、管理体制和机制等,也要研究其他国家发展比较成熟的法规体系,借鉴适合上海自由港建设的法规制度。并将自由港建设作为浦东综合配套改革试点的重要内容,重视其法律法规的建设,推动上海乃至我国自由港完整法律制度的建立,使得上海自由港的运营和管理变得更加规范。

4. 构建综合性自由港信息化平台

要从上海自由港实际情况出发,特别是要发挥上海航运交易所的品牌和信息优势,建立综合性信息化平台。信息化平台不仅要技术领先,还要提高自由港的管理水平,在这个基础上,要把重点放在自由港信息化平台建设与上海各部门的信息资源衔接,以及与国内外港区信息衔接,这样才能形成"内通外联"的信息流通机制。

5. 探索引进多元化经营主体

在自由港经营方面，可以通过探索外资、民营、混合等多元化的投资和经营模式，逐步摸索，形成竞争机制，有效提升自由港的能级，特别是鼓励上海的港口与国内的港群直接实施联盟经营、兼并、重组、参股的资本运作方式，并以资本作为促进要素资源流动的纽带。对于部分集装箱以及散货的储存与运输，进一步开放经营权，使得竞争的格局更加有层次并且多元化。在更大的程度上提高上海国际航运中心的作用。

（二）构建高水平的制度创新体系

1. 进一步完善以负面清单管理为核心的投资管理制度

一是减少投资限制。过度的投资限制会阻碍外商投资。建议减少禁止和限制外商投资行业的数量，可以在限制方式上，针对不同行业以及业务的特点，有针对性地采取最惠国待遇、业绩要求、高管和董事会等限制。二是改进危化品贸易监管。目前对危化品贸易监管采取"一刀切"方式，并没有区分危险等级，对监管没有针对性，也增加了企业申报和储运成本。建议参照国际经验，根据危化品不同的含量和不同的危险程度采取不同的监管等级，并强化信息化实时记录和事后核查措施。

2. 加快建立符合国际惯例的税收制度

在税制改革方向和国际惯例相吻合的情况下，积极探索对税制进行补充完善的措施，加强税收制度对不同企业的公平性，提高境内企业的竞争力。一是探索建立鼓励境外股权投资的制度，并且发展有利于离岸业务开展的税收优惠举措，使得境外资金更多地流入到境内。二是探索建立税收预先裁定制度。借鉴国际上税收制度的丰富经验，在改革进程中，才能少走弯路。

（三）完善自由港建设中的政策和制度

1. 制定推进城区建设政策

从国内外现有的经验来看，自由港与城市的功能是互相促进、互相依赖的，自由港的发展需要以第三产业的发展为支撑。因此，为了促进自由港的发展，需要做到以下几点：一是制定鼓励城区发展产业、人口、科技、教育、文化等的政策。二是鼓励生产性服务业与消费性服务业的同步发展。三是鼓励国内外金融、保险、咨询、船舶注册、海事审判等第三产业的发展，使城区成为自由港的重要支撑，最终达到"港城一体化"。

2. 完善自由港社会保障制度

只有完善了自由保障制度，才能保证自由港可以顺利建设。建设自由港社会保障制度，要将自由港政策与城区政策相结合，并且按照城区发展的标准，利用城区丰富的资源发展自由港区。建议如下：一是将自由港区的员工纳入当地的保险体系，保障自由港区员工的人身安全、财产安全等。二是自由港区员工的家属在城区实施统一的就业政策。鼓励员工的家属参加各类招聘活动，对员工的家属进行工作技能的培训，帮助他们顺利就业。三是自由港区员工的家属与城区户籍人口一样，享受同样的居民服务、卫生服务等优惠政策。

3. 完善自由港相关产业的人才引进和教育培训机制

在全社会统一进行社会招聘，为自由港区内的企业招聘人才，并且完善相应的人才引进的配套政策。一方面，对自由港区内的相关产业所需要的紧缺人才适当地放宽入沪条件，即在吸引人才在自由港就业的方面，实行柔性的流动政策，并且在社保、就业、住房等方面提供更多的便利。另一方面，港区内的企业还可以与当地或外地的高校，研究机构等签订用工合同，根据自由港区的需要进行对人才的培养和培训，实施"订单化"的培养模式，并且鼓励港区内的企业作为学生实习的基地。

4. 建立长三角区域港区联动发展的体制机制

上海地处长江经济带与"一带一路"的交汇点，应当积极把握住发展的机会。以"沪苏浙经济合作与发展座谈会""二省一市省市长会议制度""长江三角洲16个城市经济协调会"三大平台为依托，以长三角区域港区联席制度为核心，构建长三角航运的综合交流平台。加大自由港区内制度创新的力度，推出更多可推广、可复制的创新举措，促进创新的成果在长江流域进行推广和共享。加快对面向国际的金融市场的建设，为长江经济带的企业提供更为便利快捷的金融方面的服务。不断优化对口岸的监管和贸易通关的流程,加强与长江流域口岸通关的合作,推动长江经济带通关的一体化。研究和解决共同面临的困难和挑战,推动自由港的建设和发展,共同商量合作的计划,促进双方的协调和发展。

5. 进一步完善与开放型经济相适应的风险防控制度

加强对自由港区内开放过程中遇到的新问题、新情况的监测,及时弥补建设过程中较为薄弱的环节,强化对风险防控体系的建设。一是借鉴发达国家的产业风险防控的经验,对产业风险防控制度进行修正和完善,在进一步深化开放的同时,加强对风险监测和事中事后的监管。二是按照宏观审慎评估体系的要求,完善对金融风险的防控制度,建立与自由港金融开放创新制度相适应的金融综合监管的机制,力图掌握金融开放进程中的主动权。

6. 加大知识产权和环境保护力度

当前国际经贸新规则中涉及的知识产权、环境保护等议题,与我国深化改革的目标并不矛盾。建议在国家层面对相关法规政策进行梳理,结合实际进行完善。加大知识产权保护力度,才能促使企业有动力去创新产品,从而促进科技的发展和创新。加大环境保护力度,才能实现经济的可持续发展。在实际的操作中,应该与国际的管理以及创新发展规律的评价体系相契合。完善对高新技术企业的认定,使得科技创新型企业更容易获得上市的机会。对于环境友好型企业可以采取减免税收或进行奖励等办法,鼓励企业保护环境的行为,促进环境友好型社会的建立。

(四) 加快建立金融开放创新体系

1. 积极审慎推进金融开放创新

金融开放创新是构建高标准投资贸易体系的关键,建议重点做好以下工作:一是认真研读并实践国家有关部门制定的"金改40条细则",积极与一行三会、外汇局及商务部等部门进行沟通和对接,确保"金改40条"能顺利地实施。并且积极参与细则的制定,确保这些改革能发挥更大的作用。二是对自由贸易账户功能进行更加系统的完善,积极配合央行等相关部门,对自由贸易账户的功能进行充分的细化与总结。对保险类企业和银行、证券等金融机构,有效利用自由贸易账户进行金融方面创新的行为给予赞扬和支持。三是使金融市场在境内进一步开放,并且加快金融市场双向开放的进程。支持"上海证券交易所""中国外汇交易所"等在沪的金融市场,成为更加国际化的交易平台。拓宽境外投资者,尤其是长期资金的投资者参与境内金融市场的渠道,帮助境内企业和个人走出去。

2. 加快服务业对外开放步伐

未来经济转型升级的一个方向是升级服务业。在建设自由港的过程中,要鼓励服务业行业的适度竞争,提升服务业的能级。为此,要做到以下几点:一是对服务业开放的领域进行扩大。对标国际标准,有选择地"瘦身"负面清单,并且尽快扩大在教育培训、演出经济、金融服务、航空服务等领域的开放程度,使得港区内项目落地更加便捷。二是对跨境交付做出尝试,并创新人才流动的方式。在科技和信息迅速发展的时代背景下,可以多尝试通过跨境交付的方式开展在线金融、在线教育等业务。另外,只有投入了足够多的人力资本,专业的服务业才能快速发展。因此,自由港应积极实施自然人流动的开放方式,吸引更多的人才投入到港区的建设。三是促进已经开放的措施落地。要对服务业做进一步的监管和规范。关于服务业开放的具体措施,应尽快与相关部门进行协调,抓紧制定出相应的细则。

(五) 实施创新驱动发展

1. 强化价值链升级的制度支撑

上海自由港应该从全球价值链视角出发对整体制度设计进行优化,构建有利于吸引高端要素集聚、促进价值链升级的制度环境,为我国提升国际分工层次作出新贡献。一是建立有利于使全球高端要素集合到一起的制度。加大体制机制创新力度,完善税收制度设计,使制度环境在一定程度上更具有国际竞争力,促进全球高端技术、资本、人才等要素流入。二是营造促进跨国公司总部集聚的制度环境。完善资金融通、金融基础设施、税收环境和专业服务体系,吸引跨国公司在港区内聚集,促使现在已有的跨国公司进行贸易和物流等功能的拓展，对进行跨国经营的企业给予鼓励和支持，构建全球价值链网，使本土企业做大做强，形成有国际影响力的公司。

2. 提升全球价值链高端竞争力

充分发挥自由港和长江自主创新示范区联动效应，系统推进创新改革试验和科技创新中心建设，激发科技创新内在活力，提升在高端环节的竞争优势。加强与国际企业的合作。鼓励外国资本投入的机构和本地的科研机构共同攻克技术的难关。吸引国际知名孵化器、创投机构参与国内创新创业。鼓励建立海外孵化基地，积极发展跨境研发，促进创新要素跨境双向流动。完善科技创新融资体系。放大自由港的金融创新效应，推动股权投资企业开展境内外双向投资。

（六）打造政府治理体系

一是加强事中事后监管措施。在放宽准入的同时，政府工作重点要更多转向事中事后监管，综合运用多种有效手段，切实把市场管住、管好。明确政府对市场进行监管的职责，建立行之有效的监管机制，加强政府与相关部门协同监管，整合监管部门，减少监管的层级，使得监管更加有效。二是对监管进行信息化平台建设。建立制度对严重违法的企业进行处罚，对违规违法的行为加大惩戒的力度，提高企业的失信成本。使信息在工商部门和行业审批等部门无障碍交流，实现资源的共享。三是完善社会参与监督机制。使得监管部门与第三方征信平台在更大的领域进行合作，拓宽监督渠道，充分发挥互联网平台监督作用。积极推进陆家嘴金融城业界自治和法定机构试点。让企业共同参与管理。鼓励普通百姓和媒体参与到监督的队伍中，畅通公众知情和参与渠道。

（七）加强自由港与"四个中心"建设的联动

上海自由港建设与上海"四个中心"建设密不可分。要充分发挥建设过程中积累的经验，为"四个中心"建设提供强有力的支持。上海未来要成为人民币金融资产的交易中心、定价中心、清算结算中心和产品创新中心。以自由贸易账户为载体，推进资本类项目可兑换的进程和人民币国际化，要加强国际航运功能性政策的系统突破，探索建立多业态"综合拼箱平台",优化沿海捎带监管模式,并将政策适用范围扩大到中资实际经营的船舶(包括租赁)或中资子公司控股的船舶。探索建立整合国际国内市场交易功能的大宗商品贸易综合平台,提高大宗商品交易、资金交易的便利性。

# 第二篇　新开发银行落户上海带来的总部效应

# 第六章 研究综述

2014年7月15日,中国、俄罗斯、印度、巴西以及南非的国家领导人在第六次峰会上签署了《福塔莱萨宣言》,决定建立一个属于"金砖国家"的银行,同时也做出了建立应急储备基金的决定。继2012年3月提出设立新开发银行之后,经过在南非举行的第五次峰会及之后的圣彼得堡G20峰会,"金砖各国"领导人的反复磋商和推动,终于取得了实质性的进展。新开发银行落户上海具有里程碑的意义,它是第一个在我国落户的国际金融机构总部,给我国和上海参与国际治理带来机遇和挑战。

## 第一节 研究意义及目的

### 一 研究意义

(一) 理论意义

国际组织与城市发展的关系国际上早已有研究,但在我国的研究随着新开发银行、亚投行的落户才刚刚开始受到较大关注,关于国际组织总部选址落户、城市发展的相互关系以及如何利用总部经济促进城市发展的研究在我国并不多,即使有一些研究也仅涉及对国际大型经济组织总部的设立条件的文献,或者单方面考察所在城市如何吸引国际组织总部入驻等方面的问题。本书创造性地将新开发银行这一世界级机构组织总部落户上海,与上海进一步对外开放发展联系在一起,研究国际金融机构入驻对所在地城市的影响及落户地的未来发展思路,填补了国内外此领域内容研究的空白。

(二) 现实意义

在全球经济一体化的今天，城市的发展离不开世界经济的发展，城市不仅承载了一个国家政治、经济、社会、文化的发展历史，也折射和传承着人类文明发展的重要使命，21世纪是全球经济一体化的时代，世界主要城市都在追求更高的竞争力和国际化水平。从世界角度来说，衡量一个城市国际化或者说国际竞争力的重要指标就是其所举办国际性活动的能力和频率以及其对国际性或区域组织的吸引力和服务能力，也包括国际或区域组织在城市设立的总部机构或办事处的数量等细化指标。综观世界上国际组织总部数量最多的前十大城市，基本都是在国际上非常具有知名度和最具影响力的城市（纽约、巴黎、日内瓦、布鲁塞尔等），国际组织和城市形象形成了一个良好的互动，几乎所有国际大都市评价指标体系都包括了"国际组织（机构）入驻"这一指标。通过分析和观察可以看出，在世界性城市的国际化进程中世界组织起了推波助澜的作用，一方面是国际组织本身所具有的国际性，其在全球政治、经济、安全及社会、文化等诸领域发展中所扮演的关键角色为所在城市做了无形的宣传；另一方面，从20世纪中下叶以来，城市在国家外交和国际交往中的地位扮演着不可替代的重要角色，正日益成为实现国家战略利益、融入国家总体外交的重要平台和载体。吸引国际组织（机构）入驻上海或北京等中国大城市，打造具有全方位实力的世界级中国城市，离不开总部入驻，不仅能极大助推我国城市的国际化能级建设，也对扩大我国的国际影响力产生深远影响。

二 研究目的

上海不仅是中国最有影响力的城市，而且在20世纪40年代在上海就有一个重量级的国际组织——联合国亚太经社会（U. N. Economic and Social Commission for Asia and the Pacific，ESCAP），然后因各种原因迁址泰国曼谷。在当今有没有一个或几个重要的国际组织或机构入驻被认为是衡量一个城市乃至整个国家的国际影响力和竞争力的重要指标，上海本身具有国际金融中心的历史，目前在亚洲的大城市中也是增长最快、最有活力的商业和金融中心之一。改革开放以来，上海市一直顺应时代发展的潮流,走在改革的最前列,并最终确立了将上海打造成国际经济中心、金融中心、贸易中心、航运中心的目标。

尽管上海改革开放后得到了迅猛发展,然而在新开发银行以前,上海还没有一家有影响力的世界组织总部入驻。2014年7月15日,在"金砖国家"领导人第六次会议上,五国领导人签署《福塔莱萨宣言》,决定将新开发银行总部设立在上海,揭开了上海世界组织总部经济的序幕,这是第一次实质意义上的世界级国际金融组织机构的落户,随着新开发银行总部的设立以及上海日益深入的服务理念,不仅将进一步提高上海作为国际化大都市的影响力和实力,更将促进上海更深一步对外开放,甚至带动整个中国经济的新一轮增长。因此,本书具体分析了新开发银行总部落户上海将带来的作用与影响,以及上海自身适应发展的优势和挑战,意在使上海为能更好地发挥新开发银行总部落沪的优势而做好积极准备。

## 第二节　国内外研究现状综述及理论基础

对于新开发银行在上海的落户给上海带来的机遇与挑战,国内国外的不少学者都给出了自己的观点。

### 一　国内外研究状况

新开发银行这个发展概念最初是由 Nicholas Stern 和 Joseph Stiglitz 提出的。[①] 之后,部分学者认为按照现有的经济体系,依靠 IMF、WD 来帮助发展中国家发展是非常有益的,通过强国帮助弱国,能将经济利益垂直流入发展中国家,两者互相受益。然而,以 Joseph Stiglitz 为代表的一些学者则认为发展中国家应齐心协力,用自己的资金筹备,共同努力建设新的金融秩序,打破世界经济格局,才能有自己的话语权。1964年,首次提出了"建立新的国际秩序",联合国也通过了相

---

① 他们认为发展中国家要建立自己的金融发展体系,需要"南南合作",建立南南开发银行,即新开发银行。

关宣言。这也因此成为新开发银行的久远由来。

（一）国外学者对于全球性或区域性银行的研究，大多从规模经济、区域经济和金融生态经济等角度进行论述

（1）从规模经济方面，美国出现了以马歇尔、张伯伦、罗宾逊、贝恩等为代表的现代规模经济理论，阐释了真正意义的规模经济是大批量生产的经济性规模。这一理论后来被韩国经济学家帕克（Y. S. Park）应用于国际银行业的发展和国际金融中心的成因分析上。区位经济理论以1826年德国经济学家杜能在《孤立国》中提出农业区位论为开始；第二次世界大战以后，人类生活方式和价值观进一步多样化，仅考虑单一的经济因素已不能全面地反映工厂区位选择的目标，从而重视非经济区位因子以及行为因素的新的区位理论应运而生。

（2）从新开发银行的国际效应方面，在国外学者的研究中，Katarína Králiková[1]（2014）通过对比新开发银行成立前后金砖五国内部国情，提出了新开发银行是属于新的银行，它能够更好地协调、联合"金砖国家"一起行动，减少"金砖国家"内部存在的教育不足问题及政党腐败现象，有利于促进这些经济体长久持续地发展。Helmut Reisen[2]（2015）通过量化多边软贷款和NDB、AIIB潜在贷款的超额需求，评估了新竞争者的出现会使现有机构损失业务的多少，并得出布雷顿森林体系很可能会失去原有的市场份额和债权人地。国外学者特拉维斯·塞尔米尔（2013）通过对比金砖五国现阶段的不同银行发展模式，对新开发银行的成立和管理提出了一些看法[3]。奥斯曼·曼登（2013）在金融全球化的背景下提出了新开发银行应该承担

---

[1] Katarína Králiková, "BRICS: Can a marriage of convenience last?" *European View*, Vol. 13, No. 2, 2014.

[2] Helmut Reisen, Die Entwicklungsbanken der Schwellenländer und die multilaterale Finanzarchitektur, *Wirtschaftsdienst*, Vol. 95, No. 4, 2015.

[3] 特拉维斯·塞尔米尔：《金砖国家开发银行前景》，永年译，《博鳌观察》2013年第10期。

的角色，它将成为目前国际金融体系的一个重要补充①。齐拉·卡恩（2014）则主要从基础设施建设方面讨论了新开发银行对各国政治经济发展的影响②。拉尔夫·A.科萨和弗吉尼亚·梅林提都（2015）从全球治理的角度出发，全面分析了"金砖国家"之间的合作和可能的障碍③。

（3）从国际总部与城市互动发展方面，英国的耐韦尔·伍兹、安瑞塔·纳利卡等在2002年发表的《治理与责任的限度：世贸组织、国际货币基金组织与世界银行》中，详细论述了世界银行等国际经济组织在扩张后职能变化，以此提出国际机构在责任机制上的国际经验，得出国际组织需要建立更强的责任机制，在独立性、透明性、合法性上相协调的结论。关于"国际联盟"的概念最早可以追溯到两次世界大战期间，美国最先设想，随后各国响应。国外学者莱斯特·M.萨拉蒙（2002）认为，国际上这些机构的成立是一次全球性的革命，其意义相当于19世纪末的第三世界的民族崛起。有关国际组织与城市方面的研究，P.霍尔在1966年就指出，"世界城市"是国家政治中心、经济中心或文化中心的汇集地。而1991年美国学者萨森在其出版的《全球城市》一书中具体明确地指出建立国际性的大城市所涉及的诸多方面。总之，自20世纪以来，国外学者对国际组织和国际城市的研究正逐步迈向成熟阶段，但在二者关系的研究上仍处于空白，依然存在许多尚未解决的问题和未开拓的领域，例如国际机构与东道国城市之间的互动关系、国际性城市竞办国际组织的战略抉择、国际组织对东道国城市政府职能的影响等。美国的莉萨·马丁等（2006）在对国际组织研究的基础上，深入分析了国际制度对国家地区的影响，得出国际机制是独立存在、不以强权为依托的。

---

① 奥斯曼·曼登：《金砖开发银行该扮演什么角色？》，禾力译，《博鳌观察》2013年第7期。

② 齐拉·卡恩：《"金砖国家"银行：对政治经济发展的再思考》，永年译，《博鳌观察》2014年第10期。

③ 拉尔夫·A.科萨、弗吉尼亚·梅林提都：《"金砖国家"的合作：对全球治理意味着什么？》，刘兴坤译，《智库观察》2015年第4期。

（4）从开发性多边经济组织发展方面，自从东南亚金融危机以来，暴露出明显的金融体系与国际金融走势不一致的情况，这些多边组织也在极力探讨矛盾的所在和资本流动的走向。Edwards、Sebastian（1998）则深刻探索了 IMF 的发展机制和路径，并作出了说明；哈佛大学教授 Sachs 和 Woo（1999）认为这些国际组织应多吸纳一些发展中国家，调整资本比率；Eichengreen、Barry（1999）则提出了亚洲发展的概念，建立一个国际金融组织来统一；Ngaire Woods（2002）集中于研究国际化的金融机构，Amrita Narlikar（2002）对世界经济中的发展中国家问题比较擅长，他们俩分别对 WTO、IMF 和 WB 的责任制度及管理进行了梳理、总结，认为现存的很多机构在合法性、责任性之间还存在着很大的漏洞。这些学者对国际性多边开发机构的运行都比较关注，对其存在的弊端和不足进行分析，能不断地总结经验为其后续发展提供意见。同时，他们更注重这些机构的运营对国际金融秩序的影响。因此，这些运行模式对新开发银行的发展很有意义。

（二）国内学者对新开发银行落户中国上海有一定的研究，主要从对上海发展和中国参与国际事务的角度进行分析

1. 新开发银行的成立背景和意义

关雪凌、张猛（2012）就新开发银行的成立背景及其重大意义提出"成立新开发银行正当其时"，并提出了他们对于新开发银行发展的一些政策建议[1]。陈建宇（2014）从当前世界经济金融格局存在的不足和问题出发，分析了新开发银行成立的背景，并提出新开发银行的成立不仅对新兴经济体影响巨大，而且对全球经济金融格局的发展也有积极而深远的影响[2]。毛业艺、蒋智华（2015）则主要从人民币国际化的角度阐述了新开发银行成立的重要影响[3]。

---

[1] 关雪凌、张猛：《成立"金砖国家"开发银行正当其时》，《全球瞭望》2012 年第 18 期。

[2] 陈建宇：《"金砖国家"开发银行成立的背景与影响》，《金融观察》2014 年第 11 期。

[3] 毛业艺、蒋智华：《"金砖国家"新开发银行的成立对人民币国际化的影响研究》，《经济研究导刊》2015 年第 2 期。

2. 上海与新开发银行的相互关系

国内关于国际组织落户与城市发展方面研究的起步较晚，自1971年中国恢复在联合国的合法席位后，相关研究才初步开始。如今，已经逐步形成一个由浅入深、由简单到丰富的成熟过程。蔡寒松（2008）从多元政治模式的角度，以联合国总部个案为出发点，得出国际组织与落户城市相互作用的结论。郭剑彪、陈依慧（2002）指明了国际组织入驻是一国吸引外资的重要途径之一，并对我国北京、上海等地竞办国际组织提出了积极意见。杨思思（2010）在《政府间国际组织总部所在地法治环境比较研究》一文中通过比较欧美等国受到国际组织青睐的优势，对其总部设立的条件进行了详细的分析，以此为借鉴对上海竞办国际组织总部提出建议。而李培广等则认为城市在吸引国际机构落户时应认识到一旦国际组织入驻，就势必会承担更多的责任，因此在前期需要做好各种准备，借鉴发达国家经验促进城市发展。许淑红（2014）从上海这个城市本身的魅力谈起，讨论了上海与新开发银行之间的关系[1]。杨其广（2014）主要从上海自贸区的建设发展角度分析了新开发银行与上海的互利共赢关系[2]。曲博（2014）则重点讲述了新开发银行落户上海给中国带来的巨大机遇[3]。

3. 新开发银行成立带来的各种机遇

目前现存的国内外文献，各国学者从不同角度论述了新开发银行成立的背景、意义以及今后的发展方向和政策建议，同时也对新开发银行总部落户上海进行了初步分析，但在这一点上，并没有学者进行全面详尽的论述，新开发银行的成立究竟将会给上海带来哪些具体的变化，而上海又会为新开发银行提供何种服务和支持，这些均是当前文献研究所缺少的。因此，本书从现有文献的基础出发，在经济危机后全球经济缓慢复苏的背景下，通过对比现有国际金融组织的成立和

---

[1] 许淑红：《上海与"金砖"银行》，《金融博览》2014年第9期。
[2] 杨其广：《金融"金砖"在上海闪耀》，《中国金融家》2014年第10期。
[3] 曲博：《"金砖"银行与中国的机遇》，《金融博览》2014年第9期。

发展历程，就上海自身优势及其可能遇到的障碍和新开发银行给上海带来的巨大机遇，详细论述新开发银行落户上海与上海进一步对外开放之间的关系，并指出上海在未来发展中可以提升的空间以及相应的发展策略。

陈中天（2014）从国际金融体系现状的角度分析了新开发银行的成立为我国金融创新所带来的重要机遇[1]。郭红玉、任玮玮（2014）从新开发银行的现状出发，指出中国在新开发银行成立之后所面临的机遇和挑战。[2]

郭爱军（2014）认为新开发银行落户上海，一是会带来更大的海外市场；二是不管对优质产能还是富余产能的"走出去"会带来较大的推动作用；三是对人民币的国际化会有比较大的推动；四是会更加形成发展理念的国际认同，这个既是对我们国家和平崛起发展理念的国际认同，也是对上海进一步形成国际性大都市的这种理念的国际认同，会带来比较大的好处。徐明棋（2014）认为上海的金融机构，应该做一些事先的工作，配合新开发银行以上海为总部，开拓全球业务，然后那个时候人民币"走出去"的重任，更多的是在我们国内的金融机构身上，它们配合新开发银行到海外去做项目投资，这是非常重要的一个环节。任新建（2014）认为"金砖国家"新开发银行落户上海将促进上海国际金融中心建设，作为首个新兴国家发起设立的国际金融机构，新开发银行在哪落户，具有明显的风向标意义。这种风向标意义首先就体现在，谁拿到就意味着谁在国际金融中心建设、金融国际化、货币国际化等方面走在前列，且能够得到其他"金砖国家"的大力支持，从而基本确立在新兴市场国家的金融核心地位。

4. 新开发银行与全球治理方面

陈平（2014）认为新开发银行的建立，既是金融危机后发展中国家对美欧失去信心的产物，也是"金砖国家"长期对话互动的结果，

---

[1] 陈中天：《"金砖国家"开发银行对中国金融创新的助益分析》，《国际商务财会》2014 年第 12 期。

[2] 郭红玉、任玮玮：《"金砖"银行：金融合作的新丝绸之路》，《学术前沿》2014 年第 9 期。

它将弥补西方主导下的世界银行和国际货币基金组织（IMF）的不足。最早呼吁中国改革国际金融秩序的，恰恰是受华盛顿共识之害最深的拉美国家。乔依德（2014）认为新开发银行落户中国上海，首先表明"金砖国家"对当前国际货币体系的不公正的不满，致力于推动国际货币体系改革；其次有助于人民币国际化；再次有助于上海国际金融中心建设；又次，有助于推动"金砖国家"和其他发展中国家的经济发展；最后，对我国地缘政治有积极影响。章玉贵（2014）认为新开发银行与"金砖国家"应急储备基金的设立，既是整体经济规模与美国相差无几的金砖五国致力于向新兴经济体与广大发展中国家提供金融公共产品与服务的一种制度性安排，也是全球第二大经济体的中国通过国际性经济与金融合作平台，锻造本国的"金融资本力"，进而向世界展现负责任经济大国应有的国际担当。叶玉（2013）认为尽管仍是全球多边发展体系中最大的受援国之一，中国作为多边发展体系贡献者的角色正逐步上升。中国参与全球多边发展体系经历了一个由远及近、由旧及新的发展历程。

但目前对于上海发挥新开发银行作用的"瓶颈"障碍研究得比较少，对与新开发银行类似的国际投资银行和国际开发银行的设立与落户对当地经济、社会等方面影响的国际比较与经验借鉴的研究还有待深化，这也是本书的意义所在。

**二 研究的理论基础**

自布雷顿森林体系崩溃后，世界经济体系、国际金融秩序在世贸组织、世界银行以及IMF这"三大支柱"的协调下逐渐稳定，但国际经济金融的中心仍然聚焦在欧美发达经济体上，发展中国家的经济发展、金融进步也仍然受到各方面的掣肘。在这种情况下，2014年7月15日"金砖五国"签署了《福塔莱萨宣言》，建立了属于"金砖国家"自己的金融银行，这对于改革世界经济体系、国际金融秩序以及促进"金砖国家"、新兴经济体经济发展都有着十分积极的作用。

研究新开发银行在上海落户这一课题，有着以下几大理论基础的支持：

第一，总部经济理论①，即由于一个比较单一的产业价值而吸引了其他众多资源呈现大规模集聚，多种产业从而在此区域内部聚合发展，展现出比较特殊的经济发展模式。中国首次利用总部经济理论建设的第一个总部基地是中关村的丰台园，通过利用区域内高素质人力资源、多方通信渠道、交通运输设施以及国际化程度较高的优势打造的丰台园进一步促进了北京经济的发展。

第二，区位经济理论②，它是研究人类对其从事经济贸易活动的地域空间怎样进行组合与优化的理论，其基本宗旨是为人类从事经济贸易活动寻求最优的区位法则。区位经济理论的研究由德国农业经济学家屠能提出，并经历了古典到近代、近代到现代两大阶段变革，研究对象从单个经济体扩展为对区域总体进行研究，决策客体的范围也由第一、第二产业拓展到第三产业，通过采用数理统计、运筹学等新工具，加强了理论本身的实际操作性。

第三，金融资源理论③，即金融是一种特殊的社会资源，其主要关注的核心是金融资源开发、资源配置与经济发展、社会进步之间关系问题的协调性。金融资源理论是由山西财经大学的崔满红教授提出的，主要是为了试图提供怎样研究金融理论的出发点，虽然在最开始的时候一提出这一理论便遭到了众多学者的反对，但在2008年全球金融危机爆发后，这一理论逐渐被更多的金融学家所接受。

第四，博弈理论④，主要的理论基础是金融博弈论，即在金融领域愈演愈烈的竞争当中，先行动的人比后行动的人要具有更多的优势，这种优势将会使先行动的人在激烈的竞争中获得巨额的利润。最典型的例子是1996年中国股市里庄家和交易所之间的博弈，这次的博弈主要是完全信息的静态博弈，同时还具有合作博弈的性质，因

---

① 吕波：《总部经济研究综述与展望》，《中国科技论坛》2010年第2期。
② 陆满平：《区位经济理论探析》，《扬州大学学报》1998年第2期。
③ 崔满红：《金融资源理论研究（一）：金融属性》，《城市金融论坛》1999年第4期。
④ 陈芝兰、黄龙生：《博弈论及其在经济生活中的应用》，《经济问题探索》1996年第7期。

此，此次博弈的结果是庄家和交易所全都增加了收益，同时也没有出现恶性炒作个股的现象。

第五，最优货币区理论[①]，它是指在一个支付手段"最优"的区域内，使用单一货币作为区域内国家间结算的共同货币，区域内的国家均享有汇率优惠政策。这一理论最早由蒙代尔和麦金农提出，他们认为在区域内要符合要素流动性标准和经济开放性标准才能成为最优货币区，在他们研究的基础上，之后的学者在最优货币区标准上又增加了产品多样化标准以及国际金融一体化标准。

国际公共品理论向新开发银行的成立提供了理论基础。国际公共品是指能被大多数国家和地区公民共同享用的公共品。国际公共品可以分为最终国际公共品和中间国际公共品。可以直接被消费的公共品被称为最终国际公共品，如空气质量、全球气候、世界和平等。而中间国际公共产品是指为最终国际公共品的生产进行服务的中间投入品，不能直接被消费。新开发银行作为新成立的多边开发性金融机构，其宗旨是为发展中国家的基础设施建设及可持续发展提供资金、技术等援助，以实现最终国际公共品的供给，因而属于中间国际公共品。

作为最终公共品的基础设施是经济社会发展的保障和必要条件，但发展中国家的基础设施建设却仍很滞后。目前发展中国家每年面临超过1万亿美元的基础设施建设的资金需求，但现有的多边开发性金融机构和私人部门则存在严重投资不足。在国际公共品供给不足的情况下，新开发银行的成立正当其时。

中国上海作为新开发银行总部的所在地，无疑也会受到多方面的影响，那么研究新开发银行在上海落户给上海带来的机遇与挑战对于了解其对中国各方面发展的影响就有着至关重要的基础性作用，只有对新开发银行在上海落户产生的影响进行深入分析，明确新开发银行在上海落户一方面会在经济金融、政治外交、法律人文、发展环境、

---

[①] 刘强：《不同汇率制度下的货币政策、财政政策与最优货币区》，《财经问题研究》2000年第10期。

空间布局与规划等层面给上海扩大对外开放带来机遇，另一方面也会在经济金融、政治外交、法律人文、发展环境、处理应急事件、治理环境污染等层面给上海扩大对外开放带来压力与挑战，才能做到针对各种压力与挑战制定出上海利用新开发银行落户契机不断扩大其对外开放的策略，也才能深入理解新开发银行对于中国经济、政治等各方面发展的深远影响。

# 第七章 新开发银行对上海城市发展的作用

新开发银行有500亿美元的启动资金,并将总部设在了上海,另外还建立了金额为1000亿美元的"金砖国家"应急储备基金。对于正在建设国际金融中心、国际经济中心、国际航运中心、国际贸易中心的上海来说,新开发银行总部在上海的落户,无论是从经济、金融发展角度,还是从政治、法律、人文、环境等发展层面来看,上海进一步扩大对外开放的进程都伴随着十分巨大的机遇以及挑战。

## 第一节 新开发银行落沪与上海城市发展的关系

2008年的金融危机波及全球,给全球经济发展带来了重创,在之后的几年,全球经济都处在艰难复苏之中。在这一历史背景下,广大发展中国家更加意识到了"南南合作"的重要性和迫切性,以中国为代表的新兴经济体尤其是"金砖国家"间的合作不断加强,进一步提升了新兴经济体在国际舞台上的地位以及在全球经济治理结构中的作用。新开发银行就是在这一历史背景下应运而生的产物,是"金砖国家"进一步密切合作,实现共赢的一大举措。

近年来,发展中国家在国际政治经济旧秩序中一直处于不利地位,为了提高众多新兴经济体在国际秩序中的发言权和影响力,广大发展中国家无一不在积极寻求机遇,扩大合作。中国更是通过不懈努力与许多国家建立了友好合作关系,尤其是与广大发展中国家的互利合作更是取得了不小的成就。成立新开发银行是中国与其他新兴经济体共同建立国际政治经济新秩序的又一项重大举措，既表达了中国积极对外开放与广大发展中国家寻求互利共赢的诉求，又体现了中国作为一个负责任大国的态度和魄力。2014年7月15日，"金砖国家"领导人第六次会晤在巴西福塔莱萨举行，包括中国在内的金砖五国签署协议成立新开发银行，并决议新开发银行总部落户上海，至此，关于其总部选址的争论有了明朗的结果，中国上海在"金砖国家"的各大城市之中脱颖而出，成功争取到了其总部落户的资格，这不仅是中国在多边关系上的又一次重大成果，也是上海作为中国第一大城市迈向国际化大都市进程中的再一次亮相。上海以其自身的发展条件和都市魅力，向全世界人民展示了其进一步扩大对外开放的决心，展示了其跻身国际化大都市的实力，也展示了中国上海的国际化地位和国际影响力。

新开发银行落户上海与上海扩大对外开放二者之间是相互促进、相互提升、共同发展的关系。新开发银行落户上海对上海进一步扩大对外开放是一个很大的机遇，预示着上海的国际金融中心建设正式与全球接轨，将迈上一个新的台阶。同时，上海进一步的对外开放也将为新开发银行带来更多的有利条件和发展机会。（如图7-1所示）

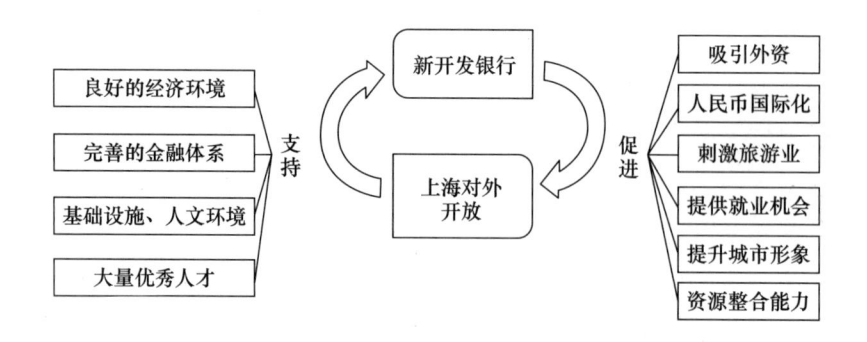

图7-1　新开发银行和上海城市发展的关系

新开发银行总部落户上海，标志着上海第一次迎来真正意义上的国际金融机构的加入。随着新开发银行成功建立及后续运营，上海必定会迎来更多的国际化业务，新开发银行本身的设立目的和运作方式也会进一步加快上海对外开放的步伐，使得上海以更加开放包容的姿态在全球经济舞台上大放异彩。

## 第二节 新开发银行落户上海带来的机遇

总体而言，面对去年国内国外复杂的不确定因素，上海对自贸试验区进行了重点建设，扩大金融服务业的开放程度，加快完善各项制度的创新，与国际规则进行深度接轨，对内对外的开放都取得了新的成效，这其中新开发银行在上海的落户无疑起到了十分巨大的促进和推动作用。

### 一 经济金融发展方面

新开发银行落户上海，给上海带来的直接效应表现在经济金融方面。

#### （一）经济发展效应

从经济发展角度来看，新开发银行总部在上海的落户，有利于推动上海国际经济中心影响力的不断增强，同时也有利于上海加快步伐建设成为全球前列的国际经济中心、贸易中心以及航运中心。

第一，新开发银行在上海的落户，对于上海来说有着十分特别的意义，尤其是在深化上海自贸试验区的建设方面，它将为上海带来更多的国际资本流动，上海也可以充分利用自贸试验区开放这一契机，进一步提升自身的国际资本流动效率，同时也进一步促进上海在国际投资、国际贸易方面对内对外的开放与发展。

第二，新开发银行在上海的落户，也拓宽了上海传统的产业结构，上海的产业结构也逐步变化成以服务经济为主，其他产业共同发展的格局。在过去的一年里，新开发银行极大地促进了上海的投资、贸易活动，活跃了上海的金融服务市场，上海的产业结构逐步变化为以服务经济为主，同时像金融、航运等服务业的增长也实现了快速拉升，新兴的服务业在政府的扶持下也在蓬勃发展，从而逐渐成为整个上海现代服务业稳定增长的驱动力之一。

第三，新开发银行在上海的落户，极大地促进了上海甚至全中国的经济发展。随着上海技术创新能力和市场优势的进一步增强，产业管理与投资功能的大幅提升，上海已经成为中国大陆经济最为发达的城市。而且从国际化进程来看，上海的产业国际化水平也得到了进一步的提高，FDI步入总量规模化、项目大型化时期，对外投资也在以下四个方面出现了转变的倾向：与发展中国家相比，对外投资更多地投向了发达国家；与传统的贸易网点建设及加工制造领域相比，对外投资更多地投向了服务业领域；与之前以国有企业为主相比，对外投资更多地来自多种所有制经济体。

第四，新开发银行在上海的落户，也有利于上海航运方面的建设与发展，有利于国家早日将上海建设成为服务范围更广的新型的国际航运中心。上海政府为了早日达成国务院提出的上海国际航运中心的建设目标，鼓励大量的相关服务机构为上海的航运建设提供服务，主要体现在码头的船舶管理以及航线咨询等服务，同时在生产领域，上海也引进许多外来技术支持，进一步提升自身的造船知识技能和操作技术。同时，由于新开发银行在上海的落户，进一步提高了上海的国际地位，更多的国际贸易，尤其是经海上"丝绸之路"来到上海进行的贸易大幅增多，这就为上海建设国际航运中心提供了更多的资金支持、技术支持和发展机会。

（二）金融发展效应

从金融发展的角度来看，新开发银行在上海的落户将为上海带来很多机遇，上海正在积极建设国际金融中心，而"金砖国家"新开发银行在上海的落户，无疑是为上海这座金融地标城市的尽早确立创造了极为有利的条件。

第一，新开发银行总部在上海的落户，极大地推动了正在建设中的上海国际金融中心的发展进程，同时上海国际金融中心的开放程度与创新程度也取得了新的进展。在过去的一年里，新开发银行极大地发展、活跃了上海的金融市场，上海金融市场的服务功能也在不断趋于完善，到去年上海基本上已经建成了多层次的金融市场体系，整个市场交投活跃、参与者十分踊跃，显示出了上海金融市场巨大的活力、动力以及良好的资源配置能力。与此同时，上海金融市场的国际化进程也加快了步伐，在新型金融服务业方面也进行了进一步的创新与开放。

第二，随着上海正在进行的自贸区建设程度的进一步深化，上海无论在贸易方面，还是投资方面都将进一步便利化，这样也为其他几个"金砖国家"能更便捷地进行跨境贸易活动和跨国融资活动拓展了平台。新开发银行在上海的落户，不仅促进了上海与其他各国资金的流动与融通，同时这些资金的流动与融通也进一步鼓励了上海各大金融机构进行投资融资的创新。

第三，新开发银行总部在上海的落户，也为促进上海及中国的金融体系甚至国际金融体系的进一步互动提供了一个新的载体，也为上海、为我国进一步参与全球金融治理提供了一个更为广阔的平台。世界银行以及其他的多边金融银行的建立都是为了进一步补充目前现存国际金融组织及体系的不甚完善的方面，所以通过设立新开发银行机构，会使整个全球金融体系内部开展更为频繁的交流互动，使得全球金融体系在各个方面都能得到进一步的健全和完善，从而更好地发挥其促进国际金融协调发展的作用，这样也就能进一步促进上海的金融发展开放及国际化进程，进一步促使上海成长为全球排名前几位的国际金融中心。

第四，新开发银行在上海的落户，也可以进一步分散中国外汇储备现存的风险，为中国逐步走出美元陷阱提供了一个十分重要的渠道，同时也为加快提升人民币国际地位、促进人民币的国际化进程创造重要机会，从而有利于推动人民币在区域性国际贸易结算中成为主要币种之一。鉴于我国在新开发银行中的重要地位，在以后的运营中，新开发银行可以发放人民币贷款以及用人民币作为国家间的结算货币。而且新开发银行在上海的落户，以及其在上海取得的发展成果也吸引了大量金融、非金融机构在上海的集聚，这就为上海早日建设成为全球更具竞争力的国际金融中心提供了十分有利的准备条件。

## 二　外交人文方面

### （一）政治外交方面

从政治外交层面看，新开发银行总部在上海的落户，有利于充分发挥中国的政治外交大国作用，进一步增强我国的国际影响力和在政治外交事务上的国际话语权，同时也有利于提升上海的国际地位。

首先，伴随着世界格局的复杂化，中国迫切需要一个以拥有能积极参与国际事务并具有一定影响力的国际组织总部为特征的"全球城市"代表我国参与全球化国际竞争，因此将上海建设成为"全球城市"的背后是包含了深远的国家战略意义和使命的。新开发银行总部在上海的落户仅仅是个开始，它的健康茁壮成长将会为上海赢得更多国际组织的青睐，促使上海早日成为继伦敦、纽约、巴黎、东京后的世界上第五个"全球城市"。

其次，从我国一直提倡并坚持奉行的和平外交政策的角度来看，新开发银行在上海的落户也体现出了我国这些年坚定不移地贯彻着和平共处五项原则。新开发银行总部在上海的落户，为我国进一步开展同"金砖国家"之间的交流往来提供了更为广阔的平台，也与和平共处五项原则的内在精神十分契合一致，通过新开发银行总部在上海的落户，我国与其他各国在经济贸易上可以达到平等往来、互惠互利，新开发银行总部在上海的落户也为我国和其他"金砖国家"建立起了一条联系更为紧密的政治纽带。

最后，新开发银行总部在上海的落户也为上海进一步扩大对外开放争取了更多更为有利的国家政策。随着新开发银行总部在上海的落户，上海作为"全球城市"的国家战略意义被更加紧迫地提上了议程，这就更加要求上海进一步扩大其对外开放程度，论及上海的对外开放程度，最先也最明显的就是上海自贸区对外开放水平建设上，无论是从贸易领域方面、税收政策方面还是航运发展方面，国家都给予了上海自贸试验区极其有利的优惠条件，这些国家政策的出台将有利于上海这个城市对外开放水平的进一步提高。

### （二）人文及法律方面

从人文及法律方面来看，新开发银行在上海的落户，也有利于上海吸引更多的国际金融人才集聚以及自身金融服务业的深化发展。

第一,新开发银行,作为一个十分重要的国际金融组织,它在上海的落户,无疑将会促使全国甚至全世界各地的金融人才在上海的集聚,有了这些高素质的优秀人才,才能更进一步带动上海相关服务水平的提高,同时也有助于规范上海各项现代服务业发展的内外部环境。

第二,新开发银行总部在上海的落户,在人文领域里也推动了全世界范围内各国人民的沟通交流,为加快建设上海成为"一带一路"人文合作交流中心提供了有利条件。所以说新开发银行总部落户上海,对上海来讲意义十分的重大,特别是随着新开发银行今后工作的启动及持续运行,这样的一个促进作用,对今后上海对外交流发展的带动和积极影响一定会得到更大范围的显现。

第三,新开发银行在上海的落户也有利于上海"走出去"策略在文化方面的实施,对于体现上海文化乃至中国传统文化特征的民间文化社团和民间艺人,通过官方加大对其的资金资助,可以利用新开发银行这一交流平台协助其走出国门打开国际市场;同时,建立上海与各大国际文化都市之间的文化交流渠道,通过新开发银行也可以进一步加深我国与其他各国政府之间的交流沟通。

第四,新开发银行落户上海,在法律领域里也规范了国际金融组织开展活动、发挥其职能的国际法律条文及惯例,为今后更多国际组织在上海的集聚提供了更为规范化的范本。作为政策性、跨区域性的洲际国际金融机构,在模式的选择上,新开发银行凸显了平等参与的特点,协商解决了出资比例、投票表决权、组织机构、总部选址、业务活动等诸多争议问题,这就在法律规范方面为上海的进一步扩大对外开放提供了有力的支持。而且,新开发银行总部在上海的落户,上海通过规范各国际组织发挥职能的行为,能进一步促使这些国际组织的规范化发展,从而推动上海对外开放能力的进一步提升,为上海早日从"四个中心"建设过渡到亚太重要的全球城市并建设成为世界级的全球城市贡献出更为巨大的力量。

### 三　其他方面

#### （一）空间布局与规划方面

从空间布局与规划方面来看，新开发银行在上海的落户，有利于促进上海进一步完善城市的空间布局与规划，并且提前为吸引更多的国际组织入驻上海预留足够多的空间，进行更加精密的筹划布局，促使上海的城市格局建设得到进一步的完善与提高。

一方面，为了使上海尽早建成世界上第五个"全球城市"，需要更多的国际组织在上海进行集聚，而新开发银行在上海的落户恰恰给其他国际组织入驻上海提供了一个范本，新开发银行在上海的良好运作和发展，以及它能够持续发挥着影响整个世界格局以及世界主要经济体的重要作用会吸引更多举足轻重的国际组织在上海集聚，国际金融组织的加入，将促进上海加快跨境资本的流动，配合国家的金融开放，从而在未来的空间布局与规划方面进一步促进上海的开放与发展。

另一方面，空间布局与规划对一个城市的可持续发展起着至关重要的作用，一个科学合理的城市空间布局与规划不仅能够美化市容市貌，更重要的是能够为今后的城市建设节省更多的资金、资源。新开发银行在上海的落户也促使上海进一步完善自身的城市建设空间布局与规划，为上海未来的国际化发展留足空间，其也加快了上海进一步扩大对外开放以及活跃金融贸易的脚步。

#### （二）环境治理方面

从环境治理方面来看，上海在建设四大中心过程中的国际化进程及程度还很落后，是上海自身一个很大的缺陷，也是上海成为"全球城市"的一大软肋，因此上海应该把握住此次新开发银行总部在上海落户的机会，在努力完善各种硬件条件的同时，更应该把城市建设的重点放在软环境建设方面。

第一，在这样一个建设层面上，上海需要提升城市新功能，新开发银行总部在上海的落户，将会对上海整个城市功能的提升，不仅是在服务经济发展方面的提升，尤其是面向国际整个服务业资源配置方面的进一步提升带来新的机遇和可能性。而且，新开发银行总部在上海的落户，也对上海拓展提升其新的功能起到了十分重要的推动作用，上海结合自贸试验区建设的经验，国际航运服务政策取得了新的突破，上海初步形成了比较完善的现代航运产业体系。

第二，新开发银行会优先考虑对"金砖国家"内部进行资金技术方面的扶持，在进行基础设施建设方面，新开发银行在上海的落户，一方面有利于将资金优先用于上海自身基础设施项目建设的扶持上，加快上海的城市建设转型，为上海进一步扩大对外开放提供一个更加良好的发展环境，促使上海成为更适合经济金融贸易发展的国际化大都市。另一方面，也可以以上海的城市规划作为蓝本，将新开发银行的资金以相同的方式运用于其他"金砖国家"，这样的做法与中国"走出去"的战略十分符合，同时也是向世界展示中国优秀经验的好机会。

第三，新开发银行总部在上海的落户也意味着上海搭建了一个在中国和其他"金砖国家"之间的交流新平台，"金砖国家"在这一轮全球金融危机发生之后，在各个方面都致力于推进全球经济金融的新发展，与此同时，新兴市场国家在整个全球经济发展过程中的地位也显得越来越重要，但是新兴市场国家要怎样抓住这一机遇，怎样更好地面对来自发达国家以及风险市场的挑战，这些都需要像新开发银行这样的国际组织来进行引导和帮助。

第四，新开发银行在带来资金支持的同时，也能为这些国家今后怎样加快自身建设和改革发展提出建议，也就是说，新开发银行在上海的落户就为中国提供了这样一个和其他新兴市场国家进行交流沟通的平台，这也就为上海，甚至整个中国在全球化进程中提供了一个更为积极主动的战略地位以及更为开放活跃的发展环境。

## 第三节 新开发银行落沪给上海发展带来的压力

任何事物都有两面性，新开发银行给上海城市发展带来的影响上也不例外。在看到新开发银行总部在上海的落户给上海的发展及进一步对外开放带来的诸多机遇的同时，也绝对不能忽略新开发银行总部在上海的落户给上海的发展带来了不小的挑战，无论是从经济、金融角度，从政治、外交角度，还是从发展环境角度，抑或是从人文、法律角度来看，新开发银行总部在上海的落户都会给上海带来一定的外部压力和挑战。

## 一 金融经济方面

从经济、金融角度来看，虽然新开发银行总部在上海的落户极大地推动了正在建设中的上海国际金融中心和经济中心的发展进程，极大地发展了上海的金融市场，使得上海无论在贸易方面还是投资方面都进一步便利化了，同时也为进一步提升人民币的国际地位、促进人民币的国际化进程创造了重要机会。但与此同时，新开发银行在上海的落户也会给上海的经济金融发展带来巨大的外部压力和挑战。

首先，由于新开发银行的目的是促进包括中国在内的许多发展中国家的经济发展，这触动了西方经济体的既得利益，新开发银行总部落户在上海就使得上海、中国更加直接地面对来自西方经济体的各方面压力和掣肘，尤其是来自美国以及欧洲各国的压力，这样很有可能会延缓中国整体的发展，也会给中国经济的发展带来巨大的负面影响。

其次，提升人民币国际地位的目标并不是一朝一夕就能达成的，我国的金融市场的建设还没有特别完善，人民币汇率的管制也存在着许多问题，如果贸然在内部使用人民币作为贸易结算货币的话，可能会给人民币的汇率带来一定风险，对我国的汇率管制也会造成一定的冲击，这样反而会对人民币的国际化进程不利。

最后，由于政府为了争取到新开发银行总部在我国、在上海的落户，在许多方面都做出了比较大的让步。比如，中印两国在对于新开发银行总部位置以及高管任命问题上一直存在歧义，在几次谈判过程中，为了争取到"金砖国家"新开发银行总部在上海的落户，中国政府将首任行长的位子让给了印度，并在行长担任次序上排最后一位。

## 二 政治外交方面

从政治、外交角度来看,虽然新开发银行总部在上海的落户有利于进一步增强我国的国际影响力和在处理政治外交事务上的国际话语权,同时也有利于提升上海的国际地位,能够为我国和其他金砖国家建立起一条联系更为紧密的政治纽带。但与此同时,新开发银行在上海的落户也会给上海的政治外交发展带来巨大的外部压力和挑战。在新开发银行总部在上海的落户触动了西方经济体的既得利益后,中国的国际地位也得到了相应的提高,在处理国际事务上中国也获得了更多的国际话语权,这就使得西方的"中国威胁论"等言论又一次猖獗起来,这十分不利于中国和其他各国政治外交关系的发展。

## 三 发展环境方面

从发展环境角度来看,虽然新开发银行在上海的落户有利于将资金优先用于上海自身基础设施项目建设的扶持上,加快上海的城市建设转型,为上海进一步扩大对外开放提供一个更加良好的发展环境。但与此同时,新开发银行在上海的落户也会给上海发展环境的建设带来巨大的外部压力和挑战。新开发银行总部在上海的落户,要求上海必须具备更加完善的硬件条件和软环境条件,新开发银行在上海的落户无论是从硬件设备还是城市功能方面都给上海带来了巨大的压力,为了能更进一步促使更多的国际贸易及投资在上海的集聚,上海必须提供一个更加完善的市场监管体制和贸易投资环境,对各种发展环境的高要求造成了上海进一步发展的巨大压力。

## 四 人文及法律方面

从人文、法律角度来看,虽然新开发银行总部在上海的落户有利于上海吸引更多的国际金融人才集聚以及自身金融服务业的深化发展,在人文领域里也推动了全世界范围内各国人民的沟通交流,为今后更多国际组织在上海的集聚提供了更为规范化的范本。但与此同时,新开发银行在上海的落户也会给上海人才法律的治理带来巨大的外部压力和挑战。大量金融人才的涌入一方面会给上海的发展带来更多的人力资源支持,另一方面也会给上海的城市建设和环境承载力带来巨大的人口压力,同时更多人口的涌入也会给上海的法制管理带来一定的挑战，而且新开发银行落户上海后，也会有新的多边贸易冲突和国际争端的出现，这就加大了对于上海的法制化管理的国际化要求，逐步建立完善的国际争端解决机制对于上海的整体发展来说也会是一个很大的挑战。

### 五 处理应急事件方面

虽然新开发银行总部在上海的落户能够进一步促进上海的开放与发展，有利于吸引更多的国际组织在上海的集聚，同时也有利于加快上海"四大中心"的建设步伐，促进上海承办更多的国际化展会、赛事等活动，大力开展公共外交活动，以此来强化与周边国家的合作，这样才会推动上海脱颖而出。但与此同时，新开发银行在上海的落户也会给上海处理应急事件方面带来巨大的压力和挑战。无论是因国际组织在上海的集聚，还是因上海承办了更多的国际化活动，上海负责的国际化事务的急剧增多都是未来上海将面临的现状，上海在处理这些急剧增多的国际化事务的过程中也就无法避免一些突发的紧急事件的出现，这就给上海处理应急事件方面提出了更高的要求，带来了更大的压力与挑战。

### 六 环境污染治理方面

虽然新开发银行总部在上海的落户能够进一步促进上海的开放与发展，有利于吸引更多的企业、更多的国际人才在上海的集聚，同时也有利于上海更好地进行自身基础设施的建设，完善自身的城市布局规划，进一步加快上海城市建设及开放发展的步伐。但与此同时，新开发银行在上海的落户也会给上海环境污染治理方面带来巨大的压力和挑战。越来越多企业的落户以及越来越多人口的涌入，给上海这个城市的环境承载力带来了巨大的压力，同时伴随着城市建设步伐的加快以及第三产业的进一步发展，上海的环境污染问题也逐渐凸显出来。无论是企业、人口的集聚，还是城市建设的进行都无疑给上海提出了治理环境污染的新要求，带来了环境污染治理方面的压力和挑战。

## 第四节　上海作为新开发银行总部的优势分析

新开发银行成立之前，就有不少国内外人士将其与国际货币基金组织和世界银行进行对比分析，甚至称之为缩小版的国际货币基金组织和世界银行。随之，新开发银行总部选址定在上海，这与当时 IMF 和世界银行总部选在华盛顿似乎存在着不少共同之处。

新开发银行总部的选址，应该综合多方面因素考虑：

第一，选经济实力雄厚，政治、经济和社会能够保持长期稳定，同时国内金融市场比较发达，制度环境优越且国际化程度较高的国家与城市，这与当时 IMF 和世界银行的选址不谋而合。第二次世界大战后的美国经济实力增长迅速，一跃成为资本主义世界头号经济大国，强大的经济实力使得美国在国际谈判中拥有了更多的话语权和决策权，因此，国际货币基金组织、世界银行将总部设在华盛顿，与当时美国的经济实力有着密切的关系。相应地，新开发银行总部选在上海，也与中国日益增强的经济实力和国际影响力不可分割，在强大国力的支持下，上海才能够在这场较量中胜出。

第二，第二次世界大战过后，美国作为唯一一个没有在本土开战的国家，拥有良好的战后社会经济环境，能够保证 IMF 和世界银行的建立和运作不受战争的影响从而顺利进行。而在今天的中国，上海一直占据着国内第一大城市的头衔，政治稳定，经济实力雄厚，社会环境良好，伴随着自贸区的建设，将会迎来更加开放的投资环境，这一切都为新开发银行的建立搭建了良好的平台。

第三，总部所在地必须拥有较为完善的交通、卫生、通信等基础设施，拥有大量高素质的国际化人才，能满足银行中低层行政和后勤保障人员的供给。

第四，完善的金融基础设施和优越的政策环境必不可少，从而有助于多边开发机构的融资和投资业务拓展。战后的华盛顿和今天的上海都完全符合这两个条件。

尽管新开发银行落户上海与 IMF 和世界银行落户华盛顿存在很多相似之处，但是二者之间的区别也不应忽视。IMF 和世界银行都是第二次世界大战后世界各国政治经济实力对比发生重大变化后出现的金融组织。它们总部的选址更多的是美国在战后实力的证明，是美国霸权的产物，也是美国企图控制全球经济的两大傀儡机制。多年来，美国借助两大机构，不顾广大发展中国家的利益，甚至是牺牲别国利益来满足自己的经济发展。新开发银行是 2008 年金融危机爆发后各国经济实力对比发生颠覆性变化后出现的，具体而言，2013 年发展中国家经济总量首次超过发达国家，传统的世界经济体系和运行机制尤其是国际金融体系已经无法满足新的发展背景下的全球经济，尤其无法满足新兴发展中大国的发展需求。广大发展中国家迫切需要突破旧的国际政治经济秩序，从而改变其在国际经济体系中的被动地位，在此基础上，新开发银行落户上海是共同协商的结果，是实现共赢的平台，而不是所谓中国的霸权政策。

近几年世界银行和 IMF 所进行的监管制度改革尝试给新开发银行提供了重要的经验教训。由于美国一家独大，世界银行和 IMF 被公认为美国推行其全球霸权的两大国际金融机构，可以说在一定程度上，这两大国际金融机构完全是美国利益的代表者。造成这一后果的直接原因就是这两大机构决策机制存在很大问题，现有的投票份额分配使得美国拥有过多的话语权，而广大新兴发展中国家则处在越来越被动的地位，决议过程缺乏监管。这种机制导致的监管问题如果得不到很好的解决，那时世界上的反对声音只会越来越多，最终会对这两大机构造成大的不利影响。因此，在新开发银行的发展过程中，有关国家和领导人必须要充分认识到监管机制的重要性，以公平合理的决策机制、开放透明的决议流程、及时有效的监管手段来保证"金砖国家"新开发银行的顺利运行。

## 第五节 上海服务新开发银行提升国际组织总部效应的策略分析

新开发银行总部落沪既带来机遇也带来压力,但从总体上说利大于弊,如何在利用机遇的同时应对压力,提出如下策略:

### 一 借鉴其他多边金融机构发展经验

为了更好地应对新开发银行在上海落户给上海的经济金融发展带来的巨大外部压力和挑战,我们可以在新开发银行内部资金筹措机制等运行机制上进行改革与创新。

新开发银行总部落户在上海使得上海、中国更加直接地面对来自西方经济体的各方面掣肘,尤其是来自美国以及欧洲各国的压力,他们会以新开发银行受到"金砖国家"政府的太多干预以及金砖五国特别是中国的金融市场建设不完善为借口,上海可以提议"金砖各国"在新开发银行内部资金筹措机制等运行机制上进行改革创新,并去充分借鉴世界银行以及亚洲开发银行等金融银行的管理制度,从而减少新开发银行发挥作用的阻力,同时也能更好地促进上海及中国的开放与发展。

具体来看,在运行机制上,我们可以借鉴世界银行的运行模式及管理制度,采用类似于理事会、执董会、领导层和决策层的组织框架结构;在为各成员国、新兴市场国家提供资金援助及贷款时,可以更多地拓宽新开发银行内部资金的筹措渠道,尝试从各国政府及社会各界等多元化渠道获取资金;上海处于亚太经济圈的中心地位,同时亚洲也有许多政府间及非政府间的区域性经济组织,比如亚投行,所以在资金筹措方面,上海也可以建议新开发银行尝试与其他国际组织合作。而新开发银行与亚洲各多边开发机构的合作,对于上海来说,也无疑拓宽了上海进行经济建设所需资金的来源渠道,为上海及整个中国的开放与发展创造了良好的机会。

### 二 完善上海的空间布局为多边金融机构落户提供好的硬环境

为了更好地应对新开发银行在上海落户给上海发展环境建设带来

的巨大外部压力和挑战，我们可以从加强建设上海的各项基础设施着手，不断完善上海的空间布局与城市规划，在硬件设施更加完备的基础上考虑进一步提升上海经济发展需要的软环境。

我国面临着基础设施落后、环境承载力差等问题，新开发银行在上海的落户无论是从硬件设备还是城市功能方面都会给上海带来巨大的压力，而且更多人口的涌入也会给上海的城市建设、环境承载力以及法制管理带来一定的压力与挑战。为了更好地应对这一系列问题，我们应该正视上海基础设施落后、环境承载力差的缺陷，进一步完善上海的空间布局与城市规划，积极响应国家政策进行基础设施建设，同时也应该进一步完善法律法规，加强对上海地区法制管理的建设。

具体来看，政府应该大力加强上海各项基础设施建设的力度，从所需资金来看，一方面国家及上海市政府应加大对上海基础设施建设的资金投入，另一方面，新开发银行以及亚投行等金融银行也会对上海基础设施建设提供资金支持，特别是亚投行，其资金去向的重点就是更好地支持亚洲各国进行基础设施建设，上海应充分利用这些资金进行自身基础设施建设。除了加大力度进行基础设施等硬环境的建设外，上海还应该进一步提升政治、经济、社会、市场、法律、文化的软环境建设，具体措施就是进行服务型政府建设，进一步提高上海市政府职能及行政效率，同时持续增强法治建设工作力度，做到依法行政，为上海进行经济建设创造一个良好安定的内部环境。

### 三 强化人才培养

为了更好地应对新开发银行在上海落户给上海人才培养及管理方面带来的巨大外部压力和挑战，上海政府应该更加注重人才的集聚与培养，在扩大城市人才占比的基础上不断改善人才的质量水平，以此促进上海经济、科技以及各方面的开放与发展。

新开发银行在上海的落户无疑将会促使全国甚至全世界各地的金融人才在上海的集聚，大量金融人才的涌入一方面会给上海的发展带来更多的人力资源支持，另一方面也会给上海的城市建设和环境承载力带来巨大的人口压力，同时更多人口的涌入也会给上海的法制管理带来一定的挑战，这就要求上海政府进一步加强对各类人才的管理，制定新的人才管理条例，同时为了吸引更多创新型人才以及高层次创业人才的集聚，上海政府也应该提供更具吸引力的优越条件及政策留住人才，这样才有利于上海各方面的开放与发展。

具体来看，为了加强对人才的管理，上海市政府应完善各中介机构管理人才人事档案的职能，对于违反市场准则以及国家法律法规的人才，上海市政府应更好地履行其行政职责。同时，新开发银行总部在上海的落户会导致大量人才涌入，包括众多的海外人才，那么对于外来人才在上海的居住问题，上海政府出台了新的居住证管理办法，同时上海的高房价也是外来人才留沪的一大考虑因素，为此，上海政府应该拓宽渠道解决外来人才的安居问题，为外来创业型人才提供多样化的住房选择。

**四 加强企业的科技创新能力，营造上海的创新氛围**

为了更好地应对新开发银行在上海落户给上海企业培育及管理方面带来的巨大外部压力和挑战，上海政府应该加强力度鼓励企业培养科技创新能力，加快企业向创新型企业过渡、转型，以此促进上海科技等方面的开放与发展。

新开发银行在上海的落户除了吸引大批金融人才的涌入外，无疑也会吸引大量的金融企业及其他服务类企业的集聚，在进一步促进上海经济、金融产业开放发展的同时，更多企业的涌入也会给上海带来企业培育及管理方面的压力和挑战，这就要求上海政府在推动企业转型的过程中更加注重科技创新能力的培养，进一步完善上海的创新体系和创新环境，营造上海的创新氛围，以此来促进上海科技等方面的开放与发展。

具体来看，借鉴张江国家自主创新示范区的相关建设措施，在上海的其他区县可以设立专项资金进行创新热点的计划，根据不同区县的特点、特色，建立与其相适应的创新集群，同时加大资金支持企业进行科技创新和相关科技项目的研发，加快构建企业内部科技研发部门和其他部门信息交流的平台，新开发银行在上海的落户将进一步促进上海金融产业的开放发展，所以上海政府应加大资金支持鼓励更多的金融服务机构为上海科技园区的建设提供融资、保险等服务，以此来更好地促进上海科技创新方面的开放发展。

## 五 提高城市管理水平,为多边金融机构聚集上海创造良好市场形象

为了更好地应对新开发银行在上海落户给上海城市建设管理方面带来的巨大外部压力和挑战,上海政府应该提升其整体城市管理水平,进一步提高上海处理应急事件的能力以及治理环境污染的能力,以此进一步吸引更多的多边金融机构入驻。

新开发银行在上海的落户有利于吸引更多的金融机构及金融人才在上海进行集聚,大量金融企业的集聚和金融人才的涌入将给上海的环境承载力造成巨大压力,而且也带来了环境污染加剧的问题。与此同时,新开发银行在上海的落户也会促使上海承办更多的国际化活动,上海负责的国际化事务的急剧增多也将对其处理应急事件方面提出更高的要求,这就要求上海政府进一步提升其城市管理水平,为更多多边金融机构在上海的聚集创造良好的市场形象。

具体来看,对于防治大气污染等环境问题,上海政府将继续重点防治污染源,在高污染时段,加大力度减少污染源的生产排放;同时上海政府也将进一步落实长三角地区的联防联控计划,提高有关环境污染问题的预防意识。对于突发事件的应急处理问题,上海应该提高应急预警意识,对可能出现的事件、问题加以防范,以更好地解决活动过程中可能出现的突发事件。

## 六 不断提升我国的外交水平

为了更好地应对新开发银行在上海落户给上海的政治外交发展带来的巨大外部压力和挑战,上海及我国应坚定不移地继续奉行和平的外交政策,为上海及我国经济的开放与发展营造一个安定和平的外部环境。

新开发银行总部在上海的落户进一步改变了新兴市场国家的国际地位,在政治和经济发展方面也都改变了世界格局,其中中国的大国影响力也得到了一定的提升,这就使得西方经济体的"枪口"又对准了中国,"中国威胁论"也再次出现在国际政治舞台,应对这一国际政治压力,我国应以不变应万变,在处理政治外交事务方面继续坚持

独立自主，并提升自身涉外的国际话语权。

具体来看，为了应对新开发银行总部在上海的落户给上海以及我国政治外交发展带来的巨大压力与挑战，我国最应该做的就是继续坚持和平崛起的道路，坚持奉行和平的外交政策。新开发银行总部在上海的落户也与和平共处五项原则的内在精神十分一致，我国应该恰当运用新开发银行这一广阔平台加强与其他"金砖国家"的交流往来，努力和其他新兴国家建立起一条联系更为紧密的政治纽带，进一步发挥出我国维护世界秩序的政治大国作用。

### 七　建立健全国际通行的法律法规体系，与国际接轨

为了更好地应对新开发银行在上海落户给上海法制管理方面带来的巨大外部压力和挑战，上海政府应该尽快做到与国际接轨，在上海建立健全国际通行的法律法规体系，同时在城市治安方面，上海政府也应该加大其管理力度，最大限度地稳定上海的社会治安，为上海经济金融的开放发展提供一个更加稳定的内部环境。

新开发银行在上海的落户对上海来说无疑是一个可以吸引更多金融机构、金融企业入驻的绝佳机会，然而金融机构、金融企业入驻上海也会给上海的法制管理带来一定的问题，由于我国的法律条例在许多方面都与国际通行的法规不太一致，这样在管理这些入驻的多边金融机构方面就可能出现许多问题，这就需要政府尽快做到与国际接轨。与此同时，在社会治安问题方面，新开发银行在上海的落户无疑将促使全世界各地的金融人才涌入上海，而伴随着大量人口的涌入，上海的社会治安管理、法制管理也将会面临巨大的挑战，这也需要政府进一步重视对社会治安的管理。

具体来看，对于我国一些法律条例与国际通行的法规不太一致的现状，政府应尽快在国内建立健全国际通行的法律法规体系，完善并发展我国自身的法制体系，努力使那些与国际通行法规不太一致的法律条文，具有国际兼容性，这样在管理入驻的多边金融机构方面就可以更好地利用国际通用的法律法规。对于社会治安管理方面的问题，上海政府应加强对公共场所的治安管理，严格按照治安管理条例对破坏公共场所治安的行为进行处罚，更好地维护社会稳定。

# 第八章 国际组织总部与城市发展互动经验对上海的启示

国际组织与城市发展之间的互动作用，发达国家起步比较早，对我国有具体借鉴意义。全球性、区域性金融机构的落户与城市发展是密不可分的关系。若国际金融机构的所在地有能力提供良好的政治、经济、社会、文化等环境，那么该国际机构不仅能更好地发挥其作用，而且还会借助东道国城市的实力壮大自己的影响；反之，一个具有国际影响力的经济金融机构的入驻，也会给这个国家或地区带来诸多益处。

## 第一节 国际组织总部所在城市的条件分析

综观国际上有权威影响力的经济组织机构总部所在地：华盛顿（世界银行、国际货币基金组织总部）、巴塞尔（国际清算银行所在地）、卢森堡（欧洲投资银行总部）、马尼拉（亚洲开发银行总部）、阿比让（非洲发展银行总部）等，不难发现，国际经济组织的总部选择要考虑到许多因素。

### 一 区位因素

从长期上考虑到持续发展的要求，在区位上的选择应该包括如下优势：①自然区位优势。即机构总部所在地的地理位置是否优越、是否有方便的各路交通等。选择良好的区位优势，会使总部机构的交通、交流、信息、运作等成本降低，为工作的实质性开展提供便利。②经济区位优势。即总部所在地的市场条件，包括市场自由度、金融机构规模、金融从业人员数量及素质等。越是在经济条件雄厚的地区，越能更好地发挥国际金融机构的作用。③行政区位优势。即国际金融机构总部所在地是否在本区域担任重要的行政职能。一般具有重要行政职能的城市拥有更强的调控能力，能够方便集聚各种人力、物力资源，进而促进金融机构作用的发挥。

### 二 东道国"硬实力"

接下来，就要具体地从各个方面来进一步考察东道国城市。首先，是全方位考察东道国"硬实力"，包括其经济实力条件和城市基础条件。

（一）经济实力条件

充足的资金条件是机构总部建设的基础，一般来说，总部设立初期需要考虑的办公大楼、租用土地等基础设施的建设都离不开雄厚的资金供给。按国际惯例规定，国际机构组织的经费主要通过各个成员国交纳会费产生，由于经费有限，因此每制定一项预算都要通过全体成员国大会来审议。在这种情况下，如果有哪个财政雄厚的国家或地区主动提供这些基础设施，那么必将对国际组织机构具有很大的吸引力，从而为争取国际组织总部的入驻增加有力的筹码。在这方面，我们可以从世界银行高达上千万美元的总部大楼的例子中看出，财力是对一个国家争取国际机构落户的极其重要的因素。

除了土地建筑这些硬件设施，还有一些事务也需要资金支持，比如搬迁费、安家费、举办活动费用等为国际组织的工作人员提供便利而支出的费用。总之，东道国提供的物质条件越丰富，吸引国际机构总部入驻的概率就越大。

（二）城市基本条件

城市基本条件包括其区位条件、交通条件以及其他基础设施条件等，都将成为国际机构考虑总部设立时需要谨慎考察的对象。例如，像布鲁塞尔、维也纳这样的城市之所以受到国际组织的青睐，有一个重要原因是它们处于交通要塞的优越地理条件。除此之外，还需考虑其与时俱进的国际化程度以及完善的公共卫生条件等，是否都能满足机构人员的办公和生活需求。

### 三 东道国城市的软实力

一个最不可忽视的要素就是东道国城市的软实力,包括人文环境及法律制度。

#### (一) 人文环境

人文环境方面,包括国际组织总部所在地的文化多元化和开放性。由于国际组织是由多个国家共同组成的,因此东道国所在地是否具有开放、包容的人文条件直接影响到国际组织能否长期持续地发展下去。像纽约、伦敦、日内瓦等这样的国际组织较多驻扎的城市,之所以得到青睐,与其具备的国际多元化的视角密不可分,它们在历史上就曾多次积极参与国际事件,并且在国际社会上具有较高的声誉和国际认可度,其对各个文化的包容和接纳也广受好评。

#### (二) 国内法律制度

当国际组织总部落户了东道国或地区时,虽然由于它自身性质的特殊性,会有自己的一套运行准则,但在日常事务运转中,或多或少地会牵涉到当地的法律法规及政策。一国如果在这些方面提供制度便利,则将更容易吸引国际组织的落户。一些基础性的制度如对于注册在国外的国际组织承认其在国内具有独立法人资格,以及一些具体事项包括税费减免、自由通行等特权都将会直接关系到国际组织是否顺利运作。显而易见的是那些备受国际组织青睐的国家,国内都具有较具体的国际组织法,明确其权利与义务。例如,美国也早在1945年制定了《国际组织豁免法》(International Organizations Immunities Act),英国也于1968年制定了《国际组织法》(International Organisations Act),另外,还有瑞士的《东道国法》(Host State Act)等,都对东道国所提供的各种特权、豁免和免除的优惠条件作了明确规定。总而言之,对于在国内法律和政策上对国际组织条件越宽松的国家,越能获得国际组织的青睐,从而将总部设于此。

除了上述所讲的一些必要条件之外,还有其他影响国际组织设立总部的因素。综览当今各大国际组织的总部,大多数都设立在创始国之一的某个城市,少部分没有设立在创始国的原因一部分是事后迁址,一部分是从中立的角度出发考虑。另外,还有一些民间组织是由个人创始，因此国际组织的运作地很自然地选在创始人的所在地，例如瑞士日内瓦人 Henry Dunant 创始的国际红十字会总部就在日内瓦。由此也能看出，大多数国际组织之所以设在欧美地区，与其最早提倡和创建该理念密切相关，许多组织在初创时期，是由这些国家主导设立的。

以下本书将从几个具有代表性的国际经济组织总部的设立和所在地城市的发展出发，具体谈谈新开发银行在上海设立总部的意义及上海进一步扩大对外开放的国际经验借鉴。

## 第二节　国际组织总部与所在城市互惠发展的国际经验

### 一　联合国与纽约

第二次世界大战使得世界上大多数国家受到重创，战争结束后，各国急需建立一个共同的国际机制以维护战后世界和平与稳定目标，以美国为首的战胜国致力于建立一个统一的国际组织来平衡和约束成员国，联合国应运而生。1945年，大会总部设立于美国纽约。在接下来几年的发展中，以联合国为中心的联合国儿童基金会、联合国人口基金等都相继落户纽约。另外，联合国总部设在纽约，也吸引了很多非政府间的国际组织将总部设到纽约，大大促进了当地非政府组织的发展。纽约获得如此青睐的原因主要有：①在20世纪90年代，美国当局制定了"全民外交"与"互联网外交"相融合的国家战略，在此背景下，纽约市政府采用与非政府共建的治理模式，寻求利用国际机构入驻推动城市建设的发展。②纽约政府在法律制度上提供许多便利，为坐落于纽约的国际机构顺利开展工作，比如在联合国工作的各国外交官享有司法豁免权。③纽约市政府严密把控组织内部的资金运作关，定期对资金来源与流向进行仔细检查，并严密监督资金使用情况，使其达到组织要求。④纽约市政府还在财政预算中划分部分以对国际组织运作提供各项支持政策①。据官方公布的数据，纽约的国际组织资金来源组成为：48%来自政府捐助，37%来自服务费用，15%来自社会捐助，可见，纽约政府对国际组织在财政资金上给予了很大的优惠支持。以上的诸多经验上海都有可以借鉴之处，比如上海市政府可以立法要求新开发银行组织及基金会报告它的收入来源、支出与缴税状况，这样可以帮助政府了解国际组织的经济来源、用途及组织的运作情况。

## 二 世界银行、国际货币基金组织与华盛顿

第二次世界大战后，为了重建世界经济秩序，以美国为代表的几大核心战胜国召开了著名的布雷顿森林会议，并根据会议要求，分别于1944年和1945年成立了世界银行和国际货币基金组织，总部设在美国首都华盛顿。世界银行最初的使命是帮助在第二次世界大战中受到重创的国家恢复经济，但随着各国逐渐走出第二次世界大战的阴霾，其主要任务转向帮助发展中国家克服穷困。例如，2015年6月9日，世界银行刚刚投入855万美元用于帮助亚美尼亚开展地热钻探项目以及地热发电厂的建设。作为世界两大金融机构之一的IMF与世界银行几乎同时成立，其职责则主要是提供资金支持，维护国际货币汇率稳定，促进世界金融制度协调运作。

国际货币基金组织、世界银行和国际清算银行组成了"布雷顿森林机构"，深刻影响着几乎所有资本主义国家的经济政策。而这其中，有两大重要组织将总部设在华盛顿，其中原因不难理解。第二次世界大战后，全球除了美国以外，世界各国经济都普遍衰竭。而华盛顿作为美国首都，一是美国的政治中心，周边汇集了总统府国会等大多数行政机构；二是华盛顿的经济发展比较稳定，华盛顿的经济与联邦政府或能源部、国防部、食品药品管理局等政府机关运作息息相关，由于联邦政府的运作与经济周期相关度不高，比较其他地区，华盛顿的经济对经济形势变化并不敏感；三是华盛顿还是美国主要的文化中

---

① 李培广、李中洲、贾文杰：《国际组织落户纽约对北京城市发展的启发》，《中国市场》2012年第33期。

心，白宫周围有很多博物馆（如林肯纪念堂）以及诸多像华盛顿纪念碑一样富有深刻历史意义的名胜古迹，此外华盛顿附近还有许多著名学府，如约翰霍普金斯大学、乔治城大学、马里兰大学等。除此之外，华盛顿市内交通便利，附近有三大机场：里根—华盛顿国家机场（DCA）、华盛顿—杜勒斯国际机场（IAD）以及巴尔的摩—华盛顿国际机场（BWI）。

如今，作为依然对世界经济具有重要影响的国际大都市的华盛顿，成为各种国际大型会议召开最为频繁的城市之一。同时，它也是世界经济的指向标。例如，国际货币基金组织一直追求金融自由化，减少甚至消除政府管制。在应对20世纪80年代的拉美金融危机过程中所获得的经验使它主张通过"无形之手"实现资本的最佳配置。

### 三 国际清算银行与巴塞尔

总部设在瑞士巴塞尔的国际清算银行是由欧美各国具有代表性的银行（如英、法、德、意等中央银行，美国花旗银行等）组成的银团，根据《海牙国际协定》于1930年5月共同组建的国际组织，主要任务是推动各国中央银行在财政、货币政策方面的合作。

瑞士是典型的永久中立国，即在战争中除非出于自卫的需要，否则永远不主动与他国结成同盟作战。中立国获得国际组织青睐的优势有：首先，其追求和平与稳定的环境与大多国际组织的目标一致，总部所在地的和平象征意义重大，对国际组织的长远发展是重要保障。其次，中立国一般在战争时期不会受到影响，能够保证国际组织的正常运作。最后，中立国由若干强国签订国际条约担保，本身是多方妥协权衡的产物，而国际组织的所有决定和政策也能够更好地反映多方的利益。总而言之，在有各国多方利益博弈的国际机构中，将总部设在中立国能从一定程度上调节各方利益的不平衡。

作为瑞士第三大城市，巴塞尔自从有了举足轻重的国际结算银行，就成为和日内瓦同一级别的国际性都市。如今巴塞尔早已成为瑞士经济活力最强的地区，也是世界最具创造力的城市之一。巴塞尔为超过20万瑞士本国及外国居民提供了丰富多样的工作机会。

#### 四 欧洲投资银行与卢森堡

欧洲投资银行是 1958 年由欧洲经济共同体成员国联合投资共同经营的金融机构，于 1959 年开始正式营业。总行设在卢森堡。卢森堡作为众多国际政治、工业和金融机构总部所在地，位于欧洲通信网络的中心；地处于欧洲心脏，东邻德国，南邻法国，西、北面与比利时接壤；拥有较高的生活质量，完善的基础设施：11 所综合性大学，40 所一流学院、欧洲及国际学校，10 所世界著名的研究中心，高额的公共投资；高素质和国际思维的劳动力，居民拥有共同的文化和历史传统及真正的国际化理念，绝大多数人通晓多种语言，流动性强，个人银行咨询与投资管理精英汇集，拥有全新国际金融投资方案的创新型金融中心。将总部设在卢森堡的优势在于：首先，现代民主政治体制，在欧盟的中立立场，高效便捷的行政渠道与支持都给欧洲投资银行的运行提供了很多政治上的便利；其次，宽松的法律环境，稳定的经济、政治和社会局势，有保障、高度灵活的法律和税收框架的基础给了欧洲投资银行安全上的保障。同时，卢森堡作为跨国企业云集之地，世界著名的第七大金融中心，为欧洲投资银行的发展提供了肥沃的土壤，作为国际上著名的基金管理中心之一，拥有了极为优质的金融网络。

## 第三节　国际组织总部落户上海的必要性分析

#### 一　国际组织总部落户上海的必要性

综览有国际组织落户的城市，相较其特点，的确均存在一些较为典型的相同特征。例如，一些城市凭借其自身对一些国际事件的中立态度从而使得重要国际组织的总部能够成功落户，例如日内瓦；而另一些城市，主要是依靠世界大国对国际格局的影响力，例如纽约、伦敦。与此同时，为适应各国频繁交往而建立的国际组织也不得不带上浓厚的历史背景和政治色彩。

作为发达国家之首的美国，战后倡导并发起了许多在世界上举足轻重的国际组织和机构。这些多边机制和国际组织，以美国在构建全球秩序等众多方面为主导地位来维护美国霸权，例如国际货币基金组织、联合国以及世界银行等组织都起着不可忽视的作用。因此不难推断，作为美国的首都华盛顿以及美国最大的城市纽约，这些极其重要的城市自然而然地担负起作为国际战略中心的重任，以其不可或缺的地位吸引许多重要机构的全球总部落户。

不仅如此，国际组织的安家落户也给大城市带来了巨大价值和深远影响。以纽约为例，联合国的落户为纽约带来了可观的利益收入，其投入收益比远超过其他行业所带来的利益增长。纽约前市长就曾表示过，联合国的存在才让纽约真正意义上成为"世界之都"，可见国际组织与国际大城市的"双赢"利益关系的存在及影响。除此之外，在促进其全球影响力并推动城市在各个方面的发展方面，国际组织的确起到了至关重要的作用，主要有以下几个方面原因：首先，国际组织为东道国及地区提供了更多的岗位，解决了部分就业的问题；其次，世界级组织的总部落户会带动当地经济建设的发展；最后，国际组织的入驻有效地促进了第三产业的壮大。以纽约为例，据统计，在国际机构内工作的人员在1990—2000年间增长了20%以上，仅国际组织的采购部门就直接或间接地提供了约20万的就业岗位；另外，纽约市的形象因国际重要组织的入驻而得到显著提升，例如，其人文文化和信息资源的流动及整合方面等。由此可见，上海作为新开发银行的总部，需要做好准备接待各大会议，主动吸收各新兴经济机构，以借机会在新兴国家经济发展中担任重要职能。

二　国际组织总部落户上海的优劣势分析

作为中国最具国际性潜力的城市，上海已经将"国际性大都市"纳入目标。根据《全球城市竞争力报告（2009—2010）》，中国社会科学院总结上海在"全球联系""企业素质"以及"国际影响力"等方面的综合表现，其竞争力还是相当可观的。2010年世博会在上海举办，也体现了上海紧跟时代步伐的发展节奏，致力于建设国际大都市的发展目标。

尽管如此，迄今为止上海还没有竞办成功国际组织的总部。但这也就解释了上海为何不能被评为国际大都市。因为衡量一个城市是否为国际大都市，国际型机构的密集程度也是其重要的标准之一。虽然上海是跨国公司地区总部落户数量以及国际会展举办次数最多的城市，但相对于国际组织的落户行为而言，其参加的不是国际决策行为，因此也就无法体现政府间行为。

除上述外，东道国家的确在多方面受益于国际组织。例如，日内瓦依靠国际组织的落户增加了大量的就业岗位，无论是商业还是旅游交通等服务行业都得到了较大的发展。根据联合国日内瓦办事处（UNGO）统计，日内瓦每年召开的各种国际性会议多达7000余个，吸引游客超过15万人[1]。由此可见，上海需要提升竞办国际组织总部成功率以达到"国际大都市"的评选标准。

（一）相比"金砖五国"的优势

在新开发银行总部选址的激烈角逐中，与俄罗斯、印度、南非提出的备选城市相比，上海具有很大的优势。

第一，中国（上海）在政治、环境、社会保障方面的优势有目共睹。在五个国家中，中国政治更加稳定，全国人民紧跟党和政府的步伐，众志成城，共同攻坚，13亿人民一条心，为中国进一步扩大改革开放贡献智慧和力量，为实现中国梦而共同奋斗。上海良好的政治环境为其在新开发银行总部选址的角逐中提供了强有力的保障。除了拥有稳定的政治环境，上海的经济环境、生态环境、人文环境以及社会保障与其他国家的城市相比也都具有很大的优势，比如：上海的经济总量位居各大城市之首，外商投资额也远远高于其他城市，良好的城市绿化，中央政府以及地方政府对上海发展的各项政策支持等。

第二，在经济发展方面，如图8-1所示，2013年"金砖五国"里中国的经济总量占据首位，高达92400亿美元，远远高于其他四国。上海一直以来都是中国第一大城市，GDP总量在全国各个城市中一直位居前列，其经济优势不言而喻。

---

[1] 杨思思：《政府间国际组织总部所在地法治环境比较研究》，硕士学位论文，上海交通大学，2010年。

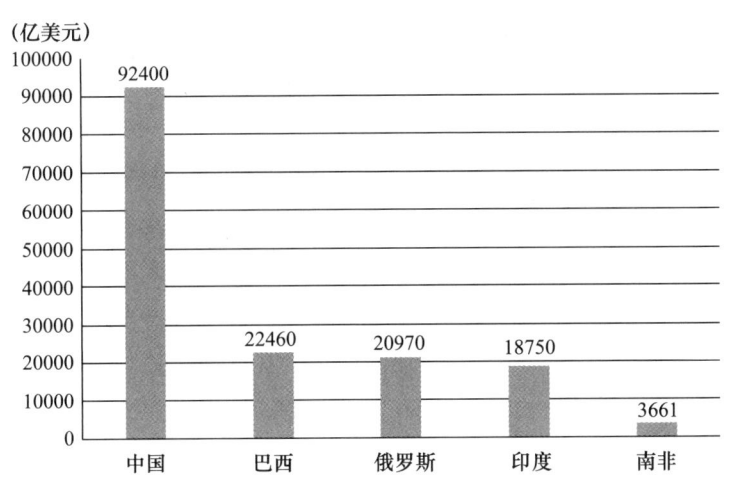

图 8-1　2013 年"金砖国家"GDP 总量对比

资料来源：世界银行。

第三，中国拥有巨额的外汇储备，据国家统计局统计，2014年年末中国外汇储备高达38430亿美元，对外贸易和投资的发展规模都高于其他国家，特别是上海一直处于中国对外开放的前沿，经济发展很大程度上与国际联系密切。从图 8-2 中可以看出，2011—2014 年上海市的外商投资规模呈现出良好的增长趋势，并且保持在较高水平。

第四，在新开发银行总部入驻上海之际，中国政府也相应提出了"一带一路"的伟大倡议作为未来十年中国对外经贸投资的重点。上海作为"一带一路"的起点城市，其所拥有的战略优势将会与新开发银行的发展形成联动，这种联动所带来的机遇将是不可限量的。

上海自贸区的成功启动和快速发展离不开国家政策上的大力支持，同时自贸区建设中所累积的大量制度创新优势也将为接下来新开发银行总部的建设和顺利运行奠定坚实基础。国家从法制、行政管理、市场开放、金融监管等多方面着手，制定了一系列的政策制度来促进上海自贸区的健康发展，包括调整相关法律的行政审批，加快改革创新政府管理方式，进一步扩大投资领域的开放，创新金融监管模式等。

(亿美元)

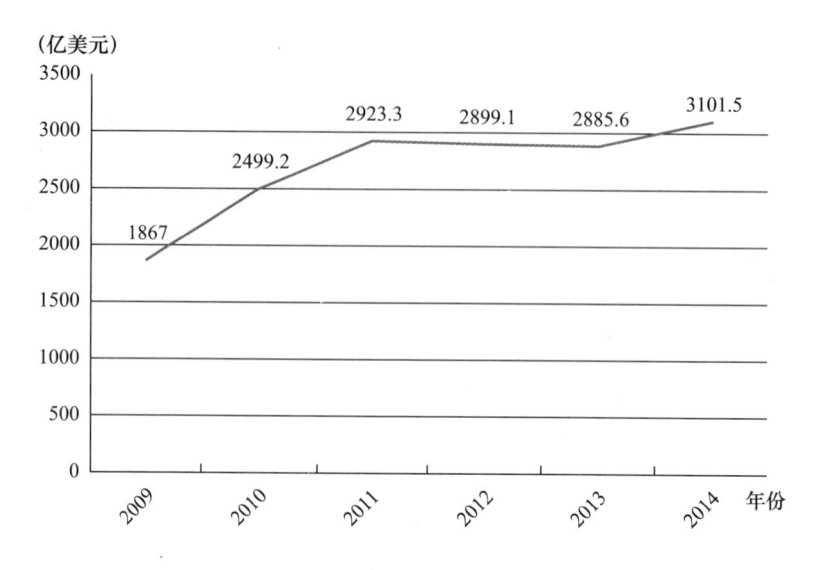

图8-2 外商投资企业进出口总额

资料来源：国家统计局（http：//data.stats.gov.cn/easyquery.htm? cn = E0103）。

（二）相比国际金融市场的优势

虽然目前上海金融市场的发展程度与国际成熟的金融市场相比还有不小的差距，但是在中国整个国民经济的推动下，上海的金融市场发展潜力巨大，具有相当的优势。

第一，上海的银行业市场就规模而言并不逊色于欧美等发达国家，规模优势可见一斑，同时，中国政府积极推进银行业的改革创新，这无疑为其发展注入了一股新鲜的血液。第二，就股票市场来说，上海证券交易所的总成交量一直呈上升趋势，越来越多的资金在股票市场流通，给中国的股票市场增加了新的活力，发展前景值得期待。第三，在债券市场方面，欧美、日本等发达国家发行的国际债券未清偿余额占全球总额的绝大多数，从之前的欧债危机就可以窥见一二，但是在中国则不需要有此担忧，中国巨额的外汇储备保证了投资者不需要担心中国债券市场的债务规模会影响到其清偿能力。又次，随着金融市场的发展，金融衍生品市场规模迅速增长，在国际金融市场中占据了重要地位，上海的衍生品市场发展可以说是正处于起步阶段，虽然很不完善，但发展潜力巨大，也不失为一大优势。第四，在外汇市场方面，随着人民币国际化进程逐步加快，上海的外汇市场必然迎来翻天覆地的变化与机遇。总之，与国际金融市场相比，上海金融市场无论是在发展速度还是发展前景方面都具有得天独厚的优势。

（三）上海所面临的"瓶颈"障碍

2014年，新开发银行顺利诞生，总部最终定在中国上海，作为发展中国家共同组建的具有国际影响力的新兴金融机构，它的成立无疑受到了世界各国的广泛关注，其未来发展也更是举世瞩目。于2016年开始运作的位于上海的新开发银行总部在目前的世界经济形势下也存在着不少障碍，面临着诸多挑战。

第一，新开发银行虽然成立了，但是并没有彻底跳出美元和欧元的框架。《福塔莱萨宣言》表示新开发银行的初始资本金总额为1000亿美元，由中国、俄罗斯、印度、巴西和南非五个创始会员国平均出资，由此可以看出在银行的初始建设中各会员国还是选用美元进行出资，这与新开发银行成立的最终目标相悖。新开发银行成立的一大初衷就是支持新兴国家发展完善国际金融体系，改变发达国家一直以来的主导地位，要想实现这个初衷，就得打破美元对全球经济的垄断，用新的币值稳定的货币，让世界各国放心使用。上海作为银行总部所在地在这方面责无旁贷，如果一如既往地使用美元、欧元作为结算货币，那么新开发银行成立的意义也就没那么大了。

第二，新开发银行的成立直接触动了欧美等发达经济体的切身利益，对现有全球政治经济体系产生了较大的冲击，因此，其总部落户上海必然会受到欧美发达国家的抵制和反击，从而影响中国和上海的经济发展。欧美发达经济体为维护自身权益和利益而可能采取的一系列措施，加大了上海经济转型升级的不确定性与压力。虽然发展中国家竭力建立更加公平合理、互利共赢的国际政治经济新秩序，但这并不符合发达国家的利益需求，也会触动它们对全球经济的主导权，必然会遭到其强烈反对，所有这些都对上海以及新开发银行未来的发展造成了严峻的外部压力。

第三，2008年世界金融危机席卷全球，对全球经济产生了巨大的破坏,之后世界经济复苏过程艰难曲折,在这一国际形势下,上海的对外开放将面临更大的困难。就目前而言,世界经济发展依旧疲软,缺乏强有力的新增长点,复苏态势不容乐观。此外,随着中国经济的快速发展以及综合国力的不断提升,中国与发达国家之间的竞争也愈加激烈,受美国的加息预期以及欧元区经济不振的影响,很可能导致大量国际资本流入美国,上海大规模吸引外资的优势难以为继,从而使得国际市场的拓展越来越困难,这也就为新开发银行的未来持续发展埋下了不小的隐患。

第四,中国的金融市场发展程度远远落后于欧美等发达国家,在资本运作方面,上海相比于纽约、伦敦等成熟的国际金融中心,不仅在经验、技术、人才方面存在着很大的差距,而且在资本结构,尤其是金融监管方面都存在着很多不足之处。这些问题对于新开发银行的发展至关重要,如若处理不当,一招不慎,很可能会满盘皆输,所有之前的努力都将付诸东流。

第五,上海的市场环境和立法尚不健全,运行机制的透明化程度也存在欠缺。尽管上海可以说是中国最为开放的城市之一,但与伦敦、纽约等国际金融中心相比,上海的市场开放程度还远远不够,自贸区建设仅仅是一个好的开端,要实现真正的开放,上海还有很长的路要走。此外,自贸区虽然发展迅速,但相关立法制度却无法很好地满足其快速的发展需求,缺乏一个完善的强有力的法制体系来为其发展保驾护航。运行机制透明化程度不高是中国各个领域一直以来的一大问题,比如信息披露不及时,营造虚假市场信息,"潜规则"大肆盛行等。透明化不仅要求市场透明,也要求行政管理的透明,从而降低成本,减少"寻租"空间。

第六,上海金融市场的风险控制能力尚不完善。随着上海金融市场开放范围的扩大和开放程度的进一步加深,市场对风险控制能力的要求也相应提高。目前上海金融市场的风控能力无法很好地控制市场流动性风险,必须随着市场的发展而不断提高,以应对各种突发状况和意外事件。由于各个市场间的风险具有传递性,因此风控的加强不仅仅是各个市场的单独提升,更是整个金融市场的协调能力、综合控制能力的提高，否则，金融风险防范体系将出现大漏洞，甚至危及整个金融市场的健康运作。

## 第四节　提升上海城市实力吸引更多国际组织总部的策略

当前，上海进一步对外开放政策随着自贸区的快速发展已经取得了不小的成果，但这对于一个成熟的国际化大都市，尤其是国际金融中心还是远远不够的，上海还有很多方面需要改进。

第一，上海需要进一步完善开放型的经济新体制。首先，上海自贸区与国际接轨的程度仍然不够深，层次也明显不足，难以参与到国际贸易投资新规则的制定中去。其次，上海自贸区建设制度创新的顶层设计尚未完善，这对上海整个金融体系创新流程的负面影响较大。最后，上海在进一步对外开放实施过程中一些探索性的政策制度需要加快落地，从而能够及时解决出现的问题，保证快速高效的运作机制。

第二，上海在国际金融中心的建设方面与纽约、伦敦等发达国家国际金融中心相比，依旧存在着较大差距。国际化水平不高是上海建设国际金融中心的一大障碍，核心问题是人民币的国际化水平以及金融市场对外开放程度不高。目前来看，虽然中国经济发展势头良好，但是依旧无法撼动美元作为全球货币的主导地位。中国金融市场的弱势有效与其对外开放不足有着很大的关系，如果不能很好地扩大金融市场的对外开放，那么上海的国际金融中心建设就只能是纸上谈兵而没有任何的实际意义。

第三，必须加快与国际接轨的步伐，争取能够参与到新的国际贸易规则的制定中。上海自贸区的发展绝不能仅仅局限于利用一些政府优惠政策来吸引外资的层次，而是要快速实现与国际贸易新规则接轨，积极主动地参与到全球贸易新规则的制定中去，参与到全球经济治理新秩序的制定中去，为中国在全球政治经济新秩序中争得一席之地。

当前正处在全球经济转型的关键时期，尤其是在新开发银行落户上海以后，作为中国的经济"领头羊"自然不能落后于世界经济潮流，面对全球经济新形势，上海应该快速反应，调整策略。

第一，必须进一步完善上海对外开放的制度环境，建立和完善法律保障体系，构建稳定透明的法制环境。加快社会信用制度的建设，在全国率先建成较为完善的社会信用服务体系，建立健全信用制度，营造良好的市场信用环境，大力推动金融机构的规范健康发展，把上海打造成为国际金融机构和金融业务健康发展的第一高地。

第二，加快推进人民币的国际化进程，努力提升上海金融中心的国际化水平，其中最重要的就是扩大人民币的跨境使用，按照最终实现人民币自由兑换的目标，逐步提高国际贸易业务中人民币结算比例，使人民币成为全球国际贸易结算的主要币种。

第三，上海还应该积极发展离岸金融业务，将其打造成为人民币离岸金融中心。目前国内的金融市场对利率、汇率以及资本项目等的管制仍未完全放开，这说明上海要想成为人民币离岸金融中心还需要进一步的发展，其核心在于能否让人民币成为市场上的计价货币。如何采取适当的优惠政策来鼓励各类企业在自贸区使用人民币进行国际贸易结算，从而刺激市场对人民币的需求，将成为上海建设人民币离岸金融中心的一个重要突破口。

第四，利用自身优势吸引更多的国际金融机构在上海落户，同时大量引进世界各地的金融人才，进一步提升上海在国际资本运作方面的能力水平。上海要积极提升自己的软硬件实力，创造更为开放自由的投资环境和良好的人文环境，从而吸引更多高层次的国际金融机构和跨国公司总部入驻上海，使上海成为各类机构进行全球资源资金的调配中心；同时也要制定并贯彻实施各种鼓励性政策，以吸引更多的优秀的国际金融人才来到上海，共同努力将上海建设成为一流的国际金融中心。

第五，鼓励民间资本进入金融领域，鼓励民间股份制银行的新建和发展，从而提高上海金融市场的竞争程度，完善市场机制，让竞

## 第八章 国际组织总部与城市发展互动经验对上海的启示

促发展。当今市场经济的一大关键就在于竞争，有竞争才有发展，上海在进一步扩大对外开放的过程中，一定不能忽略市场对资源配置的基础性作用。金融市场要想真正实现开放，就必须打开大门，欢迎各类投资的进入，让不同类型的投资在这个市场上各显神通，激烈竞争，尤其是要鼓励民间资本的进入，只有这样才能让市场真正发挥作用，不断完善上海的金融市场机制。

第六，建立陆家嘴国际金融法院。经过近几年的高速发展，陆家嘴无疑已经成为上海当之无愧的金融中心，在这里云集了大量金融机构和跨国公司的总部，相信这里将会成为中国的"曼哈顿"。上海自贸区无疑取得了很大的成功，但同时在建设过程中也陆续浮现出了各种各样的难题和障碍，因此陆家嘴国际金融法院的建立势在必行。上海需要这样一个司法机关来为自贸区的建设保驾护航，需要这样一个有针对性的专业法院来处理上海对外开放进程中出现的各种问题。

第七，建立中国和上海主导的国际投资和贸易规则。2008年金融危机过后，世界格局重新洗牌，新的经济秩序正在缓慢建立，中国作为世界上最大的发展中国家，应该代表广大新兴经济体建立自己的国际投资和贸易规则，从而进一步提升中国的国际地位和影响力，打破传统的不公平的旧秩序，建立更加公平合理的新秩序。

第八，建立与"金砖国家"组织银行联合体关系。新开发银行是"金砖国家"的银行，必须要与"金砖国家"组织紧密联系，资源共享，互相扶持，共同发展。只有这样，新开发银行才能真正成为代表以"金砖国家"为代表的广大新兴经济体利益的国际金融机构，才能获得更多发展中国家的支持和拥护，才能拥有更加广阔的发展空间。

第九，发挥新开发银行、亚投行与"一带一路"倡议的协同效应。亚投行以及"一带一路"倡议的实施均是中国致力于本国与广大发展中国家的合作和共同利益而做出的重要战略决策，它们与新开发银行相互呼应、相互影响、相互支持，应该充分利用这三者发展过程中所带来的巨大的协同效应。

第十，发挥新开发银行、自贸区与上海国际金融中心的联动效应。上海自贸区的发展与国际金融中心的建设无疑为新开发银行的未来之路奠定了坚实的基础,它们与新开发银行发展之间的联动效应也将会越来越明显,能否很好地把握这一发展机遇对新开发银行今后的运行具有重大影响。

# 第三篇 上海国际金融中心建设的新机遇：与自贸区、新开发银行及"一带一路"建设联动发展

# 第九章 研究综述

## 第一节 文献综述

随着新开发银行落户上海,越来越多的目光聚焦在上海国际金融中心建设与"金砖国家"新开发银行的发展会擦出怎样的火花。上海自贸区意味着上海对外开放布局的逐渐铺展,而上海新开发银行入驻上海又为上海进一步开放、跻身国际金融中心带来新的契机。通过对新开发银行对上海国际金融中心与自贸区发展的影响与国际金融中心与自贸区建设支撑新开发银行进一步发展等视角进行研究,从而对新开发银行、上海国际金融中心与自贸区建设之间的联动作用进行综合性的探讨。

新兴经济体的快速发展使得世界多极化格局愈演愈烈。在众多崛起的新兴经济体中,金砖五国成果颇丰。然而随着 2008 年金融危机爆发后,美国采取量化宽松的货币政策使得国际各发展中国家遭受严重的冲击。发展中国家越来越清楚地意识到自己在世界经济体系中所处的劣势地位成为新开发银行诞生的契机。新开发银行的成立对国际金融格局带来重大改变。新开发银行总部入驻上海标志着变相地认可了上海作为国际化大都市的地位,在建设上海国际金融中心的过程中,新开发银行的成立必将起到重要的推动作用,而对于新开发银行的进一步拓展,作为国际金融中心的上海也将为其起到强有力的支撑作用。在上海国际金融中心发展与新开发银行建设过程中,自贸区的业务拓展和创新将为其注入新的活力。

## 一 金砖银行对上海国际金融中心与自贸区发展作用的研究

自《福塔莱萨宣言》宣布新开发银行成立，新开发银行的发展引起了世界多方关注。目前世界范围内对于新开发银行的成立存在多种观点。著名经济学家、诺贝尔经济学奖获得者和金砖四国的提出者——吉姆奥尼尔（2011）在 The Growth Map: Economic Opportunity in the Brics and Beyond 一书中具体描述了为了应对国际大环境的变化与发展，"金砖国家"及其他成长型国际市场就必须要积极维护世界秩序。但吉姆奥尼尔的研究只是着重强调了"金砖国家"之间的合作或许会对全球形成的影响，却未曾包含经济相关方面合作机制的内容。Campbell（2014）认为，新开发银行与 IMF 和世界银行在国际金融体系中相互对抗。HIGJ（2013）的研究认为新开发银行成立可能会对现有国际经济体系带来更严重打击。而 Mandeng（2014）认为，新开发银行的建立和逐步完善将突破现有金融构架的限制，并基于五国间的密切互动。Jones（2014）与朱杰进（2014）关于新开发银行的研究认为能够弥补现有金融体系的不足，成为世界现有国际银行组织和多边金融机构间连接的杠杆，为国际新秩序建设提供动力。

新开发银行总部入驻上海为建设上海这一国际性大都市成为国际金融中心带来新的契机。许淑红（2014）谈及上海优越的地理位置与较为完善的金融生态资源等成为新开发银行总部落户上海的关键因素，金砖银行是新兴国家积聚的金融力量，将进一步提升上海的国际影响力和话语权，并推进自贸区的金融开放。吴念鲁等（2008）认为金融中心业务覆盖面跨越国界即为国际性金融中心。根据全球金融竞争力指数报告（GFCI17）与新华·道琼斯国际金融中心发展指数（IFCD2014），上海分别排名第 16 位与第 5 位。裴长洪（2014）关于上海国际金融中心建设的研究总结道，上海作为新兴的区域性国际金融中心，成长速度惊人，但是国际影响力、市场开放度与制度建设等方面仍与纽约、伦敦等国际金融中心存在较大差距，上海在国际金融格局中的地位提升将依赖于交易清算、定价能力与生产能力。赵继臣（2015）提到新开发银行成立后，中国已与"金砖国家"及其他发展中国家达成人民币互换协议，大大促进了人民币国际化进程提高人民币国际储备地位。有史可循，纽约、伦敦等全球性国际金融中心的形成均伴随着货币储备地位的提升，新开发银行与上海国际金融中心建设相辅相成，通过自贸区改革，加大离岸金融业务发展，三者内外联动，相互促进。

### 二 上海国际金融中心与自贸区发展支持新开发银行的研究

上海国际金融中心旨在将上海建设成为金融集群聚集地，吸引各国金融机构入驻，并扩大海外扩展与资本输出，最终建设成为具有清算、定价、生产功能的国际性都市。随着新开发银行业务的铺展，新开发银行需要大规模地筹资，通过上海国际金融中心建设与自贸区发展这一平台，将为外汇流入与人民币流出海外提供途径。闫海洲（2014）提到资本项目进一步开放，与交易清算能力的提升将提升国家话语权，并将"金砖国家"紧密地连接起来。同时王信（2011）提出，随着自贸区不断地改革与创新举措的实施，上海将逐步扩大对外开放程度，作为新开发银行总部所在地，其国际地位将进一步提升，从而对整个国际金融体系的结构产生深远影响，使"金砖国家"把握更多的主动权。周昭雄（2006）认为金融自由度与市场开放度的不断提高将进一步促进上海国际金融中心的建设与各种人民币衍生品的推出，从而推动新开发银行业务的广度发展，增强"金砖国家"的竞争力，稳步促进世界金融格局的发展与变革。

### 三 新开发银行、自贸区与上海国际金融中心联动作用的研究

新开发银行的成立既是机遇也是挑战，项安波（2015）提到"金砖国家"在现有金融格局中处于劣势，成立新开发银行能有效维护"金砖国家"利益。另一方面，王健和窦菲菲（2014）认为"金砖国家"经济发展水平落后，在经济等方面也存在明显的差异与冲突，如何突破现有国际体系，实现国际治理中的向心力是需要面临的考验。同样，上海虽跻身国际金融中心之列，但作为新兴经济体金融中心，贺英（2013）的研究表明在金融环境、金融创新等方面与成熟金融中心相比仍有很大距离，借助自贸区发展，以上海国际金融为平台，促进新开发银行发展，是需要仔细研究的问题。目前基于新开发银行、上海国际金融中心与自贸区发展的联动作用研究较少，一般从两个方

面进行研究，一方面从新开发银行与上海国际金融中心角度研究两者间的相互作用，如王耀君（2015）提到新开发银行成立商业银行业务海外拓展契机，从而双向促进新开发银行与上海国际金融中心发展，另一方面从上海国际金融中心建设与自贸区发展角度入手，挖掘自贸区改革在制度上进一步改善上海国际市场环境，如李庭辉（2015）的研究视角。

### 四 上海参与"一带一路"建设服务企业走出去方面的研究

胡起（2014）研究认为不断完善自贸区的核心功能体系，推动上海作为国际经济中心、金融中心、贸易中心、航运中心的辐射力与聚集力的发展，从而进一步拓展自贸区新功能；主动与"一带一路"倡议进行对接，加强自贸区的全方位发展。刘丹（2010）通过一系列调查研究，对深化金融、经济改革与开放提出建设性的建议：加快贸易转型升级。并提出通过新开发银行项目，带动上海企业走出去，优化上海产业结构的政策建议。裴俊罕、杨少清、马杰（2010）就关于突发公共事件和预警机制提出建议，进一步提高城市管理水平，为多边机构聚集上海创造良好的举措。

王浩（2014）就"一带一路"推动亚洲人民币债券市场，为促进新开发银行与上海国际金融中心建设的关联发展提出可行性措施。赵欢（2012）研究了人民币在跨境贸易结算过程中存在的问题，并列举出为树立新开发银行示范效应，吸引更多国际机构入驻上海的举措。

### 五 简评与展望

综上所述，目前我国对于新开发银行、上海国际金融中心与自贸区改革等方面发展的现状已基本清晰，但现有文献大多只是对于现状的描述和已有政策的宣传，对于三者之间存在的相互关联与联动作用没有进行充分的梳理，缺乏深度发掘。理论界需要加强对三者间关联的研究，从而探究能够正确推动新开发银行、上海国际金融中心与自贸区共同发展的途径与措施。

## 第二节　研究的理论基础

### 一　金融市场理论

本书将从资产定价理论、有效市场理论、资本结构理论与行为金融理论等方面展开。

（一）资产定价理论

金融市场中充满不确定性，资产价格未来变动与人们预期的差异形成风险。在市场主体理性的假设前提下，投资者效用最大化通过平衡收益与风险来实现。资产定价理论研究的是风险资产的均衡市场价格问题，认为投资者只能通过改变风险偏好来影响风险溢价，即高风险带来高收益。

（二）有效市场理论

有效市场理论主要研究信息对证券价格的影响，其影响路径包括信息量大小和信息传播速度两方面内容。假设资本市场完全竞争并且是有效的，则投资的预期收益应等于资本的机会成本。有效市场理论的成立主要依赖于理性投资者假设、随机交易假设、有效套利假设，与现实出入较大。

（三）资本结构理论

资本结构理论是研究企业最优负债比率问题，即企业所有权资本和债权资本的最优比例，以使公司价值最大化的理论。从理论演进的历史来看，经济学家研究资本结构包括资本机构的交易成本理论、资本结构的契约理论、资本结构的信息经济学理论。资本结构理论的不断发展对财务理论的演变，对企业经营持续性和稳定性有重要作用。

（四）行为金融理论

传统金融市场理论以理性人假设为基础，而行为金融市场学融合应用心理学、行为学的理论和方法分析、研究金融行为及其现象的新学科。其研究主题主要集中在市场非有效与投资者非理性两方面。行为金融市场理论已渐渐被主流经济学所认可，它代表了金融市场理论的未来发展方向,已成为全新的金融研究领域。

## 二 金融危机理论

自20世纪80年代以来,国际金融危机爆发日益频繁。随着全球一体化进程的加快,世界各国经济日益联系在一起,国际金融危机爆发的危害影响范围越来越广。自1929年美国经济大萧条后,金融危机理论开始形成。早期学者如凯恩斯从经济周期角度阐述金融危机的成因,而后克鲁格曼等研究认为金融危机是由经济发展内部的不协调性导致的。随着金融危机理论的不断发展,金融危机理论可从货币危机、系统性金融危机、金融协调理论和金融可持续发展理论来分析。

(一)货币危机

货币性金融危机理论发展最为成熟,自20世纪70年代以来已形成四代危机模型。早在1979年,Krugman在其研究中构造了最早的货币危机理论模型,其从一国经济的基本面发掘货币危机的根源:当一国经济内部均衡与外部均衡冲突,宏观经济情况不断恶化时,将爆发货币危机。

而后1992年,欧洲货币体系危机爆发,第一代危机模型已不适用,在不断研究探索中,第二代货币危机模型诞生。Maurice Obstfeld(1994)在寻找危机根源过程中引入博弈论,强调危机的自我实现,关注政府与市场主体间的行为博弈。

至1997年亚洲金融危机爆发,麦金农和克鲁格曼提出,不同于发达国家,发展中国家普遍存在内部经济结构脆弱、政府与企业之间的道德风险问题,这些问题所引起的经济发展中的过度投资导致大量资金流入证券市场和房地产市场,形成经济泡沫,当泡沫破裂引发货币危机。

随着理论的不断发展,在已有货币危机模型基础上,第四代货币危机模型建立起来。该理论认为,若国家内部企业拥有越高的债务水平,该国出现经济危机的可能性就越大。

(二)系统性金融危机

系统性金融危机是指主要的金融领域,如股票市场、外汇市场等均出现严重的紊乱,即以上多种类型金融危机同时发生或相继发生导致的大范围的金融危机。

系统性金融危机往往发生在金融体系较繁荣、金融市场化程度较高、国际化程度高的国家和地区。以我国目前金融生态体系水平来讲，中国金融市场尚未建立起系统的金融体系，金融市场的市场化、国际化程度还很低，尚无可能发生系统性金融危机。

另外，当大量金融资产被严重高估且具有较强流动性时，系统性金融危机也会爆发。虽然目前中国股市和房地产存在资产被高估的情况，但是由于目前人民币国际化进程尚未完成，资本项目尚未开放，从国内引发系统性金融危机可能性较小。同时，当国家存在严重的外债和赤字时，系统性金融危机也会爆发，如拉美地区国家。

(三) 金融协调理论

金融协调理论通过系统分析和动态分析，研究金融与其形成要素的内在规律，并研究由此决定的内部效应与溢出效应，该理论强调金融效率，揭示金融内部、金融与经济、金融与社会的一般规律，从而协调金融与经济有序健康地发展。

金融协调理论从"协调"出发，更有利于揭示金融内部规律，必然带来金融理论的变革。其研究的角度有金融市场与商品市场的连通性问题、需求不足与金融协调问题等。随着我国金融业不断发展，金融市场规模不断扩大，越来越脱离商品市场。金融市场为信息融通与资源配置提供途径，然而当市场主体脱离经济基本面进行投机操纵，经济出现大量泡沫，金融市场将会逐渐走向崩溃边缘。运用金融协调理论正确把握商品市场与金融市场之间的联系，可以引导金融市场稳健有序发展。同样，对于需求不足问题，从协调理论出发，我国经济结构处于转型期，非国有经济部门融资渠道没有建立起来，经济发展不对称，导致经济发展低效率。同时由于未来支出不确定性大与消费信贷流动性缺失使得国内消费需求不足，协调收入与支出是解决消费不足的有效途径。

(四) 金融可持续发展理论

金融可持续发展理论由白钦先 (1998) 提出，其研究认为金融是国家的战略性稀缺资源。金融作为一种资源具有自然属性和社会属性两种性质。其中，金融资源的社会属性决定金融生态环境体系的构成和社会经济的可持续发展。

金融资源的社会属性意味着，对传统金融发展理论而言，金融发展并非是一个独立的问题，而是需要考虑金融和经济的动态关系，是一个随着金融业不断发展，对实体经济产生实质性影响的过程。金融效率强调金融发展与经济增长的协调发展，这要求在金融发展过程中，要降低金融资源所固有的脆弱性，故金融效率研究包含金融风险与脆弱性研究。

所以金融可持续发展理论可理解为，在充分考虑资源效率和脆弱性的基础上来保持金融生态的良性循环，并进一步实现金融和经济的可持续发展。

# 第十章　国际金融中心比较分析

本章对国际金融中心的产生模式进行比较分析，并把中国目前发展国际金融过程中的各指标与国际市场进行比较分析，提出建设上海国际金融中心的政策建议。

## 第一节　国际金融中心产生模式比较

国际金融中心产生模式有两种，一是需求反应也就是自然形成模式，二是政府主导模式。

### 一　自然形成模式

国际金融中心的产生，主要存在两种方式，第一种是自然形成。在这种模式下，主要依靠经济增长推动金融市场发展。通常情况下，通过这种模式建立国际金融中心的国家对市场干预较少，更多依赖市场自身的调配力量，所需要的建设时间也更长一些。

伦敦市场就是一个自然形成的国际市场。其产生是由于实体经济的发展而带动金融市场需求扩大，逐渐发展形成的结果。在18世纪初，伦敦是英国的国际贸易中心，贸易结算与资金融资的需要随着国际贸易量的上涨而提升，银行和货币市场逐渐发展兴起。英法战争也为伦敦金融业发展提供了契机，如我们所熟知的罗斯柴尔德家族就在英国对拿破仑作战时期为英国政府承销黄金券以满足战时对军费的需求。进入19世纪后，英国的金融体系随着贸易量的上升进一步发展，到第一次世界大战前夕，伦敦作为世界上最主要的国际金融中心的地位得以确立。可见，伦敦这个国际金融中心的发展，在自然形成的模式下，经历了几百年的时间才逐步完善。

## 二 政府主导模式

与自然形成模式相对应的另一种途径是政府引导，通常采用这一模式的国家都是新兴市场国家，在该国的经济尚未发展到与其所要求的金融市场相对应时，通过国家制定的法律制度和市场制度、政策红利、国家资金的支持而产生。这是一种金融市场超前于实体经济的金融制度。金融市场的作用不再仅仅是满足实体经济对资金融通的需求，而是通过在金融市场上吸引世界各地的资金和金融机构的入驻加快和刺激本国经济的发展。

政府主导模式的典范有日本东京和新加坡。以新加坡为例，新加坡在殖民统治结束后，国内经济低迷，失业率较高，依照自然形成模式，显然不具备形成国际金融中心的条件。但新加坡今时今日的成就验证了政府主导模式的作用，20世纪六七十年代，新加坡开放离岸金融业务。相较于同时期的亚洲其他新兴的金融中心，新加坡有明显的劣势，东京有整个日本迅速发展的实体经济支撑，中国香港是连接西方和中国大陆的东方之珠，转口贸易也十分发达。新加坡通过政府制订的计划，采用了一系列的政策便利税收减让来吸引和鼓励外资银行在新加坡营业。另外，新加坡抓住了亚洲美元市场的机遇，以此为主导的国际金融中心发展带动了新加坡国内实体经济的发展，使之在短时间内显著提高了国民的生活水平。

## 三 中国的模式选择

自然形成模式是经济长期自由发展的结果。这种模式主要反映在传统的资本主义国家，通过长期的殖民掠夺、资本累积和市场发展建成金融中心。而政府主导模式多体现于第二次世界大战后新兴的工业国家。

中国虽然有全球领先的GDP增速，有庞大的实体经济和国际贸易与投资量，但笔者认为中国的金融市场并不适应自然形成的模式。首先，中国缺乏市场经济的经验积淀，市场机制不像西方发达国家那样成熟。其次，中国的金融市场发展至今主要依赖于政府决策，政府向来有"集中力量办大事"的能力。最后，依靠自然发展时间漫长，难以在短时间内追上世界前列的脚步。

因此，中国显然更适合以政府为主导的金融中心建设模式。王传辉（2000）认为"主导"应体现方向、目标和稳定性，政府的作用应集中于对市场的推动和市场风险的监管方面。同时他也认为政府主导应主要集中于国际金融中心建设的初级阶段，政府对市场的介入应受逐步形成的市场自律制度的制约，逐步扩大市场自律空间。

笔者认为，在这种政府主导模式下，一个重要的问题是政府要有效但不过多地干预市场，保证市场的自由发展和良好运行，避免行政力量扰乱经济规律。政府应当是以一个非营利的姿态来调集资源推动市场建设，所以要通过体制建设杜绝依靠"寻租"在市场上获取不当收益，破坏市场竞争的行为。要做到这一点，应当积极围绕法治的目标，建立健全完善稳定的法律和市场制度，另一方面应更新政府行政观念，由直接的以行政权力干预市场转向通过市场手段的间接调控市场。而这一次的上海自贸区的建设，就是一个良好的契机，将体现行政决定的政策优化转化固定为由法律法规规制的制度。

## 第二节　国际金融中心国内外比较分析

我国提出建设国际金融中心以来金融市场各方面得到快速发展，但相比世界其他国际金融中心还有一定差距。

### 一　银行业市场

首先，从各商业银行的规模看。2013年中国共有96家银行跻身全球1000强[①]，其中，在一级资本规模排名当中，中国工商银行相比2011年世界第三的排名，上升两位，取代了美国银行以及摩根大通，排名全球第一；中国建设银行则以1376亿美元的一级资本规模，超越花旗集团，位列全球前五的位置，其余前十排名相较2011年未有变化。如表10-1所示，在排名前十的银行中，中国与美国各占四席，在这其中，美国以578602百万美元的一级资产总和稍领先于中

---

① 资料来源：英国《银行家》杂志发布的《2013年全球银行1000强排名》。

国的531243百万美元。

表10-1　2013年全球银行前10强排名（按照一级资本）

单位：百万美元

| 排名 | 银行名称 | 国别 | 一级资产 |
| --- | --- | --- | --- |
| 1 | 中国工商银行 | 中国 | 160646 |
| 2 | 美国摩根大通 | 美国 | 160002 |
| 3 | 美国银行 | 美国 | 155461 |
| 4 | 汇丰金融集团 | 英国 | 151048 |
| 5 | 中国建设银行 | 中国 | 137600 |
| 6 | 美国花旗集团 | 美国 | 136532 |
| 7 | 日本三菱UFJ金融集团 | 日本 | 129576 |
| 8 | 美国富国银行 | 美国 | 126607 |
| 9 | 中国银行 | 中国 | 121504 |
| 10 | 中国农业银行 | 中国 | 111493 |

资料来源：《银行家》杂志发布的《2013年全球银行1000强排名》。

其次，从各国银行业总的资产负债情况来看。按照资产总额排序，日本以44万亿美元的银行总资产排名首位，随后是英国和美国。

表10-2　各国银行资产负债状况表

| 国家 | 资产（10亿美元） | 排名 |
| --- | --- | --- |
| 日本 | 4432.9 | 1 |
| 英国 | 3934.1 | 2 |
| 美国 | 3647.2 | 3 |
| 法国 | 3643.4 | 4 |
| 德国 | 3569.1 | 5 |
| 瑞士 | 2590.5 | 6 |
| 荷兰 | 1586.6 | 7 |
| 加拿大 | 1070.6 | 8 |
| 瑞典 | 1025 | 9 |
| 意大利 | 902.2 | 10 |

资料来源：该表是根据BIS相关数据选取前十位整理而成，原数据中未包含中国。

第十章　国际金融中心比较分析 / 163

由于原数据中缺乏中国的相关数据，所以以中国银行业监督管理委员会的数据为依据，从图10-1可以看到，中国银行业的总资产由2003年的28万亿元人民币，经过10年增长，在2013年已经达到了151万亿元人民币，将该数据按2013年的年平均汇率换算成美元约在瑞士之后，列于世界第7位。

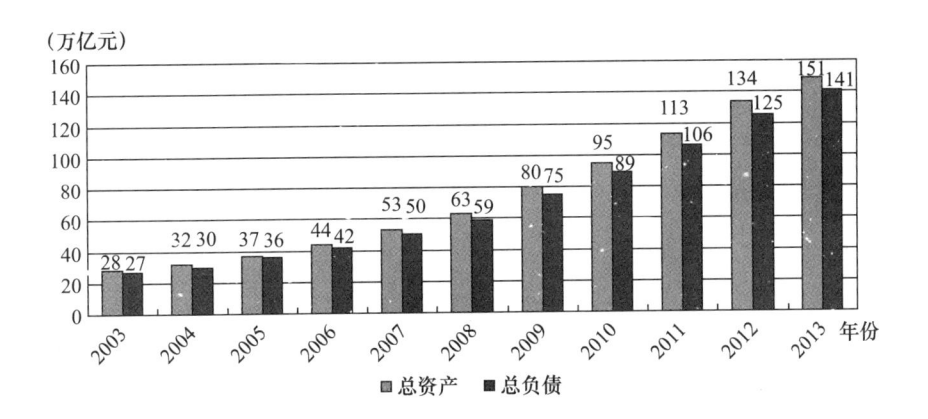

（万亿元）

| 年份 | 总资产 | 总负债 |
|---|---|---|
| 2003 | 28 | 27 |
| 2004 | 32 | 30 |
| 2005 | 37 | 36 |
| 2006 | 44 | 42 |
| 2007 | 53 | 50 |
| 2008 | 63 | 59 |
| 2009 | 80 | 75 |
| 2010 | 95 | 89 |
| 2011 | 113 | 106 |
| 2012 | 134 | 125 |
| 2013 | 151 | 141 |

图10-1　中国银行业金融机构资产规模增长图

资料来源：中国银行业监督管理委员会。

无论是一级资本的数量，还是总资本的增长速度，都是值得欣喜的现象。但我们也不能忽视其中存在的问题，通过比较在一级资产和总资产上的国际排名的差别，我们不难发现，我国的一级资本可以说与美国差距并不大，但总资本排名落后，相比美国要少10万亿美元左右，这就说明我国商业银行二级资本在资本总额中所占比例要低于世界上的其他主要国家，资本结构中核心资本所占比重较大，这就会导致资本金的平均成本较高，权益资产收益率降低。

最后，在资金的跨境借贷方面。英国仍然是全球跨境借出总余额最高的国家，根据伦敦国际金融服务协会（IFSL）的统计，这一方面的数字在2010年达到18%，其次是美国（11%）。日本、法国和德国分别以8%、8%和6%的比例占据三到五位，新加坡和中国香港以3%的总量并列其后；在跨境借入方面，英国也是全球跨境借入总资金最大的国家，美、德、法、日排名二到五位。跨境调拨是一国是否是国际金融大国，或是一地是否有能力成为国际金融中心的重要的一面，但就该项而言，受到资本项下的各种限制，我国金融市场在这一方面还有待发展。

### 二 股票市场

首先，从市值规模上来说，中国目前的股票市场相比于其他金融业发展完善的国家仍有不少差距。图 10-2 是根据 World Bank Group 的统计数据，选取主要国家和地区 1991 年到 2012 年的市场资本总额数据编制的。市场资本总额是股票价格乘以已发行股票的数量[①]。这一数据也反映了一国股票市场的资本规模。由于中国有不少企业选择在伦敦、纽约等地上市，而国内证交所对于外国公司的吸引力相对较弱，所以中国股票市场资本总额占世界股票市场资本总额的比重的真实情况应当比数据呈现得更小一些。

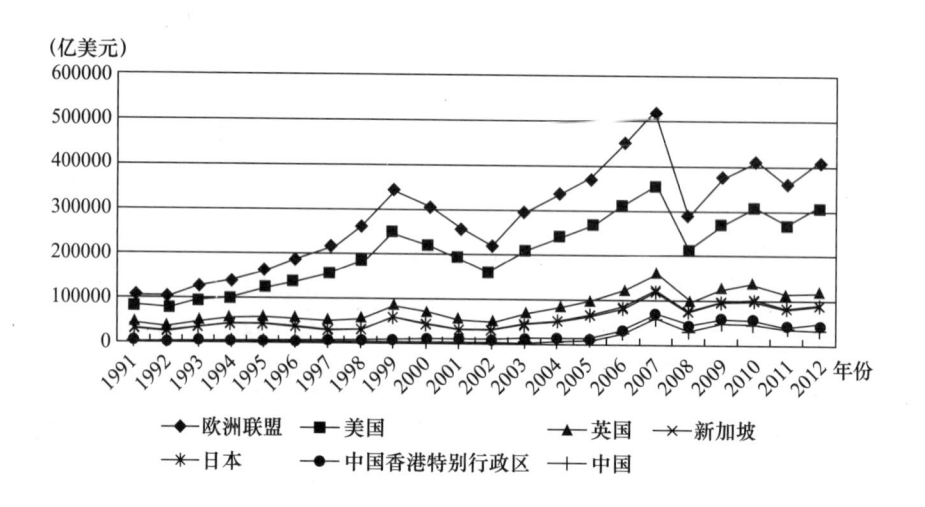

**图 10-2　各国（地区）上市公司市场资本总额**

资料来源：World Bank Group, http://data.worldbank.org/。

---

[①] 上市公司指的是截至年末在该国内注册成立的公司在该国股票交易所挂牌的数量。上市公司不包括投资公司、共同基金，或其他集体投资工具。

从图中不难看出,在 1991 年到 2012 年的这段时间内,美国始终是所有国家中资本总额最大的国家,其次是英国。这也体现了纽约和伦敦国际金融中心的地位和实力。中国在 1991 年的资本总额仅有 20.3 亿美元,是美国当时市场资本总额的 0.04%、英国的 0.2%、中国香港的 1.6%。在 2012 年,中国的市场总额已经达到 36973.76 亿美元,是 1991 年的 1821 倍,是中国香港同期的 3.3 倍,与美国同期相比从 0.04% 提升到了美国市场资本总额的 19%。

虽然中国股票市场的总量进步明显,在 2012 年已经超过了中国香港、日本与新加坡,但我们与美国仍有不小的差距。从资本总量占世界的比重上来说,在 2012 年,中国的股票市场市值规模占到世界的 6.95%,相比 1991 年的 0.02% 有很大提升,前景值得期待。(如图 10-3 所示)。

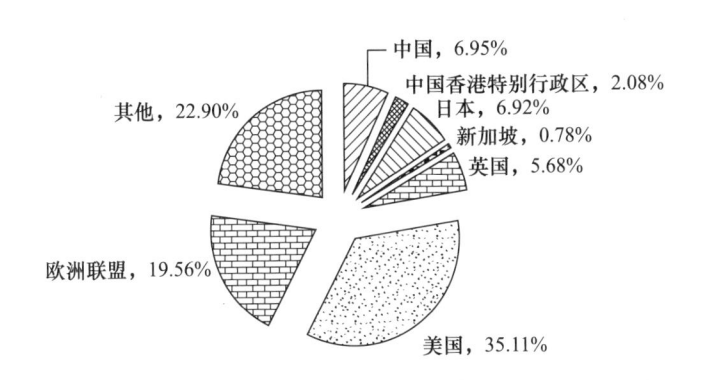

**图 10-3 各国股票市场资本总额占世界股票市场资本总额比重**

资料来源:World Bank Group,http://data.worldbank.org/。

### 三 债券市场

根据中国人民银行上海总部组织编写的《2010 年国际金融市场报告》,2010 年美国、日本占据全球国内债券余额的绝大多数份额,美国、英国、欧元区占据全球国际债券余额的绝大多数份额。

国际债券市场方面。以发行人所在地的国别划分,美国、英国、德国、荷兰、法国和西班牙发行的国际债券未清偿余额在全球排名前六位。其中,美、英、德三国的国际债券余额占据全球总余额近半成份额。

从债权的发行币种看,国际债券的发行币种以欧元和美元为主。2010年6月末,以欧元和美元标价的国际债券未清偿余额分别占43.5%和40.0%。其他占比较大的货币是英镑(8.1%)、日元(2.8%)、瑞士法郎(1.4%)、加拿大元(1.3%)、澳大利亚元(1.1%)[①]。

### 四 金融衍生品市场

从国际金融衍生品市场的格局看,在2013年,全球场外衍生品市场的名义本金已经超过600万亿美元,其中主要部分由利率衍生产品构成。全球市场的净市值在2013年年末达到19万亿美元,处在2008年金融危机后的低谷位置,与前两年相比呈逐年小幅下降的趋势。信用敞口风险自2008年后维持稳定,2012年年末有所提升,2013年年末较2012年年末、2013年年初有明显下降。

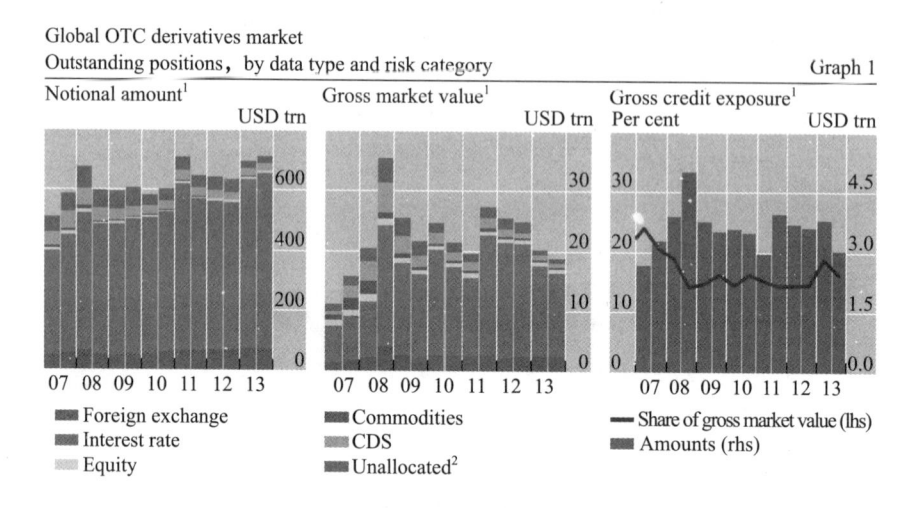

图10-4 国际OTC金融衍生品市场规模

资料来源:BIS,www.bis.org/publ/otc。

---

① 资料来源:《2010年国际金融市场报告》。

从具体市场看，全球期货、期权历史成交量呈现逐步上升走势。1995—2012 年期间，期权和期货的年均增长率分别为 19.4% 和 28%。[①]

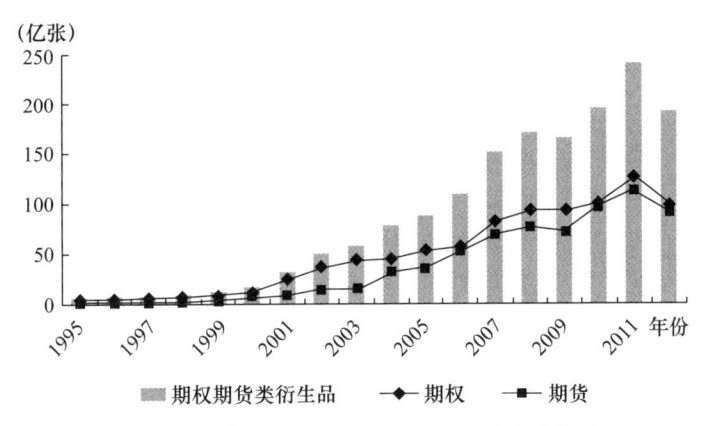

**图 10-5 全球期权、期货类衍生品历史成交量走势**

资料来源：WFE（World Federation of Exchanges），www.world-exchanges.org/statistics。

根据国际清算银行的数据，从各国的市场规模对比来看，2013 年在 OTC 汇率衍生品和 OTC 单一货币利率衍生品占据前三位的分别是美国、日本和瑞典。如表 10-3 所示，在汇率衍生品市场上，美国市场的衍生品名义金额达到 71238008 十亿美元，日本为 15633343 十亿美元，瑞典为 1616714 十亿美元，三者之和占世界总额的 74.45%。三者在利率衍生品市场的总和更是达到了世界总额的 82.84%。

以市场净值而论，美国在汇率衍生品上的市场净值有 1590080 十亿美元，超过世界的 50%。在利率衍生市场上有 3151354 十亿美元的市场净值，超过全球市场总净值的 70%，地位无可撼动。

表 10-3　　　　　　　　国际 OTC 市场名义金额　　　　单位：十亿美元

| | | 日本 | 瑞典 | 美国 | 其他国家 |
|---|---|---|---|---|---|
| OTC 汇率衍生品 | 远期与互换 | 5855763 | 928049 | 34854934 | 16581972 |
| | 货币互换 | 5171151 | 571446 | 23567495 | 7945882 |
| | 期权 | 4606429 | 117219 | 12815579 | 5826656 |

---

① 资料来源：WFE（World Federation of Exchanges）。

续表

| | | 日本 | 瑞典 | 美国 | 其他国家 |
|---|---|---|---|---|---|
| OTC 单一货币利率衍生品 | 总值 | 15633343 | 1616714 | 71238008 | 30354510 |
| | 远期协议 | 48330 | 3133350 | 33655689 | 5506362 |
| | 互换 | 49904518 | 3508918 | 121628311 | 41110424 |
| | 期权 | 5221380 | 261038 | 15271265 | 1568918 |
| | 总值 | 55174228 | 6903306 | 170555265 | 48185704 |

资料来源：BIS，www.bis.org/publ/otc。

在股权类衍生品市场上，如表 10-4 所示，欧洲是最大的市场，其次是美国和日本。而中国应被统计在亚洲其他国家之中，份额不超过 5%，相比欧洲市场的 42%，美国市场的 30% 和日本市场的 10% 都有很大的差距。

表 10-4　　国际 OTC 市场股权类衍生产品名义金额　单位：十亿美元

| | | 美国 | 日本 | 欧洲 | 拉丁美洲 | 亚洲其他国家 | 其他国家 |
|---|---|---|---|---|---|---|---|
| OTC 与股权相关衍生品 | 远期和互换 | 726199 | 95047 | 1075078 | 79168 | 89413 | 284728 |
| | 期权 | 1387861 | 616163 | 1915879 | 51743 | 272941 | 369173 |
| | 总值 | 2114060 | 711210 | 2990957 | 130911 | 362354 | 653901 |

资料来源：BIS，www.bis.org/publ/otc。

金融衍生品市场是国际金融市场中一个发展迅速、规模日益庞大的子市场，但就目前情况来说，中国的金融衍生品市场才刚刚起步，在这一方面，上海与其他国际金融中心还有巨大差距。

我国还没有完善的衍生品场外交易市场，就场内交易而言，目前，在上海的中国金融期货交易所内，仅有两种产品进行交易，分别是"沪深 300 指数期货（IF）"和 2013 年开始交易的"5 年期国债期货合约（TF）"，如表 10-5 所示，2013 年交易所的交易总量为 141006.62 十亿人民币，换算成美元只占不到美国衍生品市场的 0.01%。因此，在衍生品市场上，我们还有巨大差距。

表 10-5　　　　　中国金融期货交易所交易量　　　　　单位：万元

| 年份 | IF | TF | 总量 |
|---|---|---|---|
| 2013 | 14070023232.02 | 30638857.74 | 14100662089.76 |
| 2012 | 7584067787.80 |  | 7584067787.80 |
| 2011 | 4376585521.65 |  | 4376585521.65 |
| 2010 | 4106987672.96 |  | 4106987672.96 |

资料来源：中国金融期货交易所，www.cffex.com.cn/fzjy/tjsj/ndtj/。

## 五　外汇市场

全球外汇市场的变化不大，伦敦、纽约和东京仍是全球三大外汇交易中心。根据国际清算银行（BIS）每三年一次的调查，2010年，英国在全球外汇交易中的领先地位进一步上升，其在外汇市场交易中的份额由三年前的34%升至2010年4月的37%。美国位列第二，市场份额由三年前的17%升至2010年4月的18%。日本以6%的份额位居全球第三大外汇交易中心。其次分别是新加坡、瑞士、中国香港。

外汇市场交易币种中，美元仍占绝对的主导地位，但其市场份额略有下降。其次是欧元、日元与英镑。这四种货币占据了外汇交易币种的80%左右。人民币的份额在三次发布的报告中呈持续上升的趋势，与自己相比，分别提升5倍和1.8倍。但应当看到的是人民币离世界货币还有很长的距离，要实现人民币的国际化还需努力。

表 10-6　　　　　　外汇市场交易币种结构　　　　　　单位：%

| 年份＼货币 | 2004 | 2007 | 2010 |
|---|---|---|---|
| 美元 | 44.00 | 42.80 | 42.45 |
| 欧元 | 18.70 | 18.50 | 19.55 |
| 日元 | 10.40 | 8.60 | 9.50 |
| 英镑 | 8.25 | 7.45 | 6.45 |
| 瑞士法郎 | 3.00 | 3.40 | 3.20 |
| 澳大利亚元 | 3.00 | 3.30 | 3.80 |
| 人民币 | 0.05 | 0.25 | 0.45 |
| 港元 | 0.90 | 1.35 | 1.20 |

续表

| 年份<br>货币 | 2004 | 2007 | 2010 |
| --- | --- | --- | --- |
| 其他 | 11.70 | 14.35 | 13.40 |

资料来源：BIS，www.bis.org/publ/otc。

## 六 市场发展状况

根据上海金融联合会发布的2011年上海金融景气指数[①]显示，以2006年为基期，2011年，上海发展度指数达到4965点，年均增长速度（38%）明显高于其他对标金融中心城市；孟买作为亚太地区的另一个新兴金融中心，总体发展程度依然居所有对标城市第二位，发展度指数达2597点；新加坡、中国香港和首尔则处于相对平缓上升通道中，发展度指数为2296点、2254点和1823点。欧美老牌金融中心，如伦敦和纽约，由于受金融危机和新一轮欧洲债务危机影响，发展相对迟缓，发展度指数为1285点和1524点。（如图10－6和表10－7所示）。

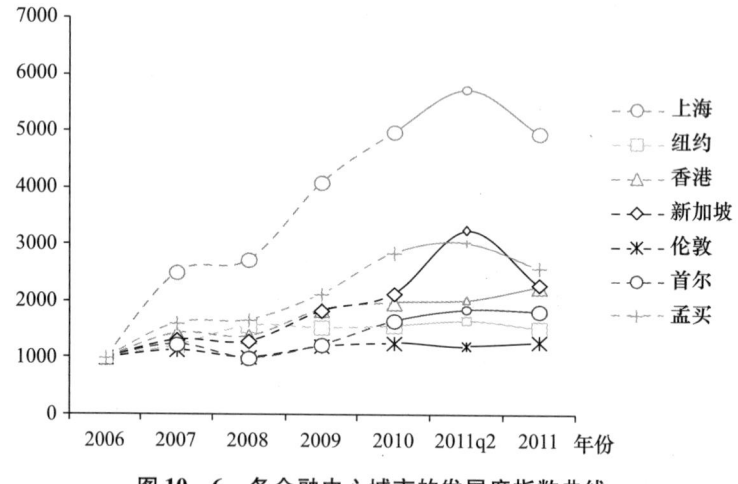

图10－6 各金融中心城市的发展度指数曲线

资料来源：上海金融景气指数报告（2011）。

---

① 上海金融景气指数通过客观、真实的评价指标体系，从多个角度全面地反映上海金融业的发展状况。

表 10-7　　　　　　各金融中心城市的发展度指数

| 年份 | 伦敦 | 纽约 | 中国香港 | 新加坡 | 上海 | 首尔 | 孟买 |
| --- | --- | --- | --- | --- | --- | --- | --- |
| 2006 | 1000 | 1000 | 1000 | 1000 | 1000 | 1000 | 1000 |
| 2007 | 1136 | 1219 | 1429 | 1315 | 2507 | 1234 | 1608 |
| 2008 | 1012 | 1570 | 1381 | 1293 | 2730 | 992 | 1667 |
| 2009 | 1210 | 1538 | 1849 | 1832 | 4092 | 1230 | 2130 |
| 2010 | 1266 | 1572 | 1974 | 2137 | 4991 | 1655 | 2857 |
| 2011Q2 | 1207 | 1657 | 2049 | 3250 | 5730 | 1856 | 3031 |
| 2011 | 1285 | 1524 | 2254 | 2296 | 4965 | 1823 | 2597 |

资料来源：上海金融景气指数报告（2011）。

从这一指标上看，上海的金融市场发展速度要高于其他主要国际金融中心和新兴的金融市场，发展前景较好。但相比 2010 年的发展速度有所回落。

2011 年上海金融市场略有收缩，景气度指数为 995 点，较 2010 年有所下降，且跌破 2006 年基期 1000 点，市场出现负增长。综观其他国际金融中心，除中国香港 2011 年景气度有所上升，达 1142 点外，其余金融中心都存在不同程度的增速放缓，所以此次的增长放缓有国际市场宏观因素的影响。总体来看，上海这几年内都维持相对较高的发展速度，发展趋势比较乐观。

## 第三节　市场监管法律制度比较

### 一　分立监管与统一监管

当下国际上主要有两种监管模式：一种是分立监管，另一种是统一监管。

分立监管模式是指一国对金融市场的监管由多个机构共同完成。在国际上，美国是采取分立监管的较为完善的例证之一。美国政府对不同金融市场和市场主体由不同机构进行监管。

相对于分立监管,统一监管是指一国的金融市场由单一机构进行监管,采用这种模式的典型案例是英国。英国金融服务局(FSA)是英国金融市场的唯一监管当局,FSA内部分为多个部门,对各类金融市场、市场主体和交易行为实行统一的监管。

国际上监管模式的发展趋势,是向功能型监管转变,监管职责的划分不再依据金融产品的种类或是其投放的市场,而是按照某一种金融产品的功能,进行跨市场与行业的金融监管。

### 二 多层次监管

多层次的监管体系是国际上的普遍监管模式。除了政府行政机构对市场的监管以外,还附以行业自律、交易所的监管等。

例如美国就实现以政府、行业协会和交易所为主的三级监管。三个层级各有分工,相互合作。国家层面上,以立法、市场宏观审慎监管和国家强制力对违反市场规则的行为的制裁为主;行业协会主要是对交易主体的公司和人员的监管。如美国全国期货业协会[①]主要管理所有期货经纪业者的登记、会员纠纷的仲裁、会员财务状况的稽核、期货推广教育以及与期货经纪业务相关的事项;交易所的监管主要集中在交易行为上,即交易行为是否符合相关规定。

与美国相同,英国也采用三级监管模式,一种观点是英美的三级监管模式基本相同,但英国更加注重行业自律层面的监管,这是由英国长期的金融市场发展逐渐形成的一种制度结果。

### 三 中国监管模式的分析

中国目前的监管制度,是分立监管制度,分别由央行、证监会、银监会、保监会负责金融市场不同部分的监管工作。从制度本身而言,分立与统一各有优劣。多机构监管使监管更具有针对性,但可能造成重复监管和监管真空;单一的监管模式可以避免无效的重复监管和几个监管机构间的真空地带,有效提升效率降低成本。但单

---

① National Futures Association (NFA),是在1974年的《商品期货交易委员会法》授权下成立的。

一监管部门通常被赋予了十分集中的权力，易形成权力垄断和"寻租"，在体制缺乏透明度的情况下十分容易滋生腐败，不利于行业的全面发展。

中国目前的政府监管层面正逐渐完善，但仍需要学习发达国家的先进经验。与英美国家相比，中国市场监管层面的一个重要缺陷是监管缺乏立体层次。由于体制差异，中国的交易所，甚至行业协会都具有官方色彩，所以形式上的多层次监管最终也会成为政出同门的单一政府监管。这种监管模式，其出发角度相同或相似，思维之所涵盖难免有限，也难以完整概括市场的要求。所以，中国的监管制度，要学习西方的一个重要方面就是培育一套基于市场的、以市场参与主体为核心的、与政府监管有效连接又有明确分离的多层次监管体系。

### 四 中国现行监管法律制度分析

与发达的国际金融中心相比，我国在金融，特别是离岸金融领域缺乏成熟统一的单行法，作为一个大陆法系的国家，我国的法律制度构架主要依赖于成文法的制定。依靠现有的法律体系并辅以各种司法解释、行政法规的方式难以满足未来不断扩大发展的离岸市场。这个问题也将限制上海国际金融中心的发展。

而在单行法制定的问题上，笔者认为要同时考量制度对国际金融市场上的参与者的吸引程度和对我国金融市场稳定的保护程度。同时，应当依据已经签署的国际协议，制定的单行法符合下位法遵从上位法的原则，这样才能促进监管的国际合作和信息互通。

从单行法内容上说，宏观层面要制定一个与国际接轨的市场制度。微观层面上，要规制市场准入、退出机制；登记或审核制度；业务监管；反洗钱；保密机制等诸多方面。建立健全这样一个体系，需要一系列的单行法相互联结。

从司法上说，完备高效的司法制度对促进资本依法管理和纠纷解决都有重要作用，也是一个完善的国际金融中心必备的前提条件。

## 第四节　国际金融中心建设的经验对我国的启示

从以上分析可以看出，在国际金融中心建设模式和发展力量的来源上，一个是来自经济发展所提出的需求，另一个则来自政府力量的介入，在我国建设国际金融中心过程中要借鉴国际经验慎重选择发展模式。

**一　比较对象的选择**

从宏观经济状况上看，在已经建成或接近建成国际金融中心的国家中，我国当前情况与日本20世纪80年代十分相似。相似点可归结为以下几项：

（1）我国目前的GDP与日本当时的GDP总量都是世界第二，且经济增速相似。

（2）两国都是出口导向型经济，且均与美国保持有较大贸易差额，并都拥有巨额外汇储备。

（3）两国的对外直接投资都比较活跃，对外贸易和投资的快速发展必然要求国际金融业务齐头并进。

（4）两国都在积极改革金融体制。日本在20世纪80年代将金融自由化和日元国际化作为政策目标进行改革，而中国现在也在推动人民币国际化和金融中心的发展。

（5）两国都依照政府推动的发展模式，日本以政府为主导，按照美国纽约离岸市场的模式建设金融市场，而且两国金融中心都采取离岸模式。

（6）东京与上海在各自国内的区位和作用相似。东京和上海都是各自国内金融最发达的国际化大城市，有成熟的硬件条件做基础，有集中的各类金融机构，专业人才也多聚集于此。

因此，在国际金融中心建设的比较上，笔者选取日本（东京）作为参照对象。

## 二 日本国际金融中心发展过程

1986年12月1日,日本在经历数次汇率审议会,汇总各方意见后,正式开设了离岸金融市场(JOM)。日本离岸市场建立初期借鉴了美国IBF的监管条例,设立很多限制性条件控制风险。

JOM市场主要的限制性规定包括:离岸与在岸账户的分离;资金运用方向的限制;设立最低和最高存款金额;不允许非居民个人交易;取消法定准备金和存款保证金要求,取消利息预扣税(但仍需缴纳地方税和印花税)和不受境内利率限制等。

相比于最初的各项规定,JOM市场在此后又逐步放开各种限制,如放开债券业务,允许投资外国政府、机构债券和公司债券;简化和放宽国内市场资金通过JOM市场进行转移的限制;解禁远期利率协议,发展利率互换交易等。

JOM的发展过程如下[①]:

1. 成长期(1986—1995年)

在JOM设立的第一个阶段,自1986年开始,经过十年平均增速达25.14%的快速发展,JOM的总资产规模从88.7亿美元上升到667.7亿美元。随着离岸账户中欧洲日元交易的迅速增长,日元的比重也上升较快,日元资产占JOM总资产比重由21%上升到68%。

2. 衰退期(1995—2006年)

在这一时期,日本经历了国内资产泡沫破裂和银行业大量坏账的冲击,金融市场的表现也随着宏观经济形势的下滑而下滑,JOM总资产规模从1995年的高位一路下滑至2006年的386.5亿美元,市值蒸发42%。同时,日元资产占比逐年下降,2006年降至36%。

3. 恢复期(2006年至今)

2007年以后,受国际金融危机以及美联储QE的影响,海外资金开始回流日本,JOM总资产规模又逐步恢复到20世纪90年代中期水平,2012年资产规模达到738亿美元。但日元资产占比却进一步降至24%,已经接近JOM设立初期的水平。

---

① 资料来源:杨承亮:《日本离岸金融市场发展对上海自贸区的启示》。

### 三　日本模式的启示

首先，要注意离岸账户和在岸账户的分离，上海自贸区的改革具有先行先试和辐射的功能，其经验以后要在国内其他地方试行，而我国大部分地区在现在和未来的一定时期内的市场和监管都还不成熟，在几个主要城市外的市场规模都有限，难以抵御国外大量的投机性资金的冲击。

其次，受制于资本项下开放的限制，企业对外融资的程序烦琐，难以快速有效地在国际市场上寻找进行低成本的国际融资。另一方面，这种限制也制约人民币国际化进程，所以应当在自贸区配套相应的资本项目可兑换的便利化措施，在合适时机仿效日本改外债和对外担保的审批制管理为登记管理。

但是，资本项下可兑换的开放与游资的冲击是相互矛盾的问题，不能同时兼得。开放却是趋势，这就要求在监管层面有提升，能在开放的同时有效监管。日本在20世纪的经济衰退是值得中国警醒的问题。现在的中国同样面临房价过高的问题，房市泡沫已经存在。金融监管的一个重要作用是在对外开放的同时防止或限制这些既存问题的过快发展。为实现这一目标，一要防止系统性风险的产生，二要限制市场资金在某些行业的投机行为，三要保护中小投资者和消费者免受由于信息不对称造成的风险。

# 第十一章　自贸区与上海国际金融中心建设的相互促进效应

自贸区的金融改革，其总体目标是力争建设成为具有国际水准的投资贸易便利、货币兑换自由、监管高效便捷、法制环境规范的自贸区，是对"走出去"和深化改革的大胆探索，为经济的建设提供了新思路和新途径，可以更好地提升国际地位，加强区域合作，与世界接轨。上海自贸区出台一系列贸易与金融投资便利化政策，不仅促进贸易自由发展，而且加速上海国际金融中心建设，可以说上海自贸区和国际金融中心建设是相互关联、相互促进的。

## 第一节　自贸区促进国际金融中心建设的机制分析

上海自贸区与上海国际金融中心建设是上海经济建设的两大重点，两者的提出都是为了促进上海的经济建设，带动全国的经济发展，其实质目的都是一样的，是同一主线、相互促进、相辅相成的关系，并且两者通过一系列的中间媒介进行互相联动，从而形成一个三角机制，可以形象地把自贸区改革和上海国际金融中心比作上海经济发展的两条腿。因此，积极有序地推进中国（上海）自贸区的改革和上海国际金融中心的建设是一个趋势所在，使两者达到一个协同发展的效果，是国家经济建设的一个重点战略。我们通过图13－1对该机制有一个初步的认识：

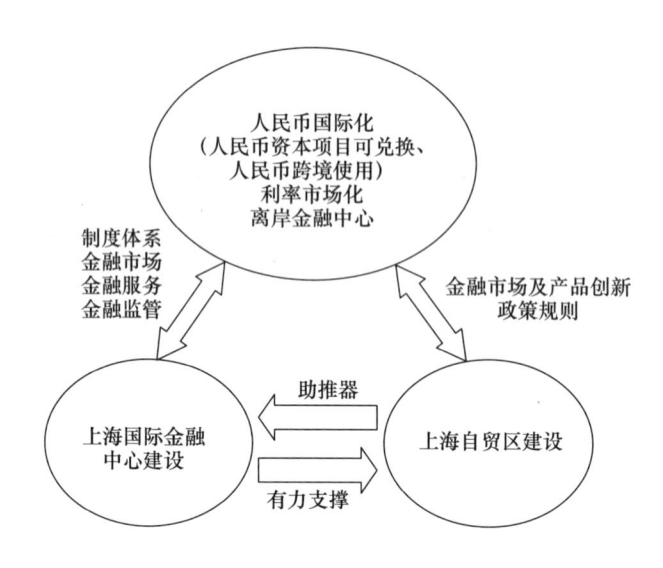

图 11-1　上海自贸区金融改革与上海国际金融中心建设的相互促进机制

从图 11-1 我们可知，自贸区与金融中心建设存在高度的关联性和互通性。一方面，自贸区贸易流通带来资本的跨境往来与流动，可以提高资本的对外性，通过金融、航运、商贸、文化以及社会服务等多方面促进经济的高速发展，在开放度、制度、市场、机构发展等方面推出了很多政策改革，对金融中心的建设起推动作用。如果说北京是一个政治中心，那么上海则是这样一个海纳百川的金融中心，优越的地理环境赋予了其特殊的使命，推动国际金融中心城市的渐次生成。自贸区改革，重点深化人民币国际化、利率市场化以及离岸金融中心的建设，这些金融市场及产品的创新为上海国际金融中心的建设提供了必要的条件，也是一个必经的过程。另一方面，上海国际金融中心的建设已有一定基础条件，金融市场和制度体系初步建立，使得金融更加自由化和国际化，放松管制和对外资银行的开放提升了离岸金融中心的质量程度，市场监管体系和资金的配置也适合自贸区的改革，人民币国际化为自贸区的改革提供了有力的支撑，这些条件都为自贸区的改革提供了便捷的基础。因此，自贸区改革和上海国际金融中心的建设是互相联动、互推互助、共同发展的一个过程，继而逐渐辐射到长三角地区及东部沿海,达到"1+1>2"的作用。

自贸区金融改革和上海国际金融中心的建设是通过一个中间媒介,即人民币国际化、利率市场化、离岸金融中心的渠道进行互相联动的。自贸区的金融改革主要体现在金融市场及产品创新、政策规则的放开这两方面影响于媒介体,而上海国际金融中心在金融市场、金融体制、金融服务和金融监管四方面作用于中间媒介,双方就是通过这样的一个联动途径来互相影响和促进的。

**一 金融市场及产品创新对上海国际金融中心建设的促进作用**

自贸区的金融改革在金融市场及产品创新方面,主要是通过人民币国际化、利率市场化和离岸金融中心建设三大渠道来对上海国际金融中心进行联动的。

（一）人民币国际化角度的分析

国际金融中心建设的一大前提就是货币的国际化,而谈到人民币国际化,首先要说到的是资本项下可兑换和人民币跨境使用。在这其中,又以前者为前提。

资本项下可兑换和人民币跨境使用在宏观层面上保证人民币国际化的推行和国际金融中心的建设。而利率市场化在中观层面保证了金融市场趋于完善、与国际接轨,这也是国际金融中心建设的重要部分。

要实现货币的国际化,长期来看,必须要以一国货币在资本项和经常项下都可自由兑换为前提。资本项下可兑换首先应对了国际货币所要求的可兑换性,而资本项下可兑换和货币的跨境使用以及国家经济状况、政府信用将共同决定一国货币的信誉性和可接受性。

之所以要把人民币跨境使用放在这个资本项下可兑换前提下,是因为如果没有这个前提,人民币与外币的兑换将会受到限制,那么国外的投资者在选择使用货币时就面临着极大的不确定性,单方承担汇率风险,必然的结果是国外投资者会选择已经成熟的其他世界货币,而不会选择使用人民币。所以,必须要基于这个前提,才能使人民币在跨境使用的过程中,去寻找一种"双赢"的结局,使之成为中外双方双项选择的最终结果。

## （二）资本项下可兑换角度的分析

首先，正如在上文已经讲到的，自贸区金融改革中的资本项下可兑换提高了人民币的可兑换性，其作用是：由于人民币能够自然地流动而将相对地被更广泛地接受，再加之中国经济的持续发展，这样就进一步增强了人民币的信誉，提高了人民币的国际地位。

所以自贸区的金融改革与上海国际金融中心建设的联动效应就首先体现在：改革破除了原有的制度障碍，区内的制度为上海探索国际金融中心的建设和经验积累提供了可能。

其次，自贸区改革开放资本项下可兑换必然会带来在过去我们都没有遇见过的问题。在过去，我们对待市场风险的时候，多采用政府调控的方式。资本项下的可兑换（以及下文会提到的其他改革内容）都要求我国的监管体系从过去的模式中走出来，去打造一个更规范有效的体系。

从国际上讲，随着国际化程度不断加深，国际间的联系越来越紧密，任何一个国家依靠单个国家的力量是不能抵御风险的，这就要求加强国际监管合作和监管力度，对资本项目管制的放开，无疑为中国金融监管接轨国际扫除了障碍。从国内讲，就是要针对如何发展宏观审慎监管体系，寻找切实可行的方法。

可以说，自贸区金融改革倒逼着金融监管体系的更新发展，对于一个国际金融中心而言，先进的监管体系是不可或缺的。改革推动我们去寻找新方式，去完善监管体系的架构。另一方面，如果我们在建设国际金融中心的过程中能完善一套监管体系，这又会对自贸区中的金融行业的运行起到规范和推动的作用。

最后，放开资本项下的限制能进一步加强跨国的资金流动，促进上海金融市场的发展。国际金融市场是资金集中汇聚的地方，一个市场的资金量、交易量都反映着这个市场的规模，要提升上海金融市场的国际地位，就需要有来自世界各地的资金来源做保障。

期望摆脱束缚和追逐利润是资本的内在动力。所谓摆脱束缚不仅仅指摆脱政府对汇率及利率的管制，而是能够根据市场情势变化自由地选择进入和退出，有一个双项进出渠道。放开资本项下的限制，正是为市场提供这样一个双项的流动渠道，逐利资本在有这样的流动性的保证后，才更愿意来到中国的市场。

在开放资本项后，可以预计，上海金融市场外资数量的市场比重将会上升，国内的机构也会利用这个通道寻求在国际市场上投资获利的机会，这将是金融市场拓宽资金来源、扩大市场整体规模的机会，也是上海国际金融中心建设的必经之路。

过去，我们总是担心国际上的流动资本会冲击我国尚不成熟的金融市场，对实体经济造成伤害。亚洲金融危机时期，泰国、中国和中国香港等都确实遭受过冲击，但当时的情况与现在是不能一概而论的。在上文的分析中，笔者提出对金融市场的建设是以政府主导的模式实施的。政府在这一过程中应当积极推动资本项下开放的进程，在风险可控的前提下逐步落实开放。

要实现风险可控，首先在监管层面加大力度、提升质量；在市场上要发展各类衍生产品，提供套期保值、对冲风险的金融工具。资本项下的逐步开放在范围上先在自贸区内试点，再逐步向外推广；方式上，在自贸区内已经推出居民和非居民自由贸易账户[①]，下一步将落实账户内的本外币自由转换，为企业和个人的跨境投资提供便利；货币上目前以发展人民币跨境使用为主。

（三）人民币跨境流动角度的分析

一方面，人民币跨境流动是与开放资本项目相结合的措施。在未能实现人民币的完全自由兑换之前，人民币的跨境流动将在一定程度上替代这个功能。另一方面，人民币的跨境流动，以及资本项下可兑换的开放，都是扩大人民币境外数量，推动人民币国际化的方式。

人民币跨境流动有流出和流入两个方向，在流出渠道上，主要依靠对外贸易和投资；回流渠道上，主要有国内机构在国外发行的债券、国外投资者的人民币 FDI 等。上海国际金融中心的建设将会进一步完善人民币双向流渠道，如已经推出的"企业跨境人民币双向资金

---

[①] 《中国人民银行关于金融支持中国（上海）自由贸易试验区建设的意见》提出的实现分账核算管理、开展投融资创新业务的账户。

池""允许区内金融机构和企业从境外借用人民币资金"等方式,扩大了人民币跨境双向流通使用。

我们要注意的是保持双向流通渠道的流通比例,如果流出速度过快,离岸人民币难以获得足够的投资机会供给;如果回流过快,将使离岸市场的人民币资产规模减少,流动性下降。在保持流动比例的同时,应扩大双向的人民币总量,将更多的人民币推向国际市场,推动人民币国际化。

从历史经验看不难发现,国际金融中心与本币国际地位的提升是相互促进的。因此,人民币国际化会推进上海国际金融中心的建设。而另一方面,一国强大的金融市场也是本币国际地位的保障。

最后,离岸市场上完善的人民币回流渠道将使境外的人民币资产能够进入国内的金融市场,这也就加强了我国离岸和在岸两个市场的联系,使得金融资产的定价与国际同步,从而推动国内金融产品价格的市场化。

## 二 利率市场化对国际金融中心建设的促进作用

第一,市场化定价是一个规范的金融中心的前提。应该说,利率市场化是不可逆的趋势,是中国市场发展到这个阶段的必然产物,以余额宝为首的一批互联网金融渠道已经出现了,在过去的一年内,余额宝由于可以直接将资金投入银行间同业市场,所以存款利率始终高于各大商业银行的活期存款利率。也就是说,即使仍然维持固定利率的机制,普通投资者也可以通过网络的渠道把资金投入到收益随市场利率波动的产品中去。因此,利率市场化可以说是实体金融机构现在的必然选择。

利率市场化,一方面是形成一个有竞争的市场,而竞争的方式就是通过对金融资产的定价的变动来进行的。在利率市场化的背景下,银行业不应过度担心市场竞争导致利润的下降,相反的是,银行业有机会在利率市场化的进程中体现出更大的活力。利率放开,银行以及其他金融机构就有了自主开发金融产品和定价的能力。另一方面,在一个利率放开、金融产品多样化的市场上,具有不同风险偏好的融资者、投资者需要有新的金融工具来帮助他们规避风险。因此,利率市场化会在供需两方面，主要是在资本市场上，提升开发金融产品和以其为标的的衍生产品的需求。

对于银行业来说，利率市场化是其经营多元化发展的契机，也是其角色从传统的以存贷款业务为主的间接投融资中介向市场风险定价主体转变的契机。银行的多元化和对风险的定价控制能力的提升将帮助我国的银行业提升在国际市场的竞争力，与人民币国际化和国际金融中心建设起到相互促进的作用。

第二，利率市场化将使货币市场和资本市场进一步沟通，实现资金的良性流动，提高市场主体的交易积极性，进一步促进资本市场和货币市场之间的资金沟通。利率市场化后，利率将随着各种市场或非市场因素的变化而上下波动，而货币市场和资本市场的利率变化原因往往不是完全相同的，这就会在两个市场产生金融资产收益率变化的差异，逐利资金在这两个市场流动，从而带动两个市场符合经济规律的良性发展。在实践中，我们还处于实验的阶段，但这种不同市场良性互动的能力使我们可以在试点一个市场的同时带动发展和完善其他市场。

第三，利率市场化对宏观审慎监管提出了新要求。一方面，市场的情况变得更加复杂，加强了监管的难度；另一方面，利率市场化后，央行通过公开市场业务和再贷款利率调整等市场手段进行宏观调控的能力也得到了加强。我国现行的监管体系要在未来进一步加强合作，加强业务监管。而自贸区内的金融改革无疑是一块试验田，首先在小范围内实验产生应对新情况的方法。这对于以后上海的金融体系对区外扩展有重大意义。

### 三　离岸金融业务发展对国际金融中心建设的促进作用

上海国际金融中心的建设离不开离岸金融业务的发展，从长期看，上海国际金融中心定位于全方位的综合型服务。

首先，发展离岸金融中心是非常有必要的。离岸金融市场打造的主要是一个在自由兑换的货币发行国以外的地方建立一个不受法律法规等行政约束的交易场所。世界上发展良好的离岸金融中心，比如伦敦、纽约、新加坡等，都与该国的经济实力和整体发展水平相适应。

中国作为最大的发展中国家，其经济增长和贸易量逐年提高，维持一种稳增长的态势。近年来亚太经济非常活跃，越来越多的国际资本开始关注中国，而上海正好是他们进入中国市场的跳板。在"十二五"规划中，中国想要进入新一轮经济增长的轨道中，就需要以金融市场的创新为起点，离岸金融中心的构建正好为此添加了一个发展契机。同时，因为离岸金融市场的建设会具有一种"中心"的聚集和辐射效应，会对全球的风险建立一种防范机制，促进风险的规避和分散。

另外，上海发展成为离岸金融中心是非常可行的。在20世纪30年代，上海就是远东的国际金融中心。凭借其优越的地理位置和金融底蕴，其汇集了各类白银、黄金、外汇等市场，云集了各大金融的首脑机构，也打通了亚欧和亚太区的经济合作。在改革开放的政策环境下，孕育了金融一条街和陆家嘴金融商贸区，成为国内金融体系最为完善的金融中心，其经济增长趋势一直稳居国内前列。近年来，受到金融创新以及金融市场一级指标推动，上海金融业整体保持良好发展态势，综合上海金融业在金融市场、金融机构、金融国际化、金融创新、金融人才和金融生态环境的定量评价来看，景气度稳中有升，上海金融改革创新持续深化、金融设施日益完善，制度创新不断深化，要素定价能力和话语权在国际市场地位显著提升。

根据上海的发展态势，其未来是非常光明的。离岸金融中心的提出，可以为其指明一条发展道路。并且大量的外资和金融机构聚集于上海，为构建离岸金融中心市场提供了很多潜在主体，整体环境的宽松和硬件设施的一流可以吸引更多的投资主体，更加坚定上海国际金融中心建设的决心。越来越多的国际金融大型活动在上海举办，提升了上海在国际上的知名度，奠定了国际化的物质基础。

### 四 政策规则对国际金融中心建设的促进作用

除了金融市场及产品创新，上海自贸区的金融改革还在政策规则方面作用于中间媒介，从而对上海国际金融中心建设进行联动。上海自贸区的建设并不是在白纸上画画。自贸区成立以来，就肩负着政府职能转变、管理模式创新和促进贸易便利化的历史使命，并将此打造成为中国的经济升级版。为此，国务院批准并印发了《中国（上海）

自由贸易试验区总体方案》，发布了一系列的政策规章，以促进投融资的便利。服务业的扩大开放措施集中在金融、航运、商贸、专业、文化、社会服务六大领域，其中，金融服务领域涉及银行服务、专业健康医疗保险和融资租赁。这些政策的放开进一步促进了人民币国际化、利率市场化、离岸金融业务的发展。

上海自贸区金融政策的体系变化主要体现在如下政策的公布。2013年9月27日国务院发布了《总体方案》，对自贸区提出了一个总体要求，并对主要任务和措施进行了说明，营造监管和税收环境，扎实做好组织基础。2013年9月29日，上海市人民政府提出了负面清单，同时银监会、证监会、保监会也出台了各自相关的政策条件。2013年12月2日，中国人民银行发布了244号文件，即《关于金融支持中国（上海）自由贸易试验区建设的意见》，扩大人民币跨境使用，人民币资本项目可兑换，稳步推进利率市场化，深化外汇管理改革。2014年2月18日，中国人民银行上海总部印发了《关于上海支付机构开展跨境人民币支付业务的实施意见》的通知并发布20号文件，对金融30条中"扩大人民币跨境使用""探索投融资汇兑便利"等内容进行了细化规定，允许人民币境外借款，经常和投资项下跨境人民币结算，开办跨境电子商务人民币结算业务、跨境双向人民币资金池、跨境双向人民币集中收付。2014年2月26日，中国人民银行上海总部放开了小额外币存款的利率上限。2014年2月28日，国际外汇管理局上海市分局对外汇管理进行了细化，规范了直接投资外汇登记操作，外商直接投资企业资本金意愿结汇操作规程，跨国公司总部外汇资金集中运营管理，境内外租赁服务外汇管理。

金融改革的政策规则，通过人民币自由贸易账户、人民币跨境双向流动、扩大开放并简化行政审批这三大主要措施来联动影响上海国际金融中心的建设。

**五 自贸区自由贸易账户（FT系账户）对国际金融中心建设的促进作用**

人民银行支持意见指出，区内企业可设立本外币自由贸易账户，该账户与境外账户等实现自由划转，与境内区外一般银行账户之间可因经常项下业务、偿还贷款、实业投资等需要办理划转，并可办理跨境融资、担保等业务，条件成熟时，账户内本外币资金可自由兑换。该自由贸易账户可以使企业之间的资金快速流通，方便贸易往来，缩短交易时间，为人民币国际化的推进助了一臂之力。

人民银行支持意见还指出，上海地区金融机构可通过设立试验区分账核算单元的方式，为符合条件的区内主体开立自由贸易账户，并提供包括企业跨境直接投资、个人跨境投资、资本市场投资、对外融资和多样化风险对冲交易等投融资创新业务在内的相关金融服务。该自由贸易账户的提出不仅针对企业，还可以对个人主体开放，进一步拓宽了运用领域，为个人与企业、个人与个人之间的跨境投资提供方便渠道，促进资金的来回流动，为离岸金融业务奠定基础。

### 六 人民币的跨境双向流动对国际金融中心建设的促进作用

根据人民银行细则，自贸试验区可开展经常和直接投资项下跨境人民币结算服务、人民币境外借款、跨境双向人民币资金池、经常项下跨境人民币集中收付、跨境电子商务人民币结算等业务，且中国外汇交易中心和上海黄金交易所都会在区内提供面向国际的跨境人民币交易业务。开展集团内跨境双向人民币资金池业务，需由集团总部指定一家企业，开立一个人民币专用存款账户，专门用于办理集团内跨境双向人民币资金池业务，并且不能与其他资金混用。区内企业的境外母公司可以在此优惠政策下发行人民币债券，增加了新的融资渠道，当然此外债会限制相应的投资用途，也有一定的额度限制。人民币的自由双向流动，可以提升人民币在国际上的地位，放松资本币种的管制，连接了境内外的资金往来。

### 七 扩大开放并简化行政审批对国际金融中心建设的促进作用

在自贸区内，实行的是负面清单管理模式，对于负面清单之外的领域，按照内外资一致的原则，将外商投资项目由核准制改为备案制；并且将工商登记与商事登记制度改革相衔接，逐步优化登记流程。允许符合条件的金融机构建立外资银行，或者民营与外资相结合建立中外合资银行，并持照执行离岸金融业务。此外，试点设立外资专业健康医疗保险机构，扩大了对外资企业的开放程度，引进先进的技术设备，借鉴国外经验，助力自贸区的改革建设。在金融领域内的融资租赁公司在自贸区内设立的单机和单船子公司没有注册资本的限制要求，同时允许其开展与主营业务相关的保理业务，是对自贸区内试点业务的拓展和开放，为上海国际金融中心的建设打下良好的必备基础。

长期以来，我国对外商入境和内资企业对外投资设定了很多门槛和烦琐手续，法律法规条文也十分冗杂，所以在短期内对此掌握透彻也十分困难。但是，在自贸区金融改革的进程中，适当地一步步放开和简化程序，进行试点性尝试才是明智的。自贸区金融改革的政策创新不仅简化了外资银行入境经营的准入方式，此外，区内的机构和个人都能简化经常项下和直接投资项的人民币跨境业务，只需提交收付款指令即可。在外汇方面，直接投资项下的外汇登记在自贸区内可以直接在银行办理，同时外商投资企业外汇资本金可以意愿结汇，进一步放松了对外债权债务管理。对外担保不需要行政审批，可自行办理合同签约，对区内企业境外外汇放款金额上限也没有特别的规定，境外融资租赁债权审批被取消。这些政策规则的创新和放开以及对行政手续的审批简单化更提高了办公效率，对境内外的投资降低了准入门槛，这种放松管制可进一步促进贸易资金的运转，是国际金融中心建设的活性酶。

## 第二节　上海国际金融中心对自贸区的支撑作用

自贸区的金融改革和上海国际金融中心的建设是互相促进的联动关系，一方面体现在前者对后者的促进和助推上，另一方面体现在后者对前者的支撑作用上。

### 一　为自贸区金融改革提供平台

金融中心是金融信息生产和交流的场所，在发挥聚集效应的同时也能辐射出去，影响到社会的各个方面。虽然没有实体经济那么具体形象，但其作用是不容小觑的。上海金融中心的建设已成为国家的战略发展目标，这对上海的发展意义深远，同时也任重而道远。目前，上海并不是一个真正意义上的国际金融中心，正处在一个由国内金融中心向国际金融中心转变的过程中。从上节的分析中我们可以看出自贸区的设立对上海国际金融中心的建设有很大的促进和催化作用，彼此的连通作用很强，与此同时，上海国际金融中心建设对自贸区也有一个支撑效应。因为在上海国际金融中心建设的过程中，旨在将上海打造成为贸易和资金的集散中心，为自贸区金融政策改革提供了良好平台。

## 二　金融市场为自贸区金融改革提供保障

上海国际金融中心是人民币走向国际的前提保证，也是自贸区改革之源泉。国际金融中心的建设需要一个发达的城市作为支撑点，依据中国的国情来看，上海集人口、地理、环境、资金等优势，是金融核心的首选之地，具备了集合国内商品贸易和影响全国的功能。但是，这不是一个可以单独完成的任务，需要作为国家的发展战略来落实并执行，由此产生了人民币国际化这个分化战略。现在，全球的主要通用货币体系有美元、欧元、日元等，而中国作为最大的发展中国家正在慢慢崛起，势必要将人民币推广开来，形成国际化、通用化的发展趋势。比如2014年11月18日正式开通的沪港通，使得上海和中国香港的投资者可以利用所在地的券商在相应权责内交易拥有的股票，是沪港股票交接融合的渠道，替资本流通搭建了一个更广平台，使得投资更加便利化。它的开通在增加上海经济实力的同时可以加深和中国香港国际金融中心之间的交流，为彼此间的合作开辟一条新道路，相互吸引对方的投资者，改善金融结构体系。由于沪港通采用的是人民币清算，所以既方便了境内投资者直接用人民币对境外的投资，也为中国香港地区的投资者想要投资于内陆提供了有利的渠道，促使人民币在两地之间的流动，加快人民币国际化的脚步，这也正是自贸区今后的发展目标。所以，创建上海国际金融中心，加快人民币国际化，能更好地调配国际资源，服务于自贸区改革，为改革的创新提供契机和源泉。

### 三 金融机构使得自贸区金融改革得以有效开展

作为国内的金融中心，很多经济政策的试点和执行都先在上海进行，金融机构之间的互动交流和银行同业拆借市场的放松管制，进一步提升了市场的活跃程度。此外，离岸金融中心的建设也是上海国际金融中心的一种体现，这种金融体系的创新可为自贸区改革提供一种硬件支撑。综观一些世界和区域的离岸金融中心，比如伦敦、纽约、新加坡、中国香港等，都具有很大的离岸金融市场规模。所以在创建上海国际金融中心的过程中，金融的自由化和国际化需求会大大催生离岸金融市场的建设，希望利率能够更加宽松，对人民币资本项目的可兑换提出更高的要求，使得自贸区不得不建立一个自由贸易账户体系，设立分账核算单元的模式，为区内提供金融服务，促进制度和产品的创新，迎接更大的挑战和机遇。

### 四 市场监管和法制环境为自贸区金融改革提供安全保障

金融市场监管和法制环境建设，是自贸区金融改革的安全保障。上海国际金融中心建设已经为自贸区的改革提供了基础的市场体系，引导自贸区更加接地气，趋向国际化发展，按照世界水准的目标前进。所以，促使其继续良好稳定地发展下去，势必需要一个稳定的环境，因此加强金融监管的联动，推动建立贴近市场、促进创新、信息共享、风险可控的金融监管体系迫在眉睫，充分发挥第三方的作用来维持市场的有序进行。比如在利率市场化过程中，放开大额可转让存单的利率上限，同时也需要时时关注利率波动情况，以防剧烈的市场波动，提高金融风险意识。此外，金融发展环境建设的联动，特别是金融法制环境、信用环境、税收环境及人才服务环境建设，可为上海国际金融中心的建设提供强有力的后勤保障，为自贸区的改革创造优越的环境。

可以看出，通过自贸试验区金融制度的创新、金融服务的推广、金融市场的辐射来传导并推进上海建设国际金融中心，加强两者的联动发展，用这种双向机制来相互促进、相互驱动，为进一步做出决策提供有力的理论基础。

## 第三节  利用自贸区建设机遇加快国际金融中心建设策略

**一  加快推动人民币国际化进程，进一步促进资本项目的放开**

在拉动国名经济快速增长的"三驾马车"——消费、投资、出口中，我国长期依赖对外出口带动GDP（国内生产总值）的增长，而这一形式的贸易发展在2008年全球经济危机后遇到"瓶颈"，因此，我们需要重新找到促进贸易的突破口。综观全球发达国家的经济发展，我们看到贸易的提高离不开金融自由度的提高，而金融自由度的提高又会促进贸易的发展。于是，在积极推动上海自贸区试验的进程中，各种放松金融管制的措施也随即而来。2013年12月由人民银行出台的"金改30条"细则在上海自贸区金融领域"先行先试"，其中专门有条款阐述了自贸区内企业及金融服务机构进一步扩大人民币的跨境使用问题。2014年2月，央行上海总部又先后出台了两个通知（银总部发〔2014〕22号和《关于上海市支付机构开展跨境人民币支付业务的实施意见》）也竭力促进区内人民币跨境使用，助力人民币国际化。

除此之外，在风险可控的情况下，我们可以逐渐形成自贸区内人民币经常项目下的完全自由兑换、人民币资本项目部分可兑换；支持贸易投资便利化，推动外汇管理、外债管理试点，深化跨国公司总部外汇资金集中运营管理；对符合条件的民营资本和外资金融机构全面开放，积极为跨境投资和贸易做好金融支持，并大力促进金融市场产品创新和离岸业务发展。在此基础上，推动人民币跨境投资平台与人民币私募基金的建设，促进人民币市场平台的发展，如人民币大宗商品、期货产品交易等。根据中国人民银行及上海市相关政策，上海自贸区将通过分账核算的方式，创新业务和管理模式，建立有利于管理的账户体系，为符合条件的区内主体开立自由贸易账户，提供金融服务，通过设立居民自由贸易账户和非居民自由贸易账户，与境外账户、境内区外的非居民账户、非居民自由贸易账户以及其他居民自由贸易账户之间实现资金的可自由划转,并发展跨境融资、担保等业务,待时机成熟时实现账户内本外币资本的可自由兑换。

**二 逐步实现利率市场化**

利率市场化是指市场上利率水平的大小由资金的供给需求状况决定,从而更好地发挥利率的市场调节作用,提高资源配置效率。然而,需要注意的是短时期内过快地实现利率市场化可能会导致市场的短期剧烈动荡,若没有充分考虑各种情况并且对可能到来的负面影响做足充分的准备,就会引发严重的后果。智利的利率市场化从1974年5月开始,首先对银行以外的短期资本市场利率开放,到1975年10月对商业银行和国家储贷机构的利率市场化完成,仅仅用了一年的时间,这对一个国内金融抑制长达20多年的国家来说,市场化的速度之快可见一斑。然而,1982—1985年的金融危机,彻底暴露了智利在金融自由化过程中,由大量不良贷款引起的整个金融系统的问题所在,致使其遭受了严重的金融衰退。假如中国政府也在短时间内大幅度放手,可能导致利率大幅飙升,令企业和居民难以承受,并和汇率高估一起,引起众多企业倒闭,并伴随着对主要银行的挤兑,使得经济情势不但没有改善,反而更加恶化,带来通货膨胀加剧等不良影响。

因此,我国的利率市场化应该是一个渐进的过程,而上海自贸区就应当是实现这一目标的有力踏板。根据上海市金融办综合处的反馈来看,自从上海自贸区小额外币存款利率放开后,市场反应比较平稳,放开小额存款利率前后均没有太大波动,也没有引起大规模资金流入或者流出自贸区。依据这一经验,下一步自贸区将按照"先长期后短期,先大额后小额"的原则尝试人民币存款利率市场化。如今,同业存单已经开始发行,而在总行的指导下,自贸区内的银行分行也将发行统一的大额存单,随后大额可转让存单将重新发行。随着面额逐渐变小,小额存款利率将上浮,利差将缩小。总之,我国的利率市场化不能操之过急,应从国内贷款利率放开,国内存款利率放开到境内外币利率市场化,银行间同业利率自由浮动循序渐进,从而实现利率完全由市场资金供求自主决定。

### 三 推动离岸金融中心建设

离岸金融中心建设不仅将成为上海自贸区人民币跨境使用和资本项目下可转化金融改革的突破口，而且将巩固上海国际金融中心的地位。借鉴伦敦、纽约、东京、中国香港、新加坡金融中心发展的历史经验，离岸金融中心经营的高度自由化使得离岸银行的经营效率得以提高，既能促进资本大规模内外流动，又能够有效丰富货币金融产品，而上海离岸金融中心的建立将推动人民币从贸易流通货币转变为投资货币。离岸金融中心的周围往往聚集着各类金融机构，形成以具有国际影响力与竞争力的金融机构为主导、中外资金融机构共同发展的多元化金融格局，这将大大地促进以银行中间业务产品、资本和货币市场工具、衍生品工具为主要内容的金融创新，从而为自贸区发展和上海国际金融中心、航运中心建设提供有效的资金支持。除此之外，离岸金融中心建设将使人民币在离岸市场形成即期汇率（CNH），相对于有管理的在岸市场即期汇率（CNY），CNH由相对自由市场中的贸易商与各种投资者共同决定，更能反映真实的市场需求，从而大大推进汇率市场化进程。再者，离岸金融中心可发挥货币资金池作用，成为国际资金流入的重要渠道，在人民币汇率急剧变动的特殊状况下，起到提供稳定外币资金、平抑物价的作用。

在上海自贸区离岸市场建设的初期，应根据我国的金融结构和现状，实行内外分离的市场模式，即对境内金融市场业务和境外业务严格分离，对外资银行和金融机构与本国居民之间的金融业务活动加以限制，只准许非居民参与离岸金融业务，以此防止离岸金融交易活动影响或冲击本国货币政策的实施。

### 四 完善金融统计制度，明确相关税务政策

随着上海国际金融中心建设不断推进以及自贸区的建立，面对各类金融市场层出不穷的情况，应尽快将新兴的金融市场纳入金融统计，设置合理的统计指标，完善金融市场的分类。而明确税收政策对于投资者来说是非常必要的，尤其是对于境外投资者，这种确定性对他们的意义可能远超税收成本。如果政策不能明晰，吸引境外长期资金、

先进投资理念以及人民币国际化试验田等诸多效用可能会打折扣。

**五 建立高素质人才储备**

随着我国金融对外开放程度的提高，以国有商业银行为代表的传统金融机构将同时面临国内国外两个市场的竞争，为使上海国际金融中心建设和自贸区金融改革有效推进，金融业需要进一步重视和培养高端人才，推进完善人员交流机制。

首先，大力向海内外招揽高素质专业人才，打造高素质人才队伍，吸取中国香港及其他成熟离岸金融市场银行业管理的经验，为本土银行的国际化需求服务。其次，做好英语及其他语种的人才储备，满足自贸区设立分支机构及进一步拓展海外市场的人员需求，适应和满足国际业务多元化与客户来源多元化的需要，为打造国际化奠定基础。最后，着力培养本土人才，完善新人培养机制，通过海外培训、国际交流等途径，促使新人成为具备个人、公司、国际、资金、运营一条线的业务知识储备，同时培养充分掌握国际法律、语言、风俗文化知识的复合型人才，承担起境内区外、区内、境外机构之间的桥梁作用，更好地推动国际金融中心的建设。

**六 建立完善的信息共享平台**

经过多年的发展，上海已经形成了包括股票市场、债券市场、黄金市场、外汇市场、期货市场等在内的多元化市场格局，涵盖了现货、回购、远期、掉期、期货与权证等重要交易机制，它们产生的市场价格起着重要的指导作用，如上海期交所被国际同行业认定为国际定价中心之一。金融市场和金融信息在上海的集中，不仅吸引大量资金流向上海，还对机构产生了显著的集聚效应，促使中外金融中介机构纷纷抢滩上海，许多世界500强企业还把地区总部或投资、研发、采购等职能总部迁到上海，形成了"总部经济"，大大提高了上海经济和金融的辐射作用。

自贸区的金融改革势必将吸引更多企业和金融机构入驻，因此，建立起区内强大的信息共享平台机制，利用强大的信息集聚群体的便利条件，营造自由、高效的金融贸易环境是推进自贸区改革和上海国际金融中心建设的必要举措。

### 七 放松金融管制，实行有效监管

在机构设置上，一方面，大力吸引国外金融机构在上海设立总部或地区总部，引导驻沪外资银行在长三角地区增设分支网点，扩大影响范围，另外，引进世界级信用评级和资产评估类金融机构、国际金融领域重量级的金融机构，适当地在权限范围内给予有利的税收优惠政策。另一方面，提高驻沪金融机构的国际竞争力，发挥上海本土金融机构的优势，上海法人银行应在"立足上海、辐射全国、接轨国际"的战略目标上，扩展其在全国甚至国际范围内的业务。国际经验表明，国际金融中心的发展与中央银行总部的设立存在互动关系。因此，要发挥中国人民银行上海总部的示范效应，完善央行上海总部决策和操作系统，建设各大金融机构上海总部，集合金融资源，形成规模效应。

在宏观政策上，政府需要权衡好适当的政策干预和金融监管。一方面，过多的政府干预往往造成市场扭曲效应，导致正常市场机制的运行受到干扰。只有适度地降低政府干涉程度，给予市场机制足够的空间，才能充分发挥其自身优势。国际著名的金融中心——东京和新加坡，在建设伊始，均取得了举世瞩目的成就，可惜的是，政府在建设的过程中出于各种原因，逐渐加强了对有关方面的管制，致使原有的市场机制无法正常运行，最终导致这两个国家金融深化进程缓慢乃至停滞，国际金融中心地位无法提升。另一方面，适当的金融监管又是必不可少的。如果不对金融体系采取相应的监管行为，就可能会在金融机构之间发生资产转移套利等行为，严重时将会导致全国金融体系的紊乱，例如历史上著名的巴林银行倒闭案就是最好的教训。此外，必要的监管措施和实施保密规则也将有利于打击国际金融犯罪。除了建立一般监管措施外，还可以考虑建立层级的防火墙制度，重点针对资金流动环节、市场交易环节形成有效的保护措施。

总的来说，对金融体系的放宽与监管要"两手抓"，既不能因过度放松而造成虚拟经济膨胀，又不能因过分管制而阻碍金融创新，只有在有效监管条件下创造自由的金融贸易环境，才能最终促使自贸区的改革成功，从而顺理成章地建成国际化的上海金融中心。

# 第十二章　新开发银行、自贸区与上海国际金融中心联动发展

上海优越的地理位置、完善的金融生态资源使之成为新开发银行的总部所在地，同时也作为我国自贸区的排头兵为其他地区积累可复制、可推广的经验，这些都为加快上海为国际金融中心建设带来了极大的机遇。新开发银行的成立为"金砖五国"及其他新兴经济体提供了发展机遇和参与国际事务的实现途径，对于中国金融发展，特别是上海国际金融中心建设，有着至关重要的作用。

## 第一节　"金砖五国"地位及上海国际金融中心、自贸区发展分析

### 一　"金砖五国"的国际地位

近年来，世界多极化格局愈演愈烈，众多新兴经济体崛起，其中"金砖五国"的表现鹤立鸡群。五国不仅仅占全球近30%的面积，占世界人口42.6%的总人口，同时经济总量占世界总量近25%，近几年对全球经济增长贡献超过50%。但其国际地位在当前的金融格局中与其经济实力并不匹配：IMF中五国投票份额合计为10.3%，远低于美国17%，同时英、法、德、意四国投票份额合计17.6%，但其在全球经济中比重仅占13.4%。

长期以来，美欧等发达国家把握世界经济格局，鉴于美元作为世界储备货币，使得美国长期占据世界金融市场中的霸主地位。在这种格局下，新兴经济体包括"金砖各国"在国际上的话语权被遏制，国际金融秩序始终倾向于欧、美、日等发达国家。尤其在2008年美欧

爆发严重的金融危机，极大地冲击了世界经济。为挽救本国经济发展，其采取的货币政策令新兴经济体饱受重创。在此境况下，新开发银行的成立成为新兴经济体建立一个不过度依赖美元等国际化货币金融秩序的良好契机，成为建立国际金融新格局的里程碑。

### 二 "金砖各国"的竞争优势

"金砖国家"资本市场较不成熟，银行部门在国民经济中发挥主要作用。新开发银行的建立将使得"金砖国家"在金融领域的合作越来越密切，但各国的金融体系的差异较大，各有优势。王建、窦菲菲（2014）通过宏观、中观、微观层面指标对"金砖国家"进行测算和评估，发现巴西、俄罗斯等市场化程度较高，中国竞争力略高于平均水平；"金砖国家"正逐渐由资源禀赋密集型竞争过渡到要素密集型竞争；在金融自由度方面，南非与巴西市场较为自由，中国、印度和俄罗斯相较不远，在"金砖国家"中，中国银行业品牌排名比较靠前，但是大而不强的问题突出。

### 三 上海国际金融中心竞争力分析

国内外学者对国际金融中心从不同角度作出定义。Wasserman（1963）认为"国际金融中心的发展遍布全球，并对国家之间货物、服务和证券的流动进行调节"，而世界性金融中心，例如，伦敦和纽约，"能在更广泛的程度上提供这种便利"。Dufey 和 Giddy（1978）定义金融中心为能为国家或地区间的金融交易提供结算服务、金融机构高度集中的中心大都市。

目前，全球范围适用的金融中心竞争力分析指标包括 GFCI[①] 指标和 IFCD[②] 指数。其中 GFCI 报告采用聚类和关联分析方法，从三个不

---

[①] GFCI：GFCI 指数分析，伦敦金融城自 2007 年 3 月开始发布的全球金融中心竞争力指数报告 GFCI1，每半年发布一次。

[②] IFCD：自 2010 年，新华通讯社联合芝加哥商业交易所集团（拥有原道琼斯指数，现为标普·道琼斯指数），推出"新华·道琼斯国际金融中心发展指数"。IFCD 指数评价体系通过衡量各城市的金融市场、成长发展、产业支撑、服务水平和综合环境来考核其作为国际金融中心综合素质。截至 2013 年，IFCD Index 已成功连续发布四次，在全球范围内得到广泛好评，特别设立成长发展指标体系，更加关注金融中心的成长性和未来发展，对新兴经济体的评估更加客观。

同的维度，即金融中心的广度、深度和对外联系度来综合评判各金融中心的竞争力。金融的广度反映了金融业的丰富和繁荣程度，金融的专业性反映了金融中心的深度，联系度反映了一个金融中心在世界上的知名度，以及与其他金融中心的业务合作与交流程度。根据以上三个维度将金融中心分为三个不同的层次：全球性金融中心、跨国金融中心、本地金融中心。自 2008 年 3 月，GFCI3 首次将上海列于排名之中，上海处于第二个层次，是具有跨国多样性的金融中心（如表12-1 所示）。

表 12-1　历次 CFGI 关于上海国际金融中心分值及排名情况

|  | 分值 | 分值变动 | 排名 | 排名变动 |
| --- | --- | --- | --- | --- |
| CFGI3 | 554 | — | 31 | — |
| CFGI4 | 568 | ▲14 | 34 | ▼3 |
| CFGI5 | 538 | ▼30 | 35 | ▼1 |
| CFGI6 | 655 | ▲117 | 10 | ▲25 |
| CFGI7 | 668 | ▲13 | 11 | ▼ |
| CFGI8 | 693 | ▲25 | 6 | ▲5 |
| CFGI9 | 694 | ▲1 | 5 | ▲1 |
| CFGI10 | 724 | ▲30 | 5 | 0 |
| CFGI11 | 687 | ▼37 | 8 | ▼3 |
| CFGI12 | 656 | ▼31 | 19 | ▼11 |
| CFGI13 | 674 | ▲18 | 24 | ▼5 |
| CFGI14 | 690 | ▲16 | 16 | ▲8 |
| CFGI15 | 695 | ▲5 | 20 | ▼4 |
| CFGI16 | 690 | ▼5 | 16 | ▲4 |
| CFGI17 | 695 | ▲5 | 16 | 0 |

资料来源：Global Financial Center Index3 - 16（参见附录一）伦敦独立机构 ZYen Group，http：//www. zyen. com/ research/ gfci. html。

基于 IFCD 指标体系可以把金融中心分成成熟型金融中心、新兴发展性国际金融中心等四个梯队。根据 2014 年报告，上海与中国香港并列第五，处于第二梯队（如表 12-2 所示）。

198 / 第三篇 上海国际金融中心建设的新机遇：与自贸区……联动发展

表 12-2　基于 IFCD 指标体系的国际金融中心竞争力排名

| 排名 | 2014 年 | 2013 年 | 2012 年 | 2011 年 |
| --- | --- | --- | --- | --- |
| 1 | 纽约 | 纽约 | 纽约 | 纽约 |
| 2 | 伦敦 | 伦敦 | 伦敦 | 伦敦 |
| 3 | 东京 | 中国香港 | 东京 | 东京 |
| 4 | 新加坡 | 东京 | 中国香港 | 中国香港 |
| 5 | 中国香港 | 新加坡 | 新加坡 | 新加坡 |
| 6 | 上海 | 上海 | 上海 | 上海 |
| 7 | 巴黎 | 巴黎 | 法兰克福 | 巴黎 |
| 8 | 法兰克福 | 法兰克福 | 巴黎 | 法兰克福 |
| 9 | 北京 | 芝加哥 | 苏黎世 | 悉尼 |
| 10 | 芝加哥 | 悉尼 | 芝加哥 | 阿姆斯特丹 |

注：2014 年中国香港与上海排名并列，北京首次进入前十排名。

资料来源：根据新华网·道琼斯国际金融中心发展指数报告 IFCD2011－2014 整理而得，IFCD（Xinhua-Dow Jones International Financial Centers Development Index）来自网络搜索，附原始报告截图（附录二）。

在整个 IFCD 指标体系中，金融市场是最重要的指标，也是决定各国综合实力的核心变量。从 2010 年到 2013 年，上海的综合排名与金融市场排名基本一致，说明金融市场发展程度是决定金融中心竞争力最重要的因素，这一点也可以从全球金融中心的排名看出来。上海的市场体系和金融机构体系不断完善和健全。根据上海金融办的数据，2013 年上海证券市场的股票交易额位居全球第五，年末股票市值位居全球第七。上海不断发展的金融体系使得上海的金融竞争力不断提高（如表 12-3 所示）。

表 12-3　IFCD 金融中心客观指标测评得分前十排名情况

| 排名 | 金融市场 | 成长发展 | 产业支撑 | 服务水平 | 国家环境 |
| --- | --- | --- | --- | --- | --- |
| 1 | 纽约 | 上海 | 纽约 | 纽约 | 伦敦 |
| 2 | 伦敦 | 东京 | 伦敦 | 伦敦 | 纽约 |
| 3 | 东京 | 新加坡 | 东京 | 中国香港 | 东京 |
| 4 | 中国香港 | 纽约 | 中国香港 | 东京 | 新加坡 |
| 5 | 新加坡 | 伦敦 | 上海 | 新加坡 | 上海 |

第十二章　新开发银行、自贸区与上海国际金融中心联动发展 / 199

续表

| 排名 | 金融市场 | 成长发展 | 产业支撑 | 服务水平 | 国家环境 |
|---|---|---|---|---|---|
| 6 | 上海 | 中国香港 | 新加坡 | 上海 | 法兰克福 |
| 7 | 巴黎 | 北京 | 巴黎 | 巴黎 | 巴黎 |
| 8 | 法兰克福 | 深圳 | 北京 | 法兰克福 | 悉尼 |
| 9 | 悉尼 | 巴黎 | 芝加哥 | 芝加哥 | 旧金山 |
| 10 | 苏黎世 | 迪拜 | 法兰克福 | 悉尼 | 苏黎世 |

注：2014年受政策红利影响，在国家环境方面上海首次进入前十，位列第五名。
资料来源：根据新华网·道琼斯国际金融中心发展指数报告2014整理而得。

IFCD中的成长发展指标体现了上海在资本市场成长性、经济成长性方面的卓越能力，这也是未来上海金融中心实现成长和跨越的重要推动力。决定金融中心发展最根本和最持久的动力是一个国家或地区强大的经济实力，伦敦、纽约和东京是最好的例证。这些顶级金融中心共同的特点就是具备金融产品的生产、定价、清算功能。上海国际金融中心建设的思路是以人民币产品中心为突破口，到2015年基本建成人民币产品的创新、交易、定价、清算中心。

**四　自贸区金融改革发展**

自贸区为我国金融改革试验田，与上海国际金融中心有着密切的联系。随着我国改革的不断深化，自贸区金融改革已经取得了一些实质性进展，如自贸区金融机构的市场准入问题、利率市场化、跨境资金使用、自由贸易账户实施等，有些政策已经开始从自贸区复制推广到上海市，这些对于促进上海国际金融中心建设具有重要意义。但是随着人民币国际化程度的提高，越来越多的问题开始浮现，如人民币产品主要以股权类、债券类、衍生品类为主，但是品种少、等级低。同时还有资本项目开放、交易清算系统开发、人才、产品研发等多方面的因素限制。

根据已有文献研究，上海可以通过发展在岸人民币产品中心和离岸金融中心共同驱动的方式来加快金融中心的建设。在自贸区金融改革的大背景下，借助于自贸区的金融改革所建立的金融资产缓冲区和资金池，完善人民币回流机制。在风险可控的前提下，现如今人民币国际地位显著提高,资本账户的开放力度加大,上海国际金融中心的地位将会进一步提高。

## 第二节　新开发银行与上海国际金融中心建设、自贸区发展的联动

### 一　联动机制分析

新开发银行的发展与上海国际金融中心建设、自贸区发展之间相辅相成、互相促进。从性质上看,出于政治和经济因素考虑,新开发银行是第一个有新兴经济体突破地缘限制成立的国际性金融机构,专门服务于"金砖国家"与其他新兴发展中国家的基础建设和可持续发展。作为全球性开发的多边区域性金融机构,新开发银行的成立成为世界银行和国际货币基金组织的重要补充,不仅有助于"金砖国家"基础建设的资金补充,还增强了其抵御市场风险、稳定全球经济的能力(如图12-1所示)。

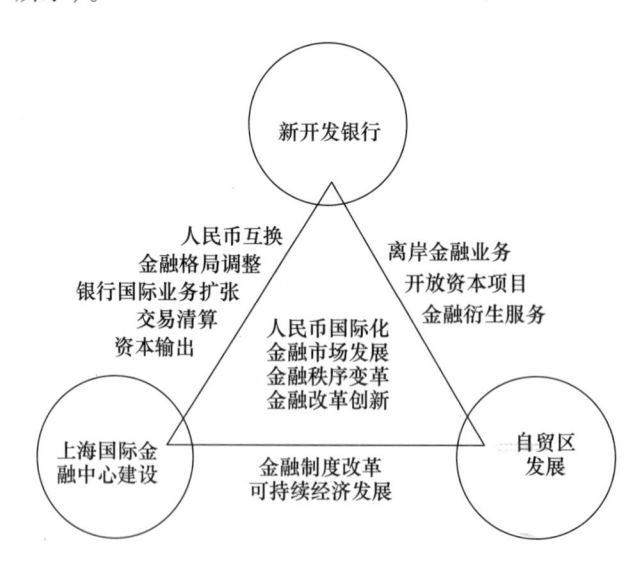

图12-1　新开发银行、上海国际金融中心与自贸区发展联动作用

资料来源:根据本书分析作图而得。

作为新开发银行成员国之一，中国受益颇多。而作为新开发银行总部，致力于建设国际金融中心进程中的上海则迎来了迈向国际金融中心的关键性一步，这将大大地提升上海在国际金融中的话语权。而上海作为新开发银行和"金砖国家"资金进出的桥头堡，将带来更多的国际资本流动，必将成为下一个全球资金中心，包括人民币交易结算中心、国际融资中心和对外投资中心，这将给上海带来丰富的金融资源和商业机遇，也会吸引更多的跨国金融机构和国际金融人才集聚上海，加速上海国际金融中心建设。同时根据新开发银行的职能设计，未来新开发银行极有可能落户上海自贸区，这将进一步推进上海自贸区的金融开放，加快资本项目可兑换。

## 二 新开发银行促进上海国际金融中心建设与自贸区发展

### （一）新开发银行与金融发展

2008年的全球性金融危机为国际金融格局的变革提供了战略性机遇，同时也为建立开放、互利、合作、共赢的新型国家关系带来契机。

新开发银行在运行机制上按照主流模式来设计治理架构、经营理念和商业运作机制，类似于世界银行和亚洲开发银行的多边开发性质，面向新兴经济体和广大发展中国家服务。"金砖国家"将通过新开发银行加强多方面合作：①扩大本币交易清算与贷款业务，便利贸易与投资；②开展国家间资本市场的合作；③加强在能源、环保、高新技术方面项目合作，谋求共同发展；④促进"金砖国家"间市场信息的融通与交流。上述合作对完善全球治理体系，维护发展中国家利益，促进发展中国家经济合作与发展具有重要意义。其中"本币结算和贷款"是"金砖国家"金融合作最重要的内容之一，不仅有助于各国贸易与投资，还有力地推动了国际货币体系的多元化发展。同时，本币结算也是衡量国际金融中心的标准之一。

### （二）新开发银行对上海国际金融中心建设、自贸区发展的影响

由新开发银行、上海国际金融中心建设、自贸区之间的三角关系可以看出，围绕人民币国际化与金融市场发展等主线，三者将互为助力，共同发展。

2008年金融危机爆发后,国际货币主要发行国为刺激本国经济发展实行量化宽松政策,罔顾新兴经济体利益,带来一系列不利冲击。这使得推动国际货币多元化发展,推进人民币国际化进程迫在眉睫。在开展新开发银行业务的过程中,我国应把握契机,利用基础建设项目投融资与新开发银行的结算功能,推动人民币资本输出与人民币结算,并开展人民币离岸业务,内外联动,以便推动人民币国际化进程。人民币国际化将为我国降低金融交易等一系列跨境交易成本,减少汇率风险,从而推动跨境贸易金融的发展;改善金融机构资金使用效率,增加资本输出与对外投资,推动境外人民币市场的发展,促进境外人民币拆借市场、外汇交易市场、同业市场、证券市场的逐步建立健全,从而推进金融市场的发展。人民币国际化的一系列影响都将促进上海国际金融中心的建设以及自贸区改革创新的进程。

历数各国际金融中心发展历程,从中能够总结出国际金融中心建立的必要因素和发展途径。其中最重要的四点在于:①发行货币成为储备货币,被纳入世界货币体系;②金融基础性设施健全,金融服务完善,金融群聚集;③银行业国际业务扩张,资本输出;④金融市场改革与金融创新。以纽约、伦敦、东京为例进行分析和比对,如表12-4所示。

表12-4　　　　　　　国际金融中心发展因素对比

| | 发展因素 ||||
|---|---|---|---|---|
| | 货币 | 金融基础设施 | 银行业务与资本 | 金融改革与创新 |
| 伦敦 | 英国工业革命使之成为最大贸易国,英镑成为储备货币,伦敦成为全球性汇兑与清算中心 | 第一次世界大战前,最大的商业公司和金融机构的聚集地,第一次世界大战后,全球最大的外汇交易中心、黄金场外交易中心、欧洲美元市场 | 英国银行约半数的资产由外国银行持有 | 放松管制、鼓励创新、高级金融人才库、先进的风险监管理念、金融衍生品交易,离岸、在岸一体化的金融中心 |

续表

|  | 发展因素 ||||
|---|---|---|---|---|
|  | 货币 | 金融基础设施 | 银行业务与资本 | 金融改革与创新 |
| 纽约 | 布雷顿森林体系后，美元位居储备货币之首 | 最大股票交易所、外汇交易、黄金交易和商品交易名列前茅 | 第一次世界大战后，成为最大资本输出国和债权国，第二次世界大战后，美国银行海外扩张，控制金融 | 自由银行制度，安全基金制度，监管制度创新，离岸工具 IBF（国际银行设施）促使资本回流 |
| 东京 | 第二次世界大战后贸易量剧增，日元成为储备货币 | 1986 年，日本外汇市场膨胀，东京成最大债券市场 | 20 世纪 80 年代，外汇市场膨胀，最大债权国，日籍银行对外资产余额庞大 | 金融自由化改革，建立了东京离岸金融市场 |

资料来源：根据文献查阅和整理而得，其中部分借鉴裴长洪等《上海国际金融中心建设与自贸区》，贺瑛等与《基于自贸区"蝴蝶效应"的上海国际金融中心建设研究》的研究结果。

由表 12-4 可以看出，人民币国际化、资本输出、银行业务海外扩张以及金融制度改革，是影响建设国际金融中心成败与否的重要因素。

1. 新开发银行成立为人民币国际化拓展了空间

新开发银行的设立拓展人民币在国际范围内的价值储藏功能，提高人民币的国际储备地位。

到 2014 年年末，中国人民银行已与 25 个国家和地区签署货币互换协议，其中包括俄罗斯、巴西等"金砖国家"，总额达 2.73 万亿元人民币。货币互换协议不仅促进了双方贸易和利用人民币进行计价和贸易结算的发展，还进一步发挥提升了人民币充当官方用途的国际储备的职能。同时人民币在"金砖国家"储备地位的上升，将会进一步提升人民币在全球范围内的国际储备地位的资金支持。但随着新开发银行业务的开展，除了初始资本金之外，还需要大规模筹资，此时，新开发银行可以在金融市场上发行以人民币计价的债券和其他衍生金融产品，为包括各国政府在内的国际投资者提供配置人民币资产的机会，进而促进人民币的国际化。

2. 新开发银行成立所带来大量的资本输出

"金砖国家"及新兴经济体国家拥有着巨大的资源储量和人口总量，市场潜力巨大，但基础建设落后，许多国家经济水平较低。新开发银行为"金砖国家"以及其他新兴经济体国家的基础设施建设提供贷款从而促进国家、地区发展，对"金砖国家"而言战略意义重大。同时新开发银行不仅仅只面向5个"金砖国家"提供资金服务，而要面向全部新兴经济体国家的基础设施建设项目，并以此促进相应国家、地区的经济可持续增长。以人民币作为"金砖国家"及新兴经济体基础设施建设等经济发展项目的融资货币将大有可为。上海，作为新开发银行总部所在地，自然成为新开发银行资本输出重镇。

3. 新开发银行成立促进本币结算助推人民币国际化

人民币在国际范围内充当记账单位和交易媒介职能主要反映在国际贸易和金融交易的计价和结算方面。新开发银行成立后将会进一步扩大"金砖五国"的国际贸易，以及金融交易中人民币计价和结算范围，进而助推人民币国际化。同时其将大大促进"金砖国家"以及新兴经济体之间的相互联系，有效保障国家之间的贸易往来和资金流通。未来中国与其他"金砖国家"的经贸往来可以采用本币结算，这将规避汇率风险以及其他不利冲击，减少对强势货币，如美元等的依赖。通过扩大人民币使用范围，建立本币结算体系，将大大提升人民币国际地位，加快人民币国际化进程。

4. 新开发银行成立有利于商业银行海外业务扩张

新开发银行除由成员国提供资金外，还将对外大量融资。对于我国商业银行来说这是一个重要的机遇，要积极成为新开发银行在各国的代理行，参与贷款发放与管理；组织开展联合贷款；积极支持新开发银行项目贷款，积极向新开发银行提供借款或资金拆借。此外，与新开发银行的合作还可能衍生出多种金融服务业务，包括基本账户和结算账户的开立；资金管理以及交易、汇兑和结算服务；全球现金管理业务；对债务的风险管理，如开发衍生产品，帮助其缓解汇率风险和利率风险；各种财务顾问及咨询服务等。

5. 新开发银行成立推动人民币离岸业务发展

随着新开发银行的成立，我国国内金融市场发展不足、资本账户管制以及我国人民币利率市场化尚未实现等诸多缺陷逐渐显现。这些因素将限制我国金融市场为人民币国际化，资本输出与对外投资提供资本市场平台，这将促进我国对于发展人民币离岸业务的探索与改革。资本项目可兑换、利率市场化、人民币跨境、外汇管理体制等作为自贸区金融改革的核心内容，将被推上试验与改革的议程。

### 三 上海国际金融中心建设与自贸区发展支撑新开发银行发展

新开发银行的成立确实为国际货币体系带来变革的契机，但其成立与发展也面临着一系列的考验。

作为中国参与国际多边治理，发挥中国在全球金融体系话语权的重要载体和平台，新开发银行的发展对于中国经济金融的发展起到关键作用。通过一切可行途径维护新开发银行的有序运行至关重要，其中上海国际金融中心建设与自贸区发展都将为新开发银行发展提供支撑。根据国家发改委公布的《"十二五"时期上海国际金融中心建设规划》[①]，为把上海建设成为国际性金融中心，要大力加强上海金融体系建设。无论是对支持实体经济发展、进行资源的配置，还是人民币的全球环流，都离不开国际金融中心这一枢纽，而自贸区作为我国金融改革的试验田，对于促进上海国际金融中心建设的突破性发展具有重要意义。

如果建设成为拥有产品的生产、定价、清算功能的国际金融中心，中国在国际上的影响力与话语权将与日俱增，经济活力迸发。而通过新开发银行而联系日益紧密的"金砖国家"及其他新兴经济体将会是国际金融中心建设的获益者，上海国际金融中心的建设将带动联系紧密国家的经济发展与社会进步。同时金融中心的建立可以反映出

---

① 《"十二五"时期上海国际金融中心建设规划》于 2011 年由国家发改委发布，旨在建设上海国际金融中心，加强上海金融市场体系建设。计划到 2015 年确立上海为全球性人民币产品创新、交易、定价和清算中心，到 2020 年建成与我国经济实力和人民币国际地位相适应的国际金融中心。

地区与国家在国际金融格局中的影响力，这可以增强"金砖国家"抵御风险的能力，从而支撑新开发银行的发展。具体如下：

（一）人民币国际化带来的支撑

回顾整个世界发展史，不难发现一个国家发行的货币在国际货币体系中所处的地位很大程度上标志着一个国家在世界中的影响力，甚至影响一个国家的发展。故我们需尽一切可能加速人民币国际化进程，其中人民币互换、交易清算中心建设与资本项目开放均是可行办法。

截至2014年9月，为加强"金砖国家"相互间的合作与联系，中国已与俄罗斯、巴西等"金砖国家"签署了双边本币互换协议。货币互换协议诞生的本来目的在于降低筹资成本及防止汇率变动风险造成的损失，也可以看作是一种国家与地区间提供货币流动性支持的一种方法。在上海国际金融中心建设稳步推进和中国在国际上的影响力逐渐加强，国际将会进一步认可人民币的地位，由此可以争取与其他国家和地区加强人民币互换，从而提高人民币的储备地位。

新开发银行依国家信用组建，其拥有"金砖国家"投资的资本金，同时也吸收其他方面的筹资，如果我国自贸区资本项目逐渐开放，自贸区内就可以形成一个外汇流入和人民币走出海外的通道，从而增强上海金融中心资本活力，可以吸引来自更多国家和地区的资本来支援新开发银行的发展。同时以上海为背景，形成以市场为基础的汇率机制，发展多元化国际交易平台，从而提升其交易清算的能力。人民币互换、资本项目开放与交易清算能力的进一步发展将进一步提升国家的话语权，通过互利共赢，"金砖国家"各自经济水平将更上一个台阶，"金砖国家"间的往来也将更加紧密。

（二）金融市场发展对新开发银行的支撑

上海国际金融中心建设与自贸区的不断发展，必将为中国经济金融发展带来大的飞跃。上海在国际金融格局中的地位提升将依赖于其交易清算、定价能力与生产能力。自贸区离岸金融发展将更进一步打开中国金融市场，完善市场机制，从而吸引世界投资者的资本。创新源于需求，通过在金融市场不断的预测与调整，国内金融行业的创新能力将被极大地激发，更大的开放度、更合理的金融体制将使中国金融市场推出更多的金融衍生品以满足各方面的资本需求。

随着新开发银行业务的开展，新开发银行除了初始资本金外需要大规模筹资，新开发银行可以在国际金融市场上发行以人民币计价的债券和其他衍生金融产品，上海国际金融中心可以把握机会，既为新开发银行发展提供助力，又促进人民币的国际化。同时，国际金融中心与自贸区的进一步发展必将影响金融机构分布的地理格局。来自全球的金融机构将纷纷随着金融管制的逐渐放松在上海设立分支机构和办公室以参与金融集群所提供的金融服务和产品交易。随着国际金融业务的迅速扩大，金融衍生品交易和商品交易将成为国内金融市场重要组成部分，一系列需求反过来将促进国内银行业在国际业务上扩张，在国外建立分支机构，尤其在其他重要的国际金融中心，这势必会使得上海作为国际金融中心的综合竞争力大大提高，从而提高中国同其他金融发达地区的联系，提升对国际金融格局的影响力。借鉴美国开设离岸工具IBF（国际银行设施）的经验，新开发银行的成立将为国内资本对外投资提供机会，同时吸引流向外国尤其是其他离岸中心的资金返回国内，从而进一步增强上海的竞争力。上海国际金融中心作为投融资平台，当"金砖国家"中其他国家在基础设施方面存在庞大的缺口时为其项目提供资金借贷，这对"金砖国家"具有非常重要的战略意义。

上海国际金融中心将吸引大批精通国际金融业务的高层次人才，人才培养机制也必将更为完善。金融创新依靠人才，人才将保证金融机构的创新能力，从而在复杂的系统环境中抓住市场机会增强整个金融系统的活性以进一步推进金融中心的建设，并联动新开发银行的发展。

（三）金融秩序与规则改进带来的支撑

在目前的政策和开放程度下，存在很多问题阻碍上海国际金融中心的建设。自贸区的发展既要保证安全又要保全有效，既有效果也要效率。我国目前在推进金融改革的进程中面临着众多挑战，交易清算、资本项目开放、离岸金融发展、金融衍生品等一系列举措均在等待试验与推行。金融改革既需要广度也需要深度，需要增强开放力度，也要管控风险。在不断改革与调整的过程中，上海国际金融中心的地位必将进一步提升，中国与其他"金砖国家"秉承互利共赢的合作精神，经济发展水平将会稳步提高，新开发银行作为世界银行与世界货币基金组织的重要补充部分，必将对整个国际金融体系的结构产生深远的影响，而且使"金砖国家"和其他新兴经济体拥有更多的话语权。同时人民币国际化进程的推进为人民币纳入国际储备货币铺路，国家的影响力将与日俱增，不论是对上海国际金融中心的建设还是新开发银行的发展，都将带来强有力的支撑。

（四）金融改革创新带来的支撑

金融创新与改革是国际金融中心形成乃至整个国家发展的动力源泉。历史上每个国际金融中心的崛起都离不开金融创新的力量，如伦敦、纽约、东京，均在条件较为成熟时采取相对宽松自由的监管制度来激发创新活力，来带动金融市场的发展。国际金融中心将汇集各种金融机构，其集中度和金融活动的活跃性具有正外部性，利益最大化驱动将促进金融创新，国内金融机构逐步推进体制与机制改革，建立良好的法人治理结构，追求企业利润最大化，提高行业竞争力，推动中国与其他"金砖国家"在经济、贸易等其他方面的合作，将上海建成以经济、贸易、金融等同步发展，离岸、在岸一体化的金融中心。同时以上海国际金融中心为平台，推出人民币衍生品等金融衍生品，增强国家的国际竞争力，支持"金砖国家"与其他新兴经济体共同发展，稳步促进世界金融格局的发展与变革。

## 第三节　发挥联动作用的策略与措施

新开发银行总部设于上海，为了让上海更好地承载新开发银行乃至全球金融中心的地位，更充分地促进本国发展，从而更好地服务新开发银行与"金砖国家"，我们还需要在金融改革前行军的道路上走得更快更深。

## 一 新开发银行需面对外部与内部的双重挑战

长期以来，全球金融市场由美欧主导国际货币体系，"金砖国家"及其他新兴经济体同发达国家相比自身经济水平较为落后，金融体系的发展不成熟，风险抵御能力较弱，国际话语权较弱，一旦突然爆发出系统性的金融危机，"金砖五国"等新兴经济体将会受到莫大的冲击。同时"金砖五国"间，除了存在经济利益冲突外，在其他方面也存在着一定的差异和分歧，尤其是中国、俄罗斯与印度之间在地缘政治上的分歧难以消解，导致"金砖国家"短期内难以形成在国际治理中的向心力。

上海在国际金融中心建设方面取得一定成就，中国在新兴经济体中居于领先地位。但是作为新兴经济体的发展中国家，中国的国际地位亟待提高，其表现在：一是人民币在国际货币体系中的地位明显滞后于中国经济实力的提升，使得中国作为全球最大贸易国却在"美元霸权"和"美债陷阱"中进退维谷；二是金融定价权的缺失，如信用评级的风险定价权、金融基准的利率定价权、大宗商品的货币定价权等，都不利于中国市场进一步对外开放。

## 二 发挥新开发银行、自贸区金融改革与国际金融中心建设联动战略措施

### （一）推进上海金融开放进程，加快资本项目可兑换

根据新开发银行的职能设计与上海国际金融中心建立的需求，当务之急，是要推进上海自贸区的金融开放，加快资本项目可兑换。加快人民币的可兑换节奏是为了能尽快地将人民币国际化。这一举措将方便新开发银行开展基础设施建设投融资活动，也便于其他"金砖国家"更好地利用上海这个平台进行跨境贸易和融资活动。

自贸区可以对人民币国际化进程进行分期模拟预测与跟踪研究，分析上海自贸区内利率市场化、汇率市场化和资本项目自由兑换等措施对贸易往来、资本输出与对外投资等方面的影响。

资本账户开放将拓宽人民币进出的通道，有助于提升人民币国际计价、结算、投资等方面的建设。作为金融改革的试验田，自贸区最重要的工作即推进资本账户的平稳而有序地开放，目前，区内个人自

由贸易账户只能办理基于经常项下的交易,不能投资境外资本市场。未来在进一步开放测试可行的基础上,将其推广到整个上海国际金融中心的建设中来,从而与国际金融市场融通、与境内市场有限渗透,随着各项政策逐渐成熟并实施,将来能够更加有效配置内外资源,从而稳步开放国内资本市场,吸引外国机构进驻,并展开包括银行、证券等金融机构的对外扩张和境外投资。资本项目开放将大大提升企业境外股权投资操作流程,提供更为丰富的金融交易机会,提高投资效率。在未来条件成熟后,随着外汇账户的启动,资本流动会更方便。

(二)加强上海金融基础设施建设,加强风险监控与防范

以新开发银行为途径,进一步完善上海金融的生态环境与基础设施。上海虽然具备各种金融交易所、金融市场和金融总部等各项金融要素,但内在的金融体制机制建设还有待进一步完善,金融创新活力需要进一步激发,因此进一步完善国际化的软硬件基础设施,在外汇管理制度上进一步深化改革,需要建立国际化金融体系与市场化的制度和环境,特别是建立完善的跨境交易清算体系。同样重要的还有国际化金融人才的储备和国际业务能力的提升。另外,积极借鉴国际金融经验,完善金融体系结构。

新开发银行落户上海在带来资金与机遇,在自贸区加快资本项目开放进程后将吸引大量本外币资金出于投资或投机等目的进出外汇市场和投资市场,这将对上海这个金融开放港口流入制造不稳定的金融因素,金融安全问题不容忽视。上海需向成熟的国际金融中心学习先进的金融理念、运作模式、管理体制等,做好金融风险管控,特别是跨境资本流动、人民币金融产品创新方面的风险防范,加快跨境金融监管制度改革创新,以适应新开发银行发展和管理的需求和上海国际金融建设的步伐。

(三)稳步进行金融制度改革,建造国际化交易平台

加快国际金融中心建设,促进新开发银行发展,提升国际地位意味着我国必须稳步扩大对外开放的广度和深度,并增强上海金融服务功能。

建立各种金融产品交易平台,可以增强上海金融中心的国际影响

力，目前我国已成为最大的大宗商品消费国，但是国内大宗商品市场与国际市场长期处于割裂状态，没有掌握主要大宗商品的话语权和定价权。打造国际化大宗商品交易平台，谋求大宗商品定价权是人民币国际化和自贸区发展的重点，将为上海金融中心建设，与提高新开发银行国际影响力提供有力支撑。目前上海国际能源交易中心在上海期货交易所成立的同时，上海自贸区还将建设商品国际交易平台。在上海国际金融中心建设的过程中，要大力支持国际交易平台的建立，同时积极探索如何建立大宗商品衍生品清算平台，为大宗商品提供人民币计价和结算服务，并推出以人民币交易、定价、结算的大宗商品衍生品。从而吸引国际投资者参与我国境内的期货交易市场，吸引流向国外的中国投资者回流，谋求为扩大对外开放奠定基础，在国际市场上建立中国标准，提高我国在国际市场上的定价权、话语权。

诸如大宗商品等国际金融资产交易平台都将与国际金融市场接轨，从而完善上海国际金融中心的资本市场体系，这将为机构直接融资、海外并购、境外投资、银行等金融机构海外扩张提供服务、工具和平台。

（四）开展离岸金融业务，银行业务海外扩张与吸引外资机构入驻并举

增强金融服务功能离不开多样化的金融主体，自贸区目前有多家中资、外资银行、金融租赁、保险等金融机构入驻。虽然有多家银行在自贸区开设分支机构，但这些机构在自贸区内开展业务的权限却有所不同。

建议自贸区以发展离岸金融业务为突破口推进资本项目开放，鉴于在岸和离岸账户之间的资金流动目前存在限制，可以采用分离型的离岸金融模式来解决。

通过离岸业务推动跨境人民币结算的发展，扩大人民币适用范围，如对外贸易、海外投资等领域，从而使得国内金融市场逐步与国际金融市场接轨，辅以不间断的监管完善来达到深化金融制度改革的目的。

开展离岸业务会使得离岸人民币有机会通过其他币种实现自由兑

换和实时报价，有利于人民币汇率机制的优化。同时只有在自贸区内率先实现资本项目开放与人民币自由兑换，才能实现最终的人民币国际化，从而最终达到自贸区发展、上海国际金融中心建设与新开发银行互相促进的联动作用。

（五）要加强与亚非拉等新兴经济体的合作

基于目前的研究发现，包括中国等"金砖国家"在内的发展中国家与新兴经济体在经济发展模式方面存在很多"短板"，例如经济水平与环境、经济增长方式、科研创新成果等。不可否认，随着新兴经济体在国际事务间的异军突起，美欧等发达国家的优势逐渐被削弱，世界格局正向更为平等合理的方向发展。但同时，目前世界级组织，如 IMF 和世界银行，都是美国第二次世界大战后依自身需要所设计的产物。

国家间的竞争根本在于综合竞争力，核心在于制度、规则与理念。"金砖国家"需要以新开发银行为平台，加强亚非拉等新兴经济体在地域等的合作，共同促进各自的科学技术、经济环境、消费需求以及环境能源方面的可持续发展。扶涛、张梅荷（2010）研究"金砖国家"全要素生产率增长率、技术进步等指标发现，劳动力与物质资本投入是其经济粗放增长最主要的原因，而技术进步贡献值很低。另外，"金砖国家"的投资产出效率同发达国家相比也是非常低的。以新开发银行为依托，通过推动新兴经济体基础设施建设，加快各国产业结构提升，从而促进人才、科研等方面的发展，并进一步带动经济增长模式让粗放型升级。

在合作中促发展，在发展中谋新突破。在一系列互利共赢的举措中，新开发银行和亚非拉等新兴经济体间会形成密不可分的关系网络。从而为新开发银行进一步发展提供强大的助力，也为新兴经济体更好地发展提供了更多更有效的途径。

（六）拓展新开发银行服务功能和范围

目前新开发银行规定在初始的金砖五国资本份额不能低于55%的情况下，允许其他发展中国家加入。主营项目为发展中国家基础设施建设，为新兴经济体发展提供新保障，来弥补 IMF 与世界银行的空

## 第十二章　新开发银行、自贸区与上海国际金融中心联动发展 / 213

缺。目前世界上对于新开发银行与现行国际金融格局的看法主要有对抗论、平行论、补充论和互动论。新开发银行为"金砖五国"等较为弱势的发展中国家打造了贷款平台，挑战了世界银行和IMF在全球金融体系中的地位，将对世界银行与IMF等多边国际金融机构在改革上的敷衍形成倒逼机制。同时新开发银行专注于新兴经济体金融等基础设施的建设。对发展新兴经济体国际化金融大都市将起到强有力的推动作用，这将会突破现行国际金融体系的格局。

### （七）不断完善上海吸引国际组织的空间规划及布局

国际组织入驻是衡量一个城市在世界范围内影响力的重要指标之一，上海目前是中国大陆最大的金融中心，同时也是亚洲发展最快的城市之一。国际组织入驻是对城市建设的外延性、软实力和国际声誉的认可，可以进一步提升中国在国际上的影响力和话语权。

发展国际金融中心的进程中，通过不断提升上海城市形象来增强其对国际组织的吸引力，形成良性循环。目前上海无疑已发展成为在全球经济体系中不可忽视的国际化都市，具备良好的发展潜力，吸引国际组织入驻可以进一步吸收外来优势资源，形成互利互惠的良性循环，同时整合自身资源，提升自身竞争力和影响力。

为吸引更多的国际组织入驻，上海需要完善自身金融基础设施与法律制度框架，为国际组织提供一个安定有序、蓬勃发展的外界环境。新开发银行总部入驻上海，为上海完善自身、提高知名度提供了有效途径。新开发银行的成立无疑是举世瞩目的，在服务新开发银行发展壮大的同时，上海应该把握新开发银行这一机遇，向世界展示上海作为国际金融中心的城市魅力，从而为上海与新开发银行的进一步发展提供有力支撑。随着新兴经济体迅速发展，世界格局正在不断演变，美欧等发达国家对于新兴经济体的成长心怀警惕，并不时给予阻碍。中国作为新兴经济体和发展中国家的"领头羊"，更是首当其冲。新开发银行的成立契机即是减少对现有以美欧为主导的经济金融体系的依赖，旨在为成员国和其他发展中国家基础设施建设提供贷款，以及突发事件的应急资金。

新开发银行是世界上第一个发展中国家主导，成员全部是发展中国家的国际金融组织，其成立有利于维护新兴经济体与其他发展中国家在国际金融体系中的合法权益，为发展中国家打造一个金融安全防护网。目前世界上新成立的组织仍是不免予由发达国家带头，邀请发展中国家加入的传统模式，这只是一种发达国家为进一步维护现有经济格局的举措。而新开发银行的成立则是出于对发展中国家切实利益角度考虑而成立的。逐步提升新开发银行发展成为发展中国家银行，可以进一步凝聚发展中国家，增强各国之间的互通往来，增加更多的合作机会来促进各自的发展，并从整体上提升各国国际地位与话语权。

# 第十三章 上海不断开放服务"一带一路"的政策建议

随着新开发银行落户上海和上海国际金融中心建设加快,自贸区各项创新层出不穷。上海作为全球金融经济领先城市,需要在"一带一路"建设中,从资金方面提供保障和支持,不但吸引而且要进行准确投资,从引进外资和鼓励中资企业走出去两方面拓展,进而扩大自贸区经济效应;根据自贸区试验、浦东辐射突破、全市联动推广、服务全国及"一带一路"的思路,着力推进服务业开放,借助新开发银行落沪、自贸区发展和国际金融中心建设契机,推动上海新一轮对外开放服务"一带一路"建设,从而促进上海参与全球治理。

## 第一节 推动上海对外开放的主体思路

### 一 加强制度创新与改革,深化上海自贸区的溢出效应

随着新开发银行在上海落户,我国的自贸区建设不仅要强化制度创新,将其不断致力于服务中美、中欧 BIT 谈判,先行先试一些对我国可能发生巨大影响的高标准国际投资贸易的新规则,以此为自贸区建设提供参考,强化自贸区的溢出辐射效应。根据"自贸区试验,浦东辐射突破,全市联动推广"的思路,着力推进服务业开放,贸易便利化,推进功能扩区,不断加强投资管理体制改革和金融创新的效应外溢,在更高层次、更大范围上引领我国进行新一轮的对外开放,进而促进我国的深化改革与发展,为上海的进一步对外开放赢取话语权与主动权。

## 二 实施"依法治市"的发展战略,优化标准化、法治化、国际化的商业经营环境

加强我国现代化城市的管理能力,营造标准化、法治化、国际化的经营氛围,完善建设基本经济制度,为基本实现高效运转的政府管理机制、较为健全的现代企业制度以及自由健康、完善有序的市场竞争机制而夯实基础。以 BIT 谈判为基本参照,加强推进上海市与国际惯例相互接轨的制度改革,加快突破制约开放型经济功能在体制、法制、税制与管制等根本性制度方面的"瓶颈"问题,系统优化城市软环境。与此同时,随着金融的改革开放上海市必须规范有序地推进制度创新进程,放松自贸区内资本项目管制,发挥市场"无形的手"的作用,并加快国际贸易结算中心的建设,开展离岸金融业务的试点工作。

## 三 全力创造具有全国乃至世界影响力的高新技术与创新中心

上海对于建设全球科技创新中心已有一定基础,但与国际水平仍存在差距,主要体现在世界级重大科技创新成果缺乏,尚未真正形成有利于创新的体制机制和服务环境。所以为了使得上海能够更加快速地构建以企业为主体、市场为导向的资源配置创新机制,全方位提升对海内外资源的整合创新能力,上海的对外开放必须要将把握科技创新方向,立足国内市场,放眼全球经济,重点聚焦创新项目与创新工程作为工作重心,同时加强体制机制、人才培养、新经济发展软环境的创新力度,坚定不移地迈开对外开放的步伐,此外,还要不断地朝拥有全国乃至世界影响力的高新科创中心的方向加快脚步。

## 四 不断完善自贸区的核心功能体系

推动上海以国际经济中心、金融中心、贸易中心、航运中心的辐射力与聚集力的发展为目标,从而进一步拓展自贸区新功能:国际经济中心要进一步提高经济增长的质量与速度,完善服务经济的发展环境,促进产业向高端化水平进行发展;在建立国际金融中心的进程中,需要进一步完善人民币的国际经济中心的功能,逐步实现以人民币为主导的自由兑换市场;国际贸易中心要加强促进贸易结构的转型与升级,加快贸易平台设施的建设与整合,促进自贸区内外贸易一体

化的协调可持续发展；国际航运中心要发挥主要运输区的关键作用，加快吸引港口、航运服务业的产业聚集，进一步完善全球资源配置的能力。

**五 主动与"一带一路"倡议对接，加强自贸区的全方位发展**

上海作为海上丝绸之路与长江经济带的汇集中心点，具有显著重要的地位。为了使其经济立于不败之地，上海需要不断加强对全球经济战略性产业、战略性资源和战略性通道分配与控制的参与，提高资源配置效率。擅于发挥生产性服务业的作用，尤其是上海金融业的聚集优势，不断提高中国经济的整体竞争力和在产业链金融中的独特地位。同时要依托上海自贸区"试验田"的作用，先行先试改革投融资体制、创新金融发展、开放服务业和转变政府职能等方面，为中国经济的进一步发展开放和深化改革提供切实的参考意见与实践经验。

## 第二节 进一步加强贸易金融开放、推动经济改革的建议

### 一 加快贸易转型升级

借鉴新加坡自由港、迪拜自贸区以及 TPP[①]、TTIP[②]、BIT、TISA[③]等系列贸易投资协定理念的相关丰富经验，应当着力将理念、政策、制度和功能的创新与发展予以推进，同时依托上海综合保税区，合力打造以集商品进口、分拨配送、保税仓储、展示销售、维修检测、数据处理及售后增值服务等为一体的完整贸易产业服务链，不断推动贸易向多边化进行通力发展，从而进一步将其贸易功能得以提升。不断深化国际贸易的集成功能，研究并探讨离岸金融之间的贸易功能，极

---

① 跨太平洋伙伴关系协议（*Trans-Pacific Partnership Agreement*，TPP），也被称作"经济北约"。
② 跨大西洋贸易与投资伙伴关系协定（*Transatlantic Trade and Investment Partnership*，TTIP）。
③ 国际服务贸易协定（*Trade in Service Agreement*，TISA）。

力为高端类的服务贸易功能进行拓展，鼓励贸易与航运、制造、物流、金融等产业进行相关系列发展与融合。同时不断积极创新海关方面的监管模式，逐步简易各类预归类审单流程和通关手续，新建通关通检的业务流程，将自贸区内的企业进行分类监管，推动空港与保税区之间实现无缝链接，推动将其国内空运的国际中转与转关便捷度集中拼接发展，实现税收政策和外汇管理逐渐接轨于国际惯例，从而实现税收制度和外汇管理与国际惯例的无缝完美接轨。同时放松外汇管制，试行自由兑付外汇、资金集中收付汇、放松区内外投资项目和放开经常项目收付汇等外汇管制政策。不断深化融资租赁试点改革，通力协作将上海自贸区打造成为国内最大的融资租赁特别功能区域。加快建立各类配套业务的综合性服务平台，努力提供切实可行的融资、保险、代理、会计、法律、报关评估等相关服务给融资租赁等行业。

## 二 加快发展服务贸易

牢抓不断扩大自贸区服务发展的开放机遇，加快贸易领域对外开放和贸易制度的相关改革，发挥服务业开放发展的新优势。首先要加速提高服务的贸易规模与能级，重点培养与发展金融保险、信息技术、工程承包、教育医疗、设计咨询与文化创意等一系列的现代化类型服务贸易。主动承接转移国际服务外包产业工作，向金融服务后台等相关领域予以着重进步，致力于建设上海并使之成为首屈一指的服务性外包示范先进城市。其次要稳步推进服务市场先行先试的开放工作。逐渐把外资引进金融、文化、教育、娱乐等《外商投资指导目录》中的限制类和禁止类的服务行业，同时研究制定出符合国际惯例的相关金融和财税的支撑政策。此外，还要不断深化贸易管理体制改革，提高行政工作的透明度并加强政府的办事效率，促进公平竞争，加快劳动者权益保护、环境改善、知识产权保护、政府采购制度完善等方面的制度改革与创新，加速形成以适应国际贸易新型趋势的制度规则与贸易氛围，力求新型贸易的监管制度与行业准入规则与时俱进。

## 三 加快外资管理体制改革

进一步放宽外资项目核准和企业设立的审批权限将其保持在合理

合规范围内。积极探索外资管理体制的改革试点项目，并创新开发外资的利用方式。积极探索建设外商投资项目的核准化标准，努力推行其企业合同的章程格式化的审批手续，致力建设部门互通、全市一致性的网上行政手续的审批服务管理机制；实现合格境外机构投资者的投资范围放松政策，进一步不断开放外汇市场、债券市场、商品期货市场、黄金市场与金融衍生品市场等。不断积极探索外商股权投资企业在基金管理、资本金结汇与投资等方面的新模式与新方法。

### 四 深化境外投资服务与管理之间的相关机制

鼓励机构投资者与个人投资者选择上海自贸区作为跳板平台，积极踊跃地拓展境外各类投资领域。发挥好人民币作为海外投资基金的积极作用，进一步将其募集基金项目的规模予以扩大，提供给国内企业向海外投资与并购市场化、专业化与商业化的投融资综合性的服务平台。不断丰富在沪金融机构积极有效地扩大 QDII 的业务规模与类型，将境内机构参与境外金融市场的贸易渠道不断拓宽；支持企业以新建、参股、增资、并购、再投资等多种形式开展以投入有价证券、货币、技术或知识产权等多种方式来获取相应的境外经营管理权以及其他有所关联的各种权益，建立健全关于境外投资的服务体系，拓展境外清算代理项目，支持在沪银行通过代理行或境外分支机构发放人民币贷款，同时积极鼓励银行挖掘和培育境外的潜在可能性客户。同时不断将投资审批流程与办理手续进行简化，并将上海市境外投资项目的管理体制予以改革，加强完善境外投资的各项支持政策，重点支持产业能级并不断提升项目和重大境外资源的开发力度。

### 五 积极发展离岸金融业务

以自贸区为发展契机，加快开展上海综合保税区特定监管区域的离岸金融试点，打造以人民币为中心的离岸金融中心。以期货保税交割业务和离岸银行业务为其支撑点与基本点，不断完善离岸金融市场体系，积极完善一系列完整的包括离岸货币、离岸证券、离岸同业拆借、离岸基金、离岸信托、离岸保险、离岸黄金和离岸金融衍生品在内的离岸金融市场体系的形成；不断发展离岸金融管理体系，逐步将国内及国外相关金融机构开展金融业务的准入准则予以放宽，加强开展离岸金融业务的制度性支持，尽可能地满足跨国公司地区总部投融资、资金管理、保值避险等相关的账户管理需求，方便进行离岸账户等方面的开设活动；不断完善关于离岸金融的相关法律体系，制定并健全以离岸公司登记注册、离岸银行业务管理、离岸账户管理、离岸业务税收、离岸金融交易为主要内容的行政管理办法、实施规则以及法律法规，为离岸金融业务提供强劲而有力的法律支撑；同时不断完善离岸金融的监管体系，进一步加强离岸金融监管和风险监控，探索符合国际惯例的审慎监管模式以便利业务开展，确保上海金融市场健康、持续、可控发展。

## 六 通过新开发银行项目服务"一带一路"建设

上海积极利用科研院所、高等院校、企业研发基地等集聚创新型资源的地理优势，发挥航运、金融、贸易等现代化服务业的发展优势，再加上市场活跃、与国际市场对接的区位优势，保证配套一致的综合改革与自贸区等先行先试的发展优势，并不断推进上海将其城市服务功能不断向周边区域进行辐射与扩散。同时积极利用上海的区域发展资源推动上海经济不断进行转型发展，推动企业联合走出去服务"一带一路"。因此，上海产业的转型必须积极主动地融合产业转型的发展需要，并以开放的视野积极利用长江流域及长三角地区各政府的区域发展规划逐步调整上海的产业结构。

把自贸区与新开发银行、亚投行、"一带一路"倡议相结合，形成一个交汇点及服务体系。自贸区可以利用自身优势，为新开发银行和亚投行提供特别通道，对新开发银行和亚投行国家以及其他面临基础设施资金缺口的发展中国家进行投资。新开发银行、亚投行投资的项目从融资、修建、后续管理都可以利用自贸区的优惠政策，和自贸区形成一个服务交汇点，互相渗透、相互结合、互相提升，把中国改革开放成果与这些国家共享，把自贸区与新开发银行发展、"一带一路"倡议及亚投行相结合，将会产生深远而重大的历史意义。从当前的实践经验来看，要加快"一带一路"的发展速度，以最快地实现"一带一路"倡议目标，重要的是要加快我国和国外的一些核心区域和重要节点的发展，其中自贸区在这些核心区域和重要节点中最为重要，把自贸区和"一带一路"倡议形成一个对接的关系，会使自贸区发挥出"1+3+7>11"的合力作用。

## 第三节 上海参与"一带一路"建设的突破口和措施

习近平主席在亚洲博鳌论坛上指出，我国要在服务业特别是金融业方面，确保放宽银行、证券、保险行业外资持股比例限制等重大措施落地，扩大外资金融机构在华业务范围，拓宽中外金融市场合作领域。上海近年来在贸易升级与金融业开放方面做了很多工作，《上海市政府关于进一步扩大开放加快构建开放型经济新体制的若干意见》33条意见，在外资准入领域的放宽、自贸区建设、先进制造业的鼓励进入等方面给出了很好的框架，本书从以下几点提出具体建议：

### 一 从传统的国际商业模式转向探索新的全球投资贸易方式

由于综合国力的提升，我国的国际地位大幅提升，国际影响力日渐增强，我国也开始逐渐参与国际规则的制定。而形成于第二次世界大战后的一整套国际经济制度已经不再适合当今的世界格局变化，首先，当前的国际分工模式主要是发达国家掌握设计等技术知识密集、附加值较高的环节，而发展中国家主要从事制造等劳动力密集、附加值较低的环节，因此现在的国际分工趋向于发展中国家依附于发达国家，是一种不平等的合作关系，而这造成了发展中国家与发达国家之间在国际金融组织中的地位不平等、在国际货币体系中收益与风险的不平衡，不合理的国际金融秩序也就随之出现，严重阻碍了世界经济的发展。因此，探索与确立新的全球经贸治理方式也成为我国的责任。"一带一路"的建设可以使发展中国家具有比较完整的基础设施和基础产业，从而改变其依附型的国际分工地位。筹建亚洲基础设施投资银行，通过扩大沿线国家金融合作，开展更为平等自由、范围更加广阔的双边与多边贸易，从而激励发展中国家团结起来，变革整个国际贸易旧秩序。在探索过程中，上海要按照国家部署，成为相关国家和地区合作机制的平台和联结点。以自贸区为例，上海自贸区是以制度创新为核心，以"可复制可推广"为目标倒逼改革所做的有益尝试，为上海成为"新平台、枢纽地、辐射源"创造了条件。在"十三五"期间，上海应在国家战略的引领下，将长江经济带建设、上海"四个中心"建设、"一带一路"建设以及上海自贸区建设相结合，以"实现一个机制，三者互相支持，最终突破现状"为方法，实现在新时期中国全方位的对外开放格局中真正起到"龙头"作用的目标。

### 二 从以贸易为主转向以投资带动贸易

用投资为贸易发展助力是"一带一路"建设的新方式。自改革开放以来，虽然上海为开展全方位国际投资积累了丰富的经验，并具有充足的资金和先进的技术，但更重要的是要顺应贸易与投资彼此融合并相互促进的发展态势，把贸易和投资有机地联系起来，用投资推动贸易发展。要做到这些，一是要进行深入的国家调研。要对全球各个国家进行了解，尤其要充分研究与分析在"一带一路"沿线投资所要面对的机遇和风险，以指导上海企业精准发力，抓住机遇，避免损失。以近年来频繁地与上海展开多方面的交流与合作的捷克为例，它地处"欧洲心脏"，是"一带一路"沿线国家中的重要节点，既是欧盟成员国之一，也是欧洲最具发展潜力的新兴经济体，经济呈健康发展态势，2015年的GDP增长率为4.3%，经济增长速度在欧盟国家中位居第一。总的来说，捷克具有较好的投资机会与较低的投资风险，很适合想要开拓欧洲市场的企业在此落户。二要推动经贸合作。经贸合作是发展"一带一路"的重点内容。政府要支持企业在沿线国家和地区进行投资，尤其要在彼此互补的领域开展贸易与投资合作。鼓励建设境外经贸合作区、开放试验区等各类国际经济合作产业园区，把它们打造成为上海企业"走出去"的重要载体。

### 三 改进投资企业构成，适当规避风险

当前，在"一带一路"沿线国家和地区的企业大多是具有较强竞争优势的国有企业，主要以开发性金融机构，如国家开发银行、进出口银行以及中国的一些商业银行为主，投资项目也主要集中在能源、交通运输以及基础设施建设领域。项目特点决定低收益与高风险，民

间资本是不愿意也没有能力进入的。但随着基础设施逐渐完善，企业未来在当地进行经贸交易与投资有了一定物质保障，民间企业参与的热情也会更高，进而更好地发挥作用。从实际看，在沿线国家的投资中确实需要民营企业发挥更强大的力量，实现民企和国企的战术配合，以降低技术需求型并购阻力并获得充足资本金。一方面，民企和国企在"走出去"过程中各面临不同的障碍，民企在融资等方面具有相对劣势；另一方面，国企在跨国并购中也面临着"竞争中性"的挑战。民企和国企战术配合则同时克服了二者所面临的障碍，以长电科技联合集成电路产业基金和芯电半导体这两家国有企业，共同发起对星科金朋的技术寻求型跨国并购这一案例为例，在其中长电科技的民营企业身份，减轻了相关监管机构对并购案的疑虑，同时集成电路产业基金也为长电科技的跨国并购提供了强有力支持。而在大力支持对外投资贸易发展的同时，也需要采取适当的措施来降低与规避风险。目前"一带一路"投资比较大的风险有两方面：一个是经济方面的风险，一个是国家政策的风险。经济方面的风险主要是指企业与银行未来可能面临因为基础设施建设投资收益偏低不能及时还本付息的问题。国家政策变化的风险主要指东道主政局动荡，或是处于族群冲突或战乱之中所带来的风险。以中国和缅甸的密松电站为例。一开始双方达成了合作协议开始动工，但后来由于东道国政府的政策变化就搁置了很多年，随着近年来中缅关系开始好转，这一项目又开始逐渐复苏。

### 四 让绿色金融在"一带一路"基础设施建设中发挥引领作用

作为经济发展的"主动脉"，完善的基础设施能够提供便利的交通运输、通信以及生产条件，从而降低贸易成本，吸引资本流入，推动国家经济增长。因此，基础设施是实现国家经济可持续发展的基础和重要保障。根据世界银行预测，到2020年之前，"一带一路"基建投资总需求在每年8000亿美元左右。仅亚洲地区基础设施投资占各国GDP的比重就达到6.52%，其中南亚地区高达11%，"一带一路"基础设施投融资市场巨大。但由于地缘政治风险较高、宗教和民族问题突出、金融环境较差和生态环境较为脆弱等问题，中国企业在沿线投资基础设施建设项目的风险也不容忽视。此外，发展中国家的环境和社会标准较低或者缺失，中国企业在投资进入阶段往往因忽略或不够重视一些环境和社会问题而造成一些国家对于中国企业的投资项目产生抵触情绪。但也应该看到，尽管"一带一路"沿线国家和地区在政治、文化、宗教等方面有巨大差异，个别国家对中国企业在环境和社会问题上仍心存疑虑，但各国政府、企业和居民在可持续发展议题上具有共同的目标。2016年，我国借G20东道国的机会在各种国际平台上宣扬绿色发展理念，以绿色金融为纽带争取国际共识，引领"一带一路"的可持续基础设施建设。绿色金融可以从以下两个方面发挥支持作用：一是资金保障作用。基础设施建设需要的巨额投融资仅靠政府资金是无法满足的，需要建立市场化的融资方式，以绿色信贷、绿色债券、绿色股权融资等多种方式广泛吸引民间资本参与到可持续基础设施建设项目中。二是资源配置作用。利用资金的有序和自由流动来传递价格信息，保证金融资本根据商业原则选择合作对象，确定项目的优先级。同时，还可以通过结构化设计，实现多元化资金需求与不同风险收益特征的金融产品相匹配。

**五　金融机构应构建鼓励绿色投资的机制**

基于在全球领先的绿色信贷标准，银行业需借鉴GIB等可持续基础设施标准，建立和完善境外绿色金融政策、流程和管理体系，并积极研发可持续客户和项目的识别工具，帮助企业提升国际竞争力。银行在发放信贷前的审核时，应采用绿色评级与绿色指数等工具对企业进行资产定价，衡量企业信用等级，并将环境审核作为贷款是否发放的重要参考标准，充分评估项目的社会效益，将贷款发放给符合绿色投资条件的项目，以此约束贷款发放。同时，除了传统的金融服务外，商业银行还可以大力发展碳金融业务，为碳交易市场提供专业的咨询和配套服务。我国的相关政策性金融机构也应充分重视并支持与制造业相关的绿色投资项目，为沿线各国起到模范带头作用。

**六　金融机构通过创新金融产品和管理机制提供金融服务**

为适应企业"走出去"和外贸产业发展，金融机构应积极创新金融产品和服务机制。开展工程项目贷款、国际并购贷款等新型业务，加强关于境外投资产品的专业能力和风险管理能力建设。开发境内外联动的人民币金融产品，促使离岸人民币金融产品序列更丰富、服务更完善、交易更活跃，促进人民币在岸和离岸双向连通。发挥金融机构长期开展绿色金融项目的经验，帮助企业和项目提升绿色表现，有效防范银行环境与社会风险。在创新金融产品时，由于具有融资规模大、资金使用成本低、风险相对较小的特点，债券适用于为绿色投资项目进行融资。上海市应鼓励金融机构和企业以自贸区为试验田，将筹措到的资金投入具有较好环境效益项目的绿色债券。同时，政府应出台相关鼓励政策，包括给予企业所得税和资本利得税的减免等。监管部门也应加快明确并出台与国际标准接轨的"绿色项目"分类标准，以确保我国绿色债券在国内与国际市场上都能顺利发行。

**七　打造绿色信息综合服务平台**

政府应积极建设绿色信息综合服务平台，并且在平台中，利用先进的技术，建设并管理相关的绿色投资信息库，深入地分析"一带一路"沿线绿色产业相关信息，准确发现可行的绿色投资项目，为相关企业在沿线进行投资提供更加科学的方案。并通过已经与我国进行信息互通的沿线各国的服务平台，进一步向沿线国家宣传中国绿色投资的技术和产品，使中国的"一带一路"的理念得到沿线政府和人民更高的认同。同时，应当利用服务平台加强信息披露和监管，有关部门也应加强对有绿色投资项目的企业的资质审核及在建项目的监管。还应要求相关企业定期公布投资项目的完成进度和环保指标情况，主动接受公众的监督。

**八　加强与沿线国家的国际合作，把上海打造成"一带一路"金融资源中心**

中国在"一带一路"沿线国家进行绿色投资，离不开与所在国的密切合作。但同时，部分国家政局复杂、社会动荡、不稳定因素较多，使一些投资企业被动卷入当地的纷争，从而造成巨大的经济损失。部分国家的法律和管理体系不完善，这增加了投资企业评估风险与环境成本的难度。虽然以自贸区为平台，上海保险业已通过出口信用保险这项创新举措，为不少企业在"一带一路"沿线国家的投资出口提供服务和保障，使一批投资项目得以落地。但仍需要加强与沿线国家政府间的沟通，协商解决我国企业在对外投资过程中遇到的一系列政策问题，以增进彼此间的信任，达成合作共识。这对于顺利推进绿色"一带一路"的建设具有十分重要而深远的意义。

上海国际金融中心建设、自贸区和新开发银行等使得上海的金融市场更具国际化，上海金融市场不仅是中国和亚洲金融要素配置中心，也正在通过新开发银行、亚投行、"一带一路"等推动成为全球金融要素优化配置的重要枢纽。上海金融市场服务"一带一路"，通过货币、证券、期货等金融产品创新和组合使"一带一路"沿线国家形成高效率、低成本的资源优化配置机制，从而推动上海成为"一带一路"建设中的金融资源配置中心，这是上海发挥"一带一路"桥头堡作用的重要方面。

# 参考文献

[1] 张琳:《上海自贸区如何对接"一带一路"》,《中国远洋航务》2017年第7期。

[2] 洪联英、黄汝轩:《上海自贸区的功能定位反思及其调整——基于平台经济理论框架的分析》,《国际商务研究》2017年第1期。

[3] 沈桂龙、顾登妹、黄焱:《发挥上海自贸区的桥头堡作用》,《党政论坛》2017年第8期。

[4] 胡加祥:《上海自贸区三周年绩效梳理与展望》,《东方法学》2017年第1期。

[5] 蒋媛媛:《供给侧改革视角下的上海自贸区发展与全球城市建设》,《上海经济》2017年第2期。

[6] 张琳:《上海自贸区对接"一带一路"的路径选择》,《国际经济合作》2017年第9期。

[7] 程大中、姜彬、魏如青:《全球价值链分工与自贸区发展:内在机制及对中国的启示》,《学术月刊》2017年第49期。

[8] 李猛:《中国自贸区服务与"一带一路"的内在关系及战略对接》,《经济学家》2017年第5期。

[9] 上海市人民政府发展研究中心开放形势分析课题组:《2014—2015年上海对外开放形势分析报告》,《科学发展》2015年第2期。

[10] 汤凌霄、欧阳峣、黄泽先:《国际金融合作视野中的"金砖国家"开发银行》,《中国社会科学》2014年第9期。

[11] 徐秀军:《"金砖国家"开发银行:借鉴与创新》,《中国外汇》2013年第7期。

［12］毛业艺、蒋智华：《"金砖国家"开发银行的成立对人民币国际化的影响研究》，《经济研究导刊》2015年第2期。

［13］陈云：《"金砖国家"开发银行对人民币国际化的影响》，《东方企业文化》2014年第16期。

［14］陈中天：《"金砖国家"开发银行对中国金融创新的助益分析》，《国际商务财会》2014年第12期。

［15］丁振辉：《"金砖国家"开发银行及应急储备安排——成立意义与国际金融变革》，《国际经济合作》2014年第8期。

［16］张晓涛、杜萌：《"金砖国家"深化金融合作的障碍与对策研究》，《国际贸易》2014年第5期。

［17］王涛、有之炘：《金砖银行的抱负》，《金融世界》2014年第8期。

［18］张晓涛、修媛媛、李洁馨：《"金砖国家"金融合作利益研究》，《宏观经济研究》2014年第5期。

［19］齐拉·卡恩：《"金砖国家"银行：对政治经济发展的再思考》，永年译，《博鳌观察》2014年第4期。

［20］《设立"金砖国家"开发银行的意义》，《中国金融》2014年第15期。

［21］吕波：《总部经济研究综述与展望》，《中国科技论坛》2010年第2期。

［22］陆满平：《区位经济理论探析》，《扬州大学学报》1998年第2期。

［23］崔满红：《金融资源理论研究（一）：金融属性》，《城市金融论坛》1999年第4期。

［24］陈芝兰、黄龙生：《博弈论及其在经济生活中的应用》，《经济问题探索》1996年第7期。

［25］刘强：《不同汇率制度下的货币政策、财政政策与最优货币区》，《财经问题研究》2000年第10期。

［26］蔺捷、许丽丽：《"金砖国家"开发银行的法律问题探讨》，《亚太经济》2015年第1期。

[27] 兰红光：《"金砖国家"开发银行和应急储备基金设立》，《金融博览》2014年第8期。

[28] 郭树勇、史明涛：《建设新型国际关系体系的可能——从"金砖国家"开发银行和应急储备安排设立看世界秩序变革》，《国际观察》2015年第2期。

[29] 潘庆中、李稻葵、冯明：《"新开发银行"新在何处——"金砖国家"开发银行成立的背景、意义与挑战》，《国际经济评论》2015年第2期。

[30] Katarína Králiková, "BRICS, Can a marriage of convenience last"? *European View*, 2014.

[31] Helmut Reisen, Die Entwicklungsbanken der Schwellenländer unddie multilaterale Finanzarchitektur, *Wirtschaftsdienst*, 2015.

[32] 特拉维斯·塞尔米尔：《"金砖国家"开发银行前景》，永年译，《博鳌观察》2013年第10期。

[33] 奥斯曼·曼登：《金砖开发银行该扮演什么角色？》，禾力译，《博鳌观察》2013年第7期。

[34] 陈建宇：《"金砖国家"开发银行成立的背景与影响》，《金融观察》2014年第11期。

[35] 关雪凌、张猛：《成立"金砖国家"开发银行正当其时》，《全球瞭望》2012年第18期。

[36] 郭红玉、任玮玮：《金砖银行：金融合作的新丝绸之路》，《学术前沿》2014年第9期。

[37] 拉尔夫·A.科萨、弗吉尼亚·梅林提都：《"金砖国家"的合作：对全球治理意味着什么？》，刘兴坤译，《智库观察》2015年第4期。

[38] 曲博：《金砖银行与中国的机遇》，《金融博览》2014年第9期。

[39] 孙立坚：《我国应力争金砖银行落户上海》，《中国经济周刊》2013年第13期。

[40] 肖林：《2014—2015年上海对外开放形势分析报告》，上海市人

民政府发展研究中心开放形势分析课题组，2015 年。

[41] 许淑红：《上海与金砖银行》，《金融博览》2014 年第 9 期。

[42] 杨其广：《金融"金砖"在上海闪耀》，《中国金融家》2014 年第 10 期。

[43] 徐秀军：《"金砖国家"开发银行：借鉴与创新》，《中国外汇》2013 年第 4 期。

[44] 陈建宇：《"金砖国家"开发银行成立的背景与影响》，《青海金融》2014 年第 11 期。

[45] 李培广、李中洲、贾文杰：《国际组织落户纽约对北京城市发展的启发》，《中国市场》2012 年第 33 期。

[46] 陈东晓：《上海吸引国际组织（机构）入驻研究》，《科学发展》2013 年第 6 期。

[47] 杨思思：《政府间国际组织总部所在地法治环境比较研究——兼论上海建设国际组织总部的构想》，硕士学位论文，上海交通大学，2010 年。

[48] 臧扬勤：《美国、日本与亚洲开发银行的建立》，《近现代国际关系史研究》2013 年第 2 期。

[49] 蔡寒松：《国际组织与东道城市相互关系的个案研究》，《国际观察》2008 年第 6 期。

[50] 郭剑彪、陈依慧：《崭新的引资途径：竞办国际组织》，《浙江经济》2002 年第 8 期。

[51] 李斌：《非政府国际组织基本理论问题初探》，《南京大学法律评论》2003 年第 2 期。

[52] 刘贞晔：《国际政治领域中的非政府组织：一种互动关系的分析》，天津人民出版社 2005 年版。

[53] 黄志勇、谭春枝、雷小华：《筹建亚洲基础设施投资银行的基本思路及对策建议》，《东南亚纵横》2013 年第 10 期。

[54] 黄志勇、邝中、颜洁：《世界银行的经验及其对筹建亚洲基础设施投资银行的启示》，《东南亚纵横》2013 年第 12 期。

[55] 黄志勇、邝中、颜洁：《亚洲开发银行的运行分析及其对筹建

亚洲基础设施投资银行的启示》，《东南亚纵横》2013 年第 11 期。

[56] 李巍：《亚投行：构建新的金融格局》，《新产经》2015 年第 4 期。

[57] 韩俊俊：《亚投行：与现有经济组织的互补、合作》，《祖国》2015 年第 7 期。

[58] 王有鑫：《亚投行成立是多赢选择》，《金融博览》2015 年第 1 期。

[59] 孙兴杰：《亚投行的前景与挑战》，《中国经济和信息化》2014 年第 10 期。

[60] 高蓓：《亚投行为亚洲经济再次腾飞保驾护航》，《国际金融》2015 年第 3 期。

[61] 张汉林、魏磊：《IMF 和 WB 世界经济预测准确性的经验分析》，《世界经济研究》2009 年第 9 期。

[62] 孙韦：《国际开发性金融机构微观运行机制及启示》，《金融发展评论》2015 年第 1 期。

[63] 徐明棋：《论国际金融体系的改革与展望》，《国际金融研究》2001 年第 2 期。

[64] 耐革尔·伍兹、安瑞塔·纳利卡、祝东力：《治理与责任的限度：世贸组织、国际货币基金组织与世界银行》，《国际社会科学杂志》（中文版）2002 年第 4 期。

[65] 郭峥嵘：《如何认识多边开发银行的不足》，《金融博览》2015 年第 3 期。

[66] 高尚涛：《实践理论与实践模式：中国参与"金砖国家"机制进程分析》，《外交评论》（外交学院学报）2015 年第 1 期。

[67] 赵继臣：《金砖银行与人民币国际化的机遇》，《国际观察》2015 年第 2 期。

[68] 亚历山大·温特：《国际政治的社会理论》，秦亚青译，上海人民出版社 2000 年版。

[69] 赵婷、廖华锋：《多边开发银行运作模式探析》，《光明日报》

2014年10月2日。

[70] 李众敏、吴凌燕：《世界银行治理改革的问题与建议》，《中国市场》2012年第29期。

[71] 陈天阳、谭玉：《IMF份额与投票权改革的困境及对策》，《国际金融研究》2013年第8期。

[72] 韩宇澄：《试析非洲开发银行的发展历程及其在非洲经济发展中的作用》，硕士学位论文，上海师范大学，2013年。

[73] 董大方、赵英才：《世界银行贷款项目风险管理模式研究》，《经济纵横》2006年第13期。

[74] 赵敏、王蕾、彭润中：《基于DMF框架的亚洲开发银行全过程项目绩效管理体系研究及启示》，《财政研究》2014年第6期。

[75] 郭红玉、任玮玮：《金砖银行：金融合作的新丝绸之路》，《人民论坛·学术前沿》2014年第18期。

[76] 徐秀军：《"金砖国家"开发银行：借鉴与创新》，《中国外汇》2013年第7期。

[77] 白远：《世界银行贷款风险管理》，《世界经济》2000年第10期。

[78] 万国华、刘晓逾：《从公司治理视角看IMF机制改革——以国际金融危机为背景》，《公司治理评论》2010年第3期。

[79] 祝小兵：《国际货币基金组织的改革动因及目标评述》，《世界经济研究》2009年第6期。

[80] 岳华、赵明：《国际货币基金组织治理机制改革的新设计》，《经济问题探索》2012年第7期。

[81] 黄有光：《世行与IMF为何对东亚金融危机有分歧？——综观经济学之启示》，《经济研究》1999年第1期。

[82] 李剑：《国际金融市场不稳定性及其道德风险——东亚金融危机的信息经济学分析》，《经济研究》1999年第4期。

[83] 刘兴宏：《亚洲开发银行各成员体之间的权力分配研究》，《东南学术》2013年第1期。

[84] Ang Yee Kwan, George Ofori, "Chinese culture and successful im-

plementation of partnering in Singapore's construction industry", *Construction Management and Economics*, Vol. 19, No. 6, 2001.

[85] Canchu Lin, "Studying Chinese culture and conflict: a research agenda", *International Journal of Conflict Management*, Vol. 21, No. 1, 2010.

[86] Xing Guang, "Buddhist Impact on Chinese Culture", *Asian Philosophy*, Vol. 23, No. 4, 2013.

[87] Yaming Bao, "Shanghai Weekly: globalization, consumerism, and Shanghai popular culture", *Inter - Asia Cultural Studies*, Vol. 9, No. 4, 2008.

[88] Smart, Josephine, "Culinary Nostalgia: Regional Food Culture and the Urban Experience in Shanghai", *Pacific Affairs*, Vol. 83, No. 1, 2010.

[89] Xin Gu, "Cultural industries and creative clusters in Shanghai", *City, Culture and Society*, Vol. 5, No. 3, 2014.

[90] K. N. Kostiuk, "The Archaic and Modernism in Russian Culture", *Anthropology & Archeology of Eurasia*, Vol. 41, No. 3, 2002.

[91] M. N. GROMOV, "The Eternal Values of Russian Culture : On the Interpretation of Our Fatherland's Philosophy", *Russian Studies in Philosophy*, Vol. 43, No. 3, 2004.

[92] Faust, Judith, "Encyclopedia of Contemporary Russian Culture", *Reference & User Services Quarterly*, Vol. 47, No. 3, 2008.

[93] James Chiriyankandath, "Hindu nationalism and regional political culture in India: A study of Kerala", *Nationalism and Ethnic Politics*, Vol. 2, No. 1, 1996.

[94] Steve Derné, "The limited effect of cultural globalization in India: implications for culture theory", *Poetics*, Vol. 33, No. 1, 2005.

[95] Thomas George Caracas Garcia, "American Views of Brazilian Musical Culture: Villa - Lobos's Magdalena and Brazilian Popular Music", *The Journal of Popular Culture*, Vol. 37, No. 4, 2004.

[96] Mpolokeng Bogatsu, "Loxion Kulcha: Fashioning black youth culture in post-apartheid south africa", *English Studies in Africa*, Vol. 45, No. 2, 2002.

[97] 路云亭：《论海派文化》，《山西大学师范学院学报》1999 年第 3 期。

[98] 朱英：《近代上海商业的兴盛与海派文化的形成及发展》，《三峡大学学报》（人文社会科学版）2001 年第 4 期。

[99] 许家鹏：《海派文化之包容特质与统一战线》，《上海市社会主义学院学报》2012 年第 4 期。

[100] 武敬云：《"金砖国家"的贸易互补性和竞争性分析》，《国际商务——对外经济贸易大学学报》2012 年第 2 期。

[101] 黄仁伟：《"金砖国家"崛起与全球治理体系》，《当代世界》2012 年第 5 期。

[102] 刘扬：《中俄文化差异性刍议》，《学术交流》2011 年第 4 期。

[103] 刘迎硕：《浅析中日两国的文化特点与文化差异》，《青春岁月》2014 年第 12 期。

[104] 刘伟：《中西方法律思想之比较》，《理论论坛》2013 年第 8 期。

[105] 安晓勇：《中西方法律文化探究》，《法制博览》2012 年第 10 期。

[106] 莫燕子：《中西道德与法律结合思想分析》，《吉林工程技术师范学院学报》2014 年第 3 期。

[107] 蒲长春：《新加坡和中国宗教政策比较探究》，《科学社会主义》2014 年第 2 期。

[108] 刘梦溪：《中国人的独特信仰与多元文化》，《现代国企研究》2011 年第 1 期。

[109] 刘扬：《中俄文化差异性刍议》，《学术交流》2011 年第 4 期。

[110] 白晓光：《中俄文化差异对两国经贸合作的影响》，《西伯利亚研究》2012 年第 10 期。

[111] 王志华：《中俄法律体系"特色"比较》，《人民论坛》2011

年第 10 期。

[112] 王浩：《中俄对外贸易法律制度研究》，《合作经济与科技》2013 年第 2 期。

[113] 杨世明：《中印文化差异对国际商务活动的影响——基于霍夫斯泰德文化维度》，《知识经济》2013 年第 6 期。

[114] 罗小芳：《浅析中印文化差异在合资企业管理中的探索》，《商贸纵横》2013 年第 10 期。

[115] 周大炜：《浅析巴西文化与巴西经济》，《经济视角》（中旬）2012 年第 2 期。

[116] 杨立华：《新南非的包容性发展之路——非国大 100 周年纪念》，《西亚非洲》2012 年第 2 期。

[117] 周敏：《上海争创全国首个自由贸易园区》，《沪港经济》2013 年第 5 期。

[118] 梁媛：《国有资产境外投资风险生成机理与治理机制研究》，博士学位论文，湖南大学，2010 年。

[119] 王亮：《我国离岸金融市场法律监管模式及措施探究》，《学理论》2012 年第 4 期。

[120] 姚杨：《离岸金融市场监管法律问题研究》，硕士学位论文，北京交通大学，2012 年。

[121] 姚继志：《离岸金融论：我国离岸金融发展分析及构想》，硕士学位论文，暨南大学，2004 年。

[122] 吕泽媚：《当前应对社会突发公共事件的研究》，硕士学位论文，山西财经大学，2013 年。

[123] 陈华伟：《我国城市环境污染的问题分析及防治措施研究》，《城市建设理论研究》2012 年第 16 期。

[124] 赵欢：《跨境贸易人民币结算存在的问题与对策》，《合作经济与科技》2012 年第 21 期。

[125] 吴博：《商业银行跨境人民币业务发展和创新展望》，《银行家》2011 年第 3 期。

[126] 陈红：《人民币跨境结算的制约因素和发展策略研究》，硕士

学位论文，厦门大学，2011年。

[127] 张帅：《巴西崛起及其在"金砖国家"合作中的作用》，硕士学位论文，南昌大学，2013年。

[128] 李琳：《自由贸易区的功能定位及区位分析——兼及国外自由贸易区与我国保税区之比较分析》，《新疆社科论坛》2004年第3期。

[129] 夏善晨：《中国（上海）自由贸易区：理念和功能定位》，《研究与探讨》2013年第7期。

[130] 何钰子：《探索改革新路子，促进自由贸易发展——上海自贸区的定位及目标研究》，《经济研究》2014年第5期。

[131] 杨磊：《上海自贸区与其全球化定位》，《区域经济》2014年第3期。

[132] 晏玲菊：《上海自贸区建设的国际经验借鉴》，《时代金融》2014年第2期。

[133] 徐金忠：《上海自贸区扩围升级》，《中国证券报》2014年12月30日。

[134]《上海自贸试验区扩区，要为制度创新做好压力测试》，《文汇报》2014年12月30日。

[135] 韩益忠：《自贸区扩大扩围概念股领涨》，《新闻晨报》（上海）2014年12月27日。

[136] 蔡燕：《基于合作博弈的战略联盟研究——以中国香港和上海自贸区为例》，硕士学位论文，浙江大学，2014年。

[137] 王健：《台湾海峡港口协同发展研究》，《福州大学学报》（哲学社会科学版）2008年第6期。

[138] 汤世强、席艳乐：《上海制造业贸易结构现状与产业国际竞争力分析》，《科技管理研究》2012年第10期。

[139]《天津将加快自贸区建设，扩大高端制造业领域开放》，证券时报网。

[140] 吴红缨：《天津力争北方第一个自贸区》，财经搜索。

[141] 徐萌：《关于国际贸易新格局中上海自贸区发展的几点思考》，

《时代金融》2014年第8期。

[142] 宋旭晨：《上海自贸区金融自由化模式研究》，大连海事大学出版社2014年版。

[143] 杨枫桦：《上海自贸区——新一轮的发展战略与效应探讨》，《区域经济》2014年第11期。

[144] 上海市人民政府办公厅：《中国（上海）自由贸易试验区监管信息共享管理试行办法》，2014年9月17日。

[145] 张钰芸：《上海自贸区扩区后功能更多元》，《新民晚报》2014年12月29日。

[146] 尹晨：《扩区之后，上海自贸区的组织协调架构应该如何调整》，澎湃新闻网。

[147] 李治过：《长三角承接上海自贸区"溢出效应"》，《经济日报》2013年12月13日。

[148] 王优玲、胡苏、王攀、毛振华、季明、何欣荣：《中国自贸试验区扩围探索对外开放新路径新模式》，新华网。

[149] 卜凡：《福建自贸区：为闽台融合拓展政策空间》，《21世纪经济报道数字报纸》2014年12月30日。

[150] 刘礼文：《广东、天津、福建新设自贸区将充实新的试点内容》，《杭州日报》2014年12月29日。

[151] 潘功胜：《欧央行新版QE或致人民币对美元汇率下行》，中国新闻网。

[152] 陈莹：《人才素质测评的维度探究》，硕士学位论文，山东大学，2011年。

[153] 姚玉洁、吕冬、许晓青：《上海自贸区四大制度创新取得阶段性成果》，新华网。

[154] 陈波：《另三地也设自贸区，上海如何保持自贸区优势？》，联合早报网。

[155] 马君豪：《澳门日报：李克强为广东自贸区指明路向》，中国新闻网。

[156] 李泓冰、孙小静、谢卫群：《中国（上海）自由贸易区——制

度创新释放活力复制推广全国示范》,《人民日报》2014 年 8 月 5 日。

[157] 新华社北京电:《国务院决定设立广东、天津、福建自由贸易试验区——扩展上海自贸区区域范围》,《文汇报》2014 年 12 月 27 日。

[158] 综合新华社电:《自贸区扩围:以开放倒逼改革提速》,《解放日报》2014 年 12 月 29 日。

[159] 吉密欧:《中国新增三个自由贸易区》,何黎译,FT 中文网。

[160] 贺拉斯·坎贝尔:《金砖银行挑战美元的过度特权》,《中国投资》2014 年第 8 期。

[161] Wasserman, *International Finance*, New York: Simmons Boardman Publishers, 1963, pp. 188–189.

[162] Jill C V and Thorsten W. *The BRICS Development Bank: A Partner for the Post-2015 Agenda?* Policy Brief, 2013 (12).

[163] Mandeng Q J, *Does the World Really Need A BRICS Bank?* 2014, July 15.

[164] Jones S G, *A BRICS Development Bank: A Dream Coming True?* Discussion Paper for United Nations on Trade and Development, No. 215, p. 14.

[165] 姜睿:《十三五上海参与"一带一路"建设的定位与机制设计》,《上海经济研究》2015 年第 1 期。

[166] 王信:《"金砖四国"国际金融实力提升对国际金融及其治理的影响》,《国际经济评论》2011 年第 1 期。

[167] 李豫:《借鉴新加坡经验,尽快将上海建成国际金融中心》,《金融研究》2001 年第 8 期。

[168] 王耀君:《"金砖国家"开发银行的成立是我国商业银行海外业务发展的契机》,《国际金融》2015 年第 2 期。

[169] 汤凌霄、欧阳晓、皮飞兵:《"金砖国家"外汇储备波动的协动性及其影响因素》,《经济研究》2014 年第 1 期。

[170] 王健、窦菲菲:《"金砖国家"银行业竞争力评估和比较研

究》,《国际金融研究》2014 年第 3 期。

[171] 赵继臣:《金砖银行与人民币国际化的机遇》,《国际观察》2015 年第 2 期。

[172] 裴长洪、付彩芳:《上海国际金融中心建设与自贸区金融改革》,《国际经贸探索》2014 年第 3 期。

[173] 许淑红:《上海与金砖银行》,《金融博览》2014 年第 9 期。

[174] 吴念鲁、杨海平:《关于打造中国国际金融中心的评析与思考》,《金融研究》2008 年第 8 期。

[175] 闫海洲、郑爽:《国际离岸金融市场发展对上海自贸区建设的借鉴意义》,《上海经济研究》2014 年第 10 期。

[176] 贺瑛、肖本华:《基于自贸区"蝴蝶效应"的上海国际金融中心建设研究》,《上海金融》2013 年第 12 期。

[177] 周昭雄、朱淑珍:《一个新的视角:金融创新与国际金融中心关系分析》,《现代情报》2006 年第 8 期。

[178] Obstfeld M and Kenneth S, *Exchange rate dynamics redux*, National Bureau of Economic Research, 1994.

[179] 肖德、陈同和:《西方国际金融危机理论的比较研究》,《世界经济》2000 年第 10 期。

[180] 白钦先、丁志杰:《论金融可持续发展》,《金融时报》1998 年 6 月 7 日。

[181] 扶涛、张梅:《"金砖四国"经济增长源泉比较研究》,《经济问题探索》2010 年第 4 期。

[182] 樊勇明、贺平:《"包容性竞争"理念与金砖银行》,《国际观察》2015 年第 2 期。

[183] 唐盛、徐欢:《沪港良性竞争可助推人民币国际化进程》,《证券时报》2012 年 2 月 1 日。

[184] 程实:《从历史定位看金砖银行成立的意义》,《金融经济》2014 年第 9 期。

[185] 马岚:《"新南南合作"背景下金砖银行的作用和前景》,《商业经济研究》2015 年第 8 期。

[186] 庞珣：《新金融开发机构展望》，《中国投资》2015年第3期。

[187] 赵钊：《亚投行是"一带一路"战略的重要支柱》，《国际融资》2015年第5期。

[188] 蔺捷、许丽丽：《"金砖国家"开发银行的法律问题探讨》，《亚太经济》2015年第1期。

[189] 吴凯悦：《金砖银行对国际金融体系的影响》，《合作经济与科技》2015年第3期。

[190] 乔旭东：《论"金砖国家"开发银行成立的意义与启示》，《经济研究》2014年第45期。

[191] 王达：《亚投行的中国考量与世界意义》，《东北亚论坛》2015年第3期。

[192] 孙存良、李宁：《"一带一路"人文交流：重大意义、实践路径和建构机制》，《国际援助》2015年第3期。

[193] 金玲：《"一带一路"：中国的马歇尔计划》，《国际问题研究》2015年第1期。

[194] 起原：《"一带一路"战略打造全方位对外开放的新格局》，《共产党员》2015年第2期。

[195] 蔡春林：《新兴经济体参与新丝绸之路建设的策略研究》，《国际贸易》2014年第5期。

[196] 孙海泳：《新兴金融机构：新力量、新格局、新希望》，《国际融资》2015年第1期。

[197] 王吉培：《金砖银行发展定位》，《金融博览》2014年第9期。

[198] 陈宪、费方域、权衡、石良平、张广生等：《如何理解供给侧结构性改革》，上海发展研究基金会，2016年2月。

[199] 肖林、周国平、郭爱军等：《2016年上海对外开放环境、趋势预测与对策建议》，《东方早报》2016年1月12日。

[200] 国务院：《中国（广东）自由贸易试验区总体方案》，中华人民共和国中央人民政府网。

[201] 国务院：《中国（福建）自由贸易试验区总体方案》，中华人民共和国中央人民政府网。

[202] 国务院:《中国(天津)自由贸易试验区总体方案》,中华人民共和国中央人民政府网。

[203] 国务院:《进一步深化中国(上海)自由贸易试验区改革开放方案》,中华人民共和国中央人民政府网。

[204] 刘明志:《中国的 M2/GDP(1980—2000)趋势,水平和影响因素》,《经济研究》2001 年第 2 期。

[205] Dendrinos, Dirnitrios S. and Sonis, Michael, *Nonlinear discrete relative population dynamics of the U. S. Regions*, Applied Mathematics and Computation, 1988.

[206] Hewings and Geoffrey JD, Spatially blind trade and fiscal impact policies and their impact on regional economies, *The Quarterly Review of Economics and Finance*, 2014, pp. 590 – 602.

[207] Kamarianakis, Yiannis and Kasli, Competition – complementarity relationships between Greek Regional Economies, *European Regional Science Association Conference Papers*, Vagelis, 2005.

[208] Postigilione, Paolo and Hewings, Hierarchical spatial interaction among the Italian regions: a nonlinear relative dynamics approach, *Journal of Geographical Systems*, Geoffrey JD, 2008, pp. 369 – 382.

[209] *US Census Bureau*, Seasonal Adjustment Program, 2016.

[210] Wooldridge, Jeffrey M, *Econometric Analysis of Cross Section and Panel Data*, The MIT Press, 2002.

[211] 陈浪南、罗融、赵旭:《开放型经济下财政政策效应的实证研究》,《数量经济技术经济研究》2016 年第 2 期。

[212] 程宇、陈晓芳:《制度创新的"苗圃"与"时间窗口":福建自贸区的集聚,辐射,联动效应》,《海峡科学》2015 年第 101 期。

[213] 耿鹏、赵昕东:《基于 GVAR 模型的产业内生联系与外生冲击分析》,《数量经济技术经济研究》2009 年第 12 期。

[214] 苏桅芳、渠慎宁、陈昌楠:《外部资源价格冲击与中国工业部门通胀的内生关联研究》,《财经研究》2015 年第 5 期。

[215] 王美昌、徐康宁:《"一带一路"国家双边贸易与中国经济增长的动态关系——基于空间交互作用视角》,《世界经济研究》2016年第2期。

[216] 叶永刚、子瑜:《基于GVAR模型的中国货币政策区域效应研究》,《统计与决策》2015年第17期。

[217] 余华义、黄燕芬:《货币政策效果区域异质性——房价溢出效应与房价对通胀的跨区影响》,《金融研究》2015年第2期。

[218] 曾凡:《重大国际贸易投资规则变化与上海自贸试验区建设联动机制研究》,《科学发展》2015年第3期。

[219] Dees, S., Mauro, F. D. Pesaran, M. H., & Smith, L. V. "Exploring the international linkages of the euro area: a global VAR analysis", *Journal of Applied Econometrics*, 2007, 22 (1): 1-38.

[220] Johansen, S, "Cointegration in partial systems and the efficiency of single-equation analysis", *Journal of Econometrics*, 1992, pp. 389-402.

[221] Pesaran, M. H., Schuermann, T., Weiner, S. M, "Modeling regional interdependencies using a global error-correcting macroeconometric model", *Journal of Business & Economic Statistics*, 2004, pp. 129-162.

[222] Rickman, Dan S. "Modern macroeconomics and regional economic modeling", *Journal of Regional Science*, 2010, pp. 23-41.

[223] Vansteenkiste, Hiebert, International Trade, Technological Shocks and Spillovers in the Labour Market: A GVAR Analysis of the US Manufacturing Sector, 2007.

[224] 肖林:《在不确定中谋划相对确定的未来——面向2050年的上海发展战略》,《科学发展》2016年第1期。

[225] 张幼文:《共享自贸区成果(访谈)》,《国际金融报》2014年10月13日。

[226] 鲍伶俐:《自贸区对上海国际金融中心的"化学作用"》,《论坛》2014年3月。

［227］陈昊、王军：《上海自贸区发展进程中的金融改革与银行业发展策略研究》，《南方金融》2014 年第 6 期。

［228］储敏伟、吴大器、贺瑛：《2013 年上海国际金融中心建设·蓝皮书》，上海人民出版社 2013 年版。

［229］丁剑平：《推进人民币资本项目可兑换的有关思考》，《国际金融》2013 年 6 月。

［230］冯邦彦、彭薇：《中国香港与伦敦、纽约国际金融中心比较研究》，《亚太经济》2012 年第 3 期。

［231］傅晓云：《从上海金融景气指数看上海国际金融中心建设中银行业的挑战和对策》，上海市金融学会 2012 年年会论文集。

［232］黄韬：《自贸区试验与国际金融中心建设的法制变革需求》，《上海交通大学学报》（哲学社会科学版）2014 年第 3 期。

［233］连平、郑重：《利率市场化与上海国际金融中心建设》，《上海金融》2001 年第 4 期。

［234］刘刚、白钦先：《基于 SWOT 分析的金融强国战略研究》，《经济问题》2010 年第 1 期。

［235］刘桂平：《跨境人民币业务的发展现状》，《上海金融》2012 年第 8 期。

［236］陆红军：《多重时代的金融中心群落——上海金融中心的转型与抉择》，《上海金融》2013 年第 9 期。

［237］姜波克：《上海国际金融中心建设的基本思路》，《新金融》2003 年第 7 期。

［238］斯琴图雅：《论人民币资本项目可兑换对国际金融中心建设的意义》，《商业经济研究》2010 年第 24 期。

［239］宋晓燕：《上海自贸区金融改革对宏观审慎监管的挑战》，《东方法学》2014 年第 1 期。

［240］武剑：《中国（上海）自贸区金融改革展望》，《中国（上海）自贸区研究》2013 年第 297 期。

［241］薛波、杨小军、彭晗蓉：《国际金融中心的理论研究》，上海财经大学出版社 2009 年版。

[242] 杨承亮:《日本离岸金融市场发展对上海自贸区的启示》,《中国外汇》2013 年 10 月。

[243] 杨浩余:《基于上海国际金融中心建设的进度与对策研究》,《华东经济管理》2012 年第 3 期。

[244] 张明、郭子睿:《上海自贸区:进展、内涵与挑战》,《金融与经济》2013 年 12 月。

[245] 郑杨:《上海自贸区的金融改革》,《中国金融》2014 年 3 月。

[246] 上海金融业联合会、罗兰贝格管理咨询有限公司:《2011 年上海金融景气指数报告》,2012 年 5 月。

[247] 交通银行:《人民币国际化报告》,中国人民大学国际货币研究所,2014 年 7 月。

[248] 中国人民银行上海总部课题组:《上海国际金融中心建设过程中的人民币跨境使用》,《科学发展》2011 年第 12 期。

[249] OECD, OECD Code of Liberalisation of Capital Movements, 2012.

[250] Peter S. Rose, Bank Management & Financial Services, Non Basic Stock Line, 2009.

[251] Reed H. C., *The preeminence of International Financial centers*, New York: Pradeger Publishers, 1981.

# 后 记

本书是本人近 5 年来研究积累的结果。阅读了上百篇中英文著作和期刊论文，请教了诸多专家，先后主持了相关课题十多个，最终完成本书。

感谢在成书过程中所有给予我鼓励、帮助和支持的机构、同事、朋友及家人，特别感谢我的导师——西安交通大学文启湘教授二十多年来对我从学术到做人各方面的教育和指导，他年过八旬不辞辛苦对我著作写序和进行总体指导。还要衷心感谢上海对外经贸大学及中国社会科学出版社对本书完成和出版的支持。

上海更高水平对外开放是一个比较大的研究领域，由于本人专业主要以国际金融、贸易为主，本书从自贸区、新开发银行与上海国际金融中心建设及服务"一带一路"建设方面进行分析和研究，对上海对外开放过程中有关航运中心、科创中心方面的研究没有涉及。本人后续会从贸易、金融如何支持上海航运中心、科技创新中心方面进行研究，以便对上海更高水平对外开放有更全面的论述。由于水平有限，本书还有许多不尽如人意之处甚至差错，敬请专家和读者多提宝贵意见，以便在以后研究中加以改进和提升。

任再萍
2018 年 5 月